반려 변론

반려 변론

ⓒ 이장원, 2024, 대한민국

2024년 1월 25일 펴냄

지은이_이장원

펴낸이_권기호

펴낸곳_공존

출판 등록_2006년 11월 27일(제313-2006-249호)

주소_(04157)서울시 마포구 마포대로 63-8 삼창빌딩 1403호

전화_02-702-7025 | 팩스_02-702-7035

이메일_info@gongjon.com | 홈페이지_www.gongjon.com

ISBN 979-11-979165-3-3 03360

이 도서는 한국출판문화산업진흥원의 '2023년 중소출판사 출판콘텐츠 창작 지원 사업'의

일환으로 국민체육진흥기금을 지원받아 제작되었습니다.

법정에서 밝혀낸
인간과 동물의
불편한 반려 생활

반려 변론

이장원 지음

죄는 미워해도 동물은 미워하지 말라

공존

작은 고양이 한 마리가

빈집을

빈집이 아닌 집으로 바꾼다.

팸 브라운(호주 시인)

반려동물이
법 없이 행복할 세상을 위해
법에 지혜를 모으다

도시 중산층의 대두와 함께 생겨난 근대적 애완동물은 사람처럼 이름을 갖고, 집 안에서 함께 살며, 잡아먹지 않는 가축이라는 특성을 갖는다. 중산층 가족은 자녀들이 돌보는 마음과 동정심을 배울 수 있어서 애완동물을 키우는 것이 교육적으로 바람직한 환경을 조성한다고 믿었다. 잉여 생산물이 충분해서 노동에 투입되지 않은 동물에게도 먹이를 먹여 키울 수 있는 당시의 넉넉한 경제 환경도 애완동물 문화를 발전시키는 데 한몫했다.

그런데 인간과 동물의 반려 관계는 훨씬 더 오래전으로 거슬러 올라간다. 어린 늑대를 먹이고 돌보며 인간 사회의 한 구성원으로 받아들인 것은 구석기 시대에 처음 일어난 일이다. 그러나 이렇게 오랜 세월을 함께했는데도 인간 사회는 여전히 동물에게 좀 야박한 듯 보인다. 고대 바빌로니아 함무라비 법전에 언급된 동물 손괴와 그 배상 수준을 넘어서는 동물 보호를 법에서 논한 것은 고작해야 200년 남짓이다. 그리고 우리나라 동물보호법은 2020년에 이르러서야 '반려의 목적으로 키우는 개와 고양이 등'을 '반려동물'이라고 정의했다.

동물을 고통과 즐거움을 느낄 수 있는 존재(sentient being)로 배려하는 것은 현재 우리 사회의 통념이다. 그중에서도 인간과 가장 가깝게 지내면서 마음과 경험을 나누는 반려동물의 고통과 즐거움은 반려동물을 가족으로 삼고 있는 이들에게 더 중요한 문제다. 그래서 '동물판 N번 방 사건'이나 '경의선 길고양이 자두 사건'에서처럼, 동물을 잔인하게 학대한 사람에게 너무 가벼운 처벌이 내려진 판결을 접할 때마다 동물을 위한 법은 없는 것처럼 보여 답답하다. 속 시원하게 동물을 대변하고 문제를 해결해 줄 변호사는 없을까 궁금해진다.

이런 답답함에 응답하듯 『반려 변론』의 저자인 이장원 변호사는 다양한 국내외 사례를 찾아 동물의 법적 지위와, 동물을 둘러싼 법적 갈등과 판결을 짜임새 있는 한 권의 책에 담아냈다.

저자는 마음과 경험을 함께 나누는 존재이지만 법적으로는 물건이고 누군가의 소유물이며 죽으면 폐기물인 반려동물의 현실을 차근차근 법의 입장에서 풀어주고 있다. 사람에게 있을 법한 초상권, 유산 상속, 위자료, 의료 사고 같은 법적 개념을 동물에게 어떻게 적용할 수 있을지 궁금해하며 따라가다 보면 아직은 불명확한 동물의 법적 지위가 못내 아쉽다. 그러나 저자는 동물의 현재의 법적 지위가 견고하지 않다고 해서 실망할 필요는 없다고 말한다. 이미 반려동물의 특수성을 인정하는 판결이 나오고 있고, 입법 만능주의에서 벗어나 시민의 인식과 사회 정서를 유연하게 반영하는 점진적인 변화가 일어나고 있기 때문이다. 법은 거들 뿐, 중요한 건 동물에 대한 인식의 문제이다.

반려동물 수가 늘어나면서 동물을 키우는 것 자체가 갈등의 원인이 되기도 한다. 반려동물과 함께 살 집을 계약하거나, 반려동물과 함께 대중교통을 이용하거나, 음식점에 함께 들어갈 때 당당할 수 있을까? 저자는 법적 분쟁의 사례를 들어 동물과 함께할 수 있는 권리를 누리려면 함께 사는 다른 이들이 불편하지 않도록 배려하는 것이 필요하다고 역설한다. 길거리 동물을 돌보는 방식도 마찬가지다. 길고양이를 돌보는 일이 인간의 동정심과 돌봄의 선한 마음에서 우러나오는 일이라고 해도 지역 사회의 이해 없이는 법적 분쟁의 논란만 커질 뿐이다. 저자가 책에 분석해 놓은 동물과 관련된 최근의 법적 갈등을 들여다보면 갈등을 해결하는 데 필요한 건 동물을 더 잘 관리하고 제어하는 문제만은 아닌 듯하다. 그보다는 공동체를 이루는 사람과 사람 사이의 이해와 배려가 관건이라는 생각이 든다.

모호한 선언문 같았던 우리나라의 동물보호법은 2000년대 이후 동물을 지킬 수 있는 구체적인 법으로 여러 번 개정되었다. 그래서 동물 보호 운동과 동물권 운동의 주요 활동은 동물 보호에 대한 시민의 의무와, 학대에 대한 처벌을 이 법에 포함시켜 보다 강력한 제재의 기반을 마련하는 것이었다. 그런 노력으로 동물보호법의 대상 동물과 동물 학대의 범주가 명확해졌고 동물 관련 범죄 판결에 대한 사회적 인식이 바뀌었다. 대법원은 2025년까지 동물 학대 범죄의 양형 기준을 마련하기로 했다. 그럼에도 불구하고 저자가 소개하는 반려동물과 인간을 둘러싼 법적 분쟁은 여전히 판단이 어려워서 장차 동물보다는 인간의 이익과 변명을 존중하는 방식으로 결론이 날지도 모르겠다.

그러나 사회 통념과 규범이 동물에 대한 잔인함에 보다 엄격해지고 동물과 함께하는 삶에 보다 너그러워진다면, 동물을 둘러싼 법적 논쟁이 굳이 필요하지 않은 날이 오지 않을까! 반려동물이 법 없이도 행복할 세상을 만들기 위해, 그때까지는 법에 지혜를 모으는 것이 현명하겠다. 이 책은 그런 지혜를 모으는 데 좋은 가이드가 되어 줄 것이다.

2024년 1월

서울대학교 수의인문사회학 교수

천명선

더 나은
반려 문화를
만들기 위해

　어려서부터 동물을 좋아했다. 하지만 아침이면 집을 나와 각자의 일을 마치고 저녁에야 귀가하는 바쁜 도시인에게 반려동물과 함께하는 삶은 결코 쉽지 않다. 결혼해 새로운 가정을 꾸린 지금도 우리 집은 비어 있는 시간이 더 많다. 반려견을 키우고 싶지만 반려견을 빈집에 혼자 남겨두고 출근하는 것은 인간 중심적이고 이기적인 행동에 지나지 않는다는 생각에 최근에도 아내와 긴 논의 끝에 유기견 입양을 포기했다. 주변에 이런 사람들이 적지 않다.

　반려동물과 함께 출근해서 일하는 미국이나 캐나다의 직장인들을 보면서, 반려동물과 자유롭게 여행을 다니거나 식당에 출입하는 유럽인들을 보면서, 그들처럼 살려면 우선 더 나은 반려 문화를 만들어야 한다고 생각했다. 그래서 언제 어디서든 반려동물과 함께할 수 있는 세상을 만들기 위해 어떤 일을 할 수 있을지 고민했고, 작은 목소리라도 내기 위해 지난 몇 년간 글을 조금씩 써 왔다.

우리나라와 일본, 미국, 유럽을 비롯한 국내외의 동물(주로 반려 동물과 야생동물) 관련 사건과 판례를 바탕으로 인간 사회에서 동물이 지니는 사회적·법률적 지위, 동물로 인해 발생하는 각종 사건·사고와 사람들 간의 갈등, 다양한 반려동물 문제에 대한 법률적 또는 비법률적 해법 등을 주제별로 정리해 보았다. 가급적 치우침 없이 중립적인 입장에서 문제에 접근하고, 법령과 판례를 해석하고, 개선 방향을 모색하고자 했다. 필요에 따라 부가 설명이나 별도의 글을 추가해 독자가 쉽게 이해하고 공유할 수 있도록 노력했다.

최근에 동물의 지위는 급격히 변화했다. 반려동물이라는 개념도 등장했다. 자식을 낳지 않고 반려동물을 자식처럼 키우는 사람들이 늘고 있고, 동물의 권리에 대한 인식도 과거에 비해 크게 개선됐다. 반려동물을 가족 구성원으로 생각하여 사람에 준하는 존재로 대해야 한다는 전제하에 반려동물의 특별한 지위를 인정할 수 있는지, 그것이 가능하다면 어디까지 인정할 수 있는지, 예를 들어 반려동물에게 상속을 할 수 있는지, 양육권을 인정할 수 있는지도 논의되고 있다. 이러한 내용들을 「1부. 반려동물은 누구인가, 무엇인가?: 가족과 물건 사이의 존재」에서 다루고 있다.

하지만 반려동물을 바라보는 시선의 차이가 매우 크기도 하다. '개의 식용 목적의 사육·도살 및 유통 등 종식에 관한 특별법', 일명 '개 식용 종식법'이 국회에서 통과되긴 했지만 지금도 전국의 수많은 개농장에서는 식용견이 사육되고 있고, 동물은 그저 동물에 불과하다며 반려동물을 가족처럼 대하는 것을 못마땅해하거나 냉소적으로 바라보는 사람도 많다. 법에서도 동물은 여전히 물건이다. 이렇다 보니 동물을 좋아하는 정도에 따라, 혹은 동물에 부여하는 가치에 따라 서로 다른 입장을 지닌 사람들 간에 크고 작은 문제와 다툼이 빈번하게 발생하고 있다. 이를테면 아파트나 빌라 같은 공동주택에 대한 선호도가 높아지는 추세에 따라 반려동물을 둘러싼 이웃 간 분쟁이 크게 늘어나고 있고, 길고양이를 돌보는 캣맘에 대한 혐오 범죄도 증가하고 있다. 「2부. 배려 없는 반려인가, 배려 없는 비반려인가?: 반려인과 비반려인 사이에서의 공존」에서 이런 문제들을 구체적으로 살펴본다.

「3부. 반려동물을 위한 법인가, 사람을 위한 법인가?: 차별과 역차별 사이에서의 다툼」에서는 동물 학대나 개물림 사고처럼 형사적 판단이 내려지는 사건들을 중심으로, 동물에 대한 죄를 벌하는 기준과 사람에 대한 죄를 벌하는 기준이 어떻게 다른지, 반려동물이 타인에게 피해를 입힐 경우 소유주가 어떤 책임을 져야 하는지 등을 알아본다.

인간 사회 내에서 동물과 사람이 조화롭게 공존하는 길을 찾기란 쉽지 않다. 동물을 좋아하는 사람과 싫어하는 사람, 반려인과 비반려인을 포함하는 모두의 적극적인 관심과 고민이 필요하다. 그러한 관심을 높이고 고민을 나누는 데 이 책이 작은 기여를 할 수 있기를 바란다. 이 책의 목적은 어떤 주장을 납득시키거나 정답을 제시하는 데 있지 않다. 많은 사람들이 동물 관련 현안들을 이해하고, 부당하거나 개선이 필요한 부분에 함께 목소리를 내줄 수 있기를 바랄 뿐이다. 이 책의 역할은 그것으로 충분하다.

1부

반려동물은 누구인가, 무엇인가?

가족과 물건 사이의 존재

나는 정말 동물을 좋아한 적이 없다.

동물 해방 운동을 시작하게 되었을 때도

분명 '동물 애호가'가 아니었다.

나는 그저 동물을 인간의 목적을 위한 수단이 아니라

독립적이고 감각력 있는 존재로 대해야 한다는 사실을

수긍할 수밖에 없었다.

피터 싱어(호주 철학자)

아버지가 돌아가셨을 때는, 울지 않았다.

사흘 후 고양이가 죽었을 때는, 펑펑 울었다.

알레한드로 조도로프스키(칠레 영화감독)

동물은 우리 삶에서 많은 것을 의미하게 되었다.

우리는 파편화되고 단절된 문화 속에 살고 있다.

정치는 추악하고, 종교는 갈팡질팡하고,

기술은 스트레스를 주고, 경제는 엉망이다.

우리 삶에서 의지할 수 있는 게 뭐 하나라도 있는가?

개나 고양이는 우리를 무조건적으로,

매일, 아주 믿음직하게 사랑한다.

존 카츠(미국 언론인)

1장

동물의 셀피 사진은
누구의 것일까?

영국의 사진작가 데이비드 존 슬레이터는 2008년부터 절멸위급종인 검은짧은꼬리원숭이(셀레베스도가머리마카크)를 비롯한 야생동물의 사진을 찍기 위해 인도네시아를 돌아다녔다. 그는 술라웨시섬의 탕코코 자연보호구역에서 검은짧은꼬리원숭이 무리를 만났고, 원숭이들과 친하게 지내면서 근접 사진을 촬영하려고 시도했다. 그러던 중 원숭이들이 카메라 렌즈에 비친 자신의 모습을 신기한 듯 들여다보며 카메라 리모컨을 만지작거렸다. 잠시 후 슬레이터가 카메라에 담긴 수백 장의 사진을 확인해 보니 개중에는 한 원숭이('나루토')가 자신을 찍은 셀피(셀카) 사진들도 있었다.

2011년 7월 4일 그는 뉴스 에이전시를 통해 영국의 주요 언론들에 검은짧은꼬리원숭이의 사진과 캡션을 실었는데, 거기에는 나루토의 셀피 사진도 있었다. 이 사진은 대중의 큰 관심을 끌었고, 7월 9일에는 위키미디어에도 게재됐다. 위키미디어는 퍼블릭 도메인(public domain, 무료 이용 저작물)에 속하는 이미지, 동영상, 사운드 같은 미디어 자료를 저장하고 제공하는 개방형 플랫폼이다.

며칠 후 이 사실을 알게 된 슬레이터는 자신의 사진이 위키미디어에 공개되어 누구나 이용할 수 있게 된 것이 부당하다고 생각해 위키미디어를 상대로 원숭이 셀피 사진의 게재를 중단해 달라고 요청했다. 슬레이터 입장에서는 자신의 사진이 자신의 허락도 없이 함부로 유통되는 것이 부당했다. 또 자신의 사진 저작권 수입에도 영향을 미친다고 생각했다. 사진은 화제가 되었는데 수입은 크게 늘지 않았으니 말이다.

하지만 위키미디어는 원숭이의 셀피 사진이 슬레이터의 저작물이 아니라고 주장하면서 슬레이터의 요청을 거부했다. 위키미디어는 "그 셀피 사진은 저작권 보호의 대상이 되지 않는 공적 저작물이다"라고 답변했다. 원숭이에 의해 그저 우연히 찍힌 장면에 불과하다고 본 것이다.

이에 슬레이터는 미국 저작권청에 원숭이 셀피 사진의 저작권 등록을 신청하였다. 그런데 저작권청 역시 저작권 인정을 거부했다. 참고로 우리나라 저작권법에서는 "저작물은 인간의 사상 또는 감정을 표현한 창작물을 말한다[001]"고 정의하고 있다. 따라서 동물이 실수로 자신의 얼굴을 촬영한 사진은 저작권법이 보호하는 저작물에 해당한다고 보기 어렵다. 사진이 저작물로 인정되려면 피사체의 선정, 구도 설정, 빛의 방향이나 카메라 각도, 셔터 속도 조절 등 촬영자의 개성과 창조성이 담겨 있어야 한다. 미국의 저작권법도 마찬가지다. 그래서 위키미디어나 미국 저작권청이 원숭이 셀피 사진의 저작권을 부정한 것이다.

사건이 이렇게 마무리되었다면 슬레이터의 입장에서는 아쉽긴 해도 나쁠 건 없었을 것이다. 비록 저작권은 인정받지 못했지만 원숭이 셀피 사진이 유명해지면서 다른 수입이 생겼고 인도네시아 여행 경비를 충당할 정도의 돈도 벌었기 때문이다.

문제가 된 사건은 그 이후에 벌어졌다. 2014년 슬레이터는 자신이 만든 영국 회사를 기반으로 미국의 사진집 자비 출판사를 통해 얇은 도록 『야생동물의 개성(*Wildlife Personalities*)』을 펴냈다. 이 책자에는 그가 촬영한 다양한 종류의 야생동물 사진이 실렸는데, 원숭이 나루토의 셀피 사진이 표지에 사용됐다. 그러자 이듬해인 2015년에 동물 보호 단체 PETA(동물의 윤리적 대우를 지지하는 사람들)[002] 가 동물의 저작권을 주장하며 수익금 관리자를 자처하고 나섰다. PETA는 슬레이터를 상대로 "원숭이 셀피 사진의 저작권은 나루토라는 원숭이에게 있고 슬레이터의 사진집은 나루토의 저작권을 침해한 것이다"라는 주장을 하면서, 원숭이 나루토를 대신하여 소송을 제기했다. PETA는 슬레이터가 저작자를 "허위로 기재"한 저작물을 영리 목적으로 판매하는 등 저작권법을 위반했다고 주장했다. 이에 슬레이터는 저작권법상 동물에게 어떠한 권리도 부여될 수 없다고 주장하며 다투었다("나루토 대 슬레이터 사건").

슬레이터의 입장에서는 자신의 저작권을 인정받지 못한 것도 억울한데 자신이 오히려 원숭이의 저작권을 침해했다고 하니 황당했을 법하다. 그런데 이 소송은 그저 황당한 해프닝 수준으로 끝나지 않았다. 소송이 너무나 오랫동안 힘들게 이어져 슬레이터는 매우 큰 경제적·정신적 고통을 입었다.

법원은 1심 판결에서 "현 저작권법은 저작자의 개념이나 명시적 지위를 동물에게 분명하게 확장하지 않고 있고, 이 법의 어디에도 동물에 관한 언급은 없다"고 설명했다. 그러면서 "저작권법의 명문 규정 및 저작권청의 안내서에 근거하여 저작권은 인간(person)이나 인류(human beings)에 의한 경우에만 인정된다"는 취지로 판단하며 PETA의 청구를 기각했다. 간단히 말해 저작권법상 저작권은 인간에게만 인정하는 것이지 원숭이에게는 인정할 수 없다는 것이다.

PETA는 항소했다. 저작권법은 저작자에 대한 어떠한 개념적 제한도 두고 있지 않으므로 동물의 저작권을 제한할 수 없다는 취지였다. 항소심에서는 PETA가 원숭이 나루토를 대신해 소송을 제기할 수 있는지, 나루토가 저작권을 인정받지 못해 실질적인 피해가 발생했는지 등이 검토되었다.

그러나 슬레이터는 상당한 재판 비용에 대한 부담감과 긴 기간으로 인한 피로감이 커 소송을 이어가기가 어려웠다. 슬레이터는 당시 한 인터뷰에서 "변호사 비용은 물론이고 딸아이에게 물려줄 사진 장비 하나 없다"며 생활고를 털어놓기도 했다. 항공권을 살 돈이 없어 미국 법원에서 열리는 재판에 참석할 수조차 없었다. 슬레이터의 입장에서는 행운인 줄 알았던 원숭이 셀피 사진이 어쩌다 큰 불운이 되고 말았다.

결국 항소심이 진행 중이던 2017년 9월 슬레이터는 저작권 수

익의 25퍼센트를 PETA에 기부하는 조건으로 합의하고 소송을 중단하기로 했다. 슬레이터와 PETA는 재판부에 재판 절차를 중단해 달라고 요청했다.

그런데 예상치 못한 일이 또 일어났다. 법원은 판례를 더욱 명확히 확립할 필요가 있고 나루토가 합의 당사자가 아니라는 이유로 이들의 재판 절차 중단 요청을 유효한 합의로 받아들이지 않았다. 즉 이들의 합의를 무시하고 항소심을 계속 진행했다. 그리하여 최종적으로 항소를 기각(PETA의 패소)하는 판결을 내렸다.

항소심의 판결 내용을 정리하면 다음과 같다. 먼저 나루토 셀피 사진은 슬레이터가 촬영한 것이 아니므로 슬레이터는 저작권자가 될 수 없다. 그리고 나루토는 동물이기 때문에 저작권자가 될 수 없다. 고로 동물 셀피 사진은 누구에게도 저작권이 인정될 수 없다.

위 판결은 많은 사람들의 관심을 끌었으며, 판결 이후 법률 전문가들 사이에서도 여러 상반된 의견이 나왔다. 원숭이에게 저작권이 귀속될 수 없고 귀속시킬 필요도 없다는 점에는 대부분 동의했다. 원숭이가 독점적인 권리를 갖고 경제 활동을 하는 것도 아니기 때문이다. 그런데 슬레이터에게 저작권을 인정할 수 있는지 없는지에 대해서는 견해가 완전히 갈렸다.

먼저 관행이나 법 문언 해석에 충실한 쪽의 입장이 있다. 동물 셀피는 사진을 만든 주체가 동물이기 때문에 저작권이 누구에게도 없어 퍼블릭 도메인이라고 본다. 따라서 위 판결은 이를 명확히 한 것에 불과하다고 해석한다.

반면 다른 한편에서는 동물의 저작권은 인정할 수 없더라도 작품에 창의적으로 기여한 인간 작가의 저작권은 인정되어야 한다고 주장한다. 위 소송에서도 슬레이터는 자신이 사진 촬영을 위한 여행 경비를 부담하고, 자신의 장비를 이용하여 자동 초점을 설정하고, 초광각 렌즈를 삼각대에 설치하는 등 원숭이가 버튼만 누르면 되도록 촬영과 관련된 모든 행위를 했다고 설명하면서 자신이 저작권자라고 주장했다.

미국의 니컬러스 M. 오도널이라는 변호사 또한 위 판결을 두고 "원숭이가 찍은 사진은 원숭이가 저작권을 가질 수 없다 하더라도, 어떤 자연의 힘이나 동물에 의해 사진이 찍힐 법한 장소에 의도적으로 카메라를 놓아두는 경우가 드물지 않은데 그런 카메라에 담긴 작품에 대한 인간 작가의 저작권을 완전히 배제하는 이유는 무엇이란 말인가?"라고 말하기도 했다.[003]

"나루토 대 슬레이터 사건"에 대한 법원의 결론은 전자의 입장이지만, 후자의 입장이 더 타당해 보인다. 저작권법에서 말하는 "저작물을 창작한 자"가 반드시 최종적으로 셔터 버튼을 누른 자를 의미한다고 해석하는 것은 지나치게 협소한 해석이다. 카메라 버튼을 누르는 행위는 원숭이가 한 것이 맞지만 그 외의 촬영을 유도하는 모든 행위는 인간인 작가가 했다. 원숭이가 사진을 찍도록 하는 과정 자체가 하나의 창작 행위이기도 하다. 현대미술 역시 창작 과정이나 관념을 하나의 작품으로 인정하고 있다. 우연성이 개입되더라도 창작성이 부정되어야 하는 것은 아니다. 따라서 이 사건에서도 사진 작가인 슬레이터의 저작권을 인정하는 것이 타당해 보인다.

특히 슬레이터는 원숭이 셀피를 포함하여 해당 여행 과정에서 찍은 야생동물의 사진들을 하나의 사진집에 실어 출판했는데, 사진집에 있는 사진들 중 원숭이 셀피 사진만 구별하여 슬레이터에게 저작권이 없다고 보는 것은 부당하다. 즉 창작 행위에 인간인 작가의 온전한 행위 외에 동물의 힘이나 영향이 개입되더라도 인간인 작가의 저작물로 인정할 수 있어야 할 것이다. 이 문제는 굳이 저작물이나 저작자에 관한 저작권법 개정이 없더라도 법원의 진지한 고민과 판단으로 해결할 수 있다.

아무튼 위 논의는 인간인 슬레이터에게 동물 셀피 사진 저작권을 인정할 수 있느냐에 관한 논쟁일 뿐, 현재의 저작권법상 나루토 같은 '동물'에게는 저작권이 인정될 수 없다는 사실이 명백하다. 물론 동물에게도 인간에 준하는 수준으로 법적 보호의 확대가 필요한 영역이 있다. 그러나 동물의 생존이나 생활환경과 직접적으로 관련된 권리가 아닌 저작권 등은 동물에게 특별히 인정해 주어야 할 필요성이 있어 보이지 않는다.

위 나루토 대 슬레이터 소송에서 재판부는 원숭이 나루토의 사진 수익 관리자를 자처한 동물 보호 단체 PETA가 나루토를 보호하기보다 자신들의 이익을 증진하려고 한 것이 아니냐는 우려를 표하기도 했다. 이러한 우려 역시 합리적이다.

Naruto's selfie

반려동물도
초상권이 있을까?

　최근 많은 사람들이 자신의 SNS에 올리기 위한 용도로 타인의 반려동물을 허락없이 무단 촬영하면서 반려동물 소유주와 갈등을 빚는 경우가 있다. 과거에는 반려동물을 허락없이 만진다는 이유로 싸움이 종종 생기곤 했는데 요즘에는 사진 촬영으로 인한 다툼이 늘고 있다.

　이처럼 반려동물을 소유주의 허락없이 무단으로 촬영하는 것이 단순히 예의상의 문제일까? 아니면 법적으로도 문제가 될 수 있을까? 사람처럼 초상권 침해 문제가 될 수 있을까?

　먼저 초상권이 무엇인지 알아보자. 초상권은 민법이나 형법 등에 직접적으로 규정된 법조문이 따로 있지 않으며 헌법[004]에 의해 보장되는 권리이다. 대법원은 "사람은 누구나 자신의 얼굴, 기타 사회 통념상 특정인임을 식별할 수 있는 신체적 특징에 관하여 함부로 촬영 또는 그림묘사되거나 공표되지 아니하며 영리적으로 이용당하지 않을 권리를 가진다"라고 초상권을 정의하고 있다.[005]

저작권과 초상권은 비슷한 개념이 전혀 아닌데 간혹 혼동하는 사람이 있다. 앞서 나루토 대 슬레이터 사건에서 살펴본 '저작권'은 사진을 찍은 사람의 창작자로서의 권리라면, '초상권'은 사진에 찍히지 않을 권리라고 생각하면 간단하다.

만약 누군가가 나의 동의없이 내 얼굴을 사진으로 찍어 공개적으로 게시하거나 영리적으로 이용한다면 나는 초상권 침해를 주장할 수 있다. 이러한 초상권 침해는 불법 행위를 구성하므로, 만약 사진이나 영상 촬영을 당한 자가 그로 인해 정신적 손해를 입었다면 민법에 따라 촬영·게시자에게 손해배상을 청구할 수 있다.[006]

이와 같이 초상권은 헌법에 의해 보호되는 '사람'의 권리(인격권)이며, 대법원 역시 '사람'에 대한 권리임을 명시하고 있다. 따라서 반려동물의 얼굴 또는 식별할 수 있는 신체가 촬영되거나 영리적으로 이용되더라도 반려동물의 '초상권' 침해를 주장하기는 힘들다. 법적으로 동물은 물건과 같이 취급되기 때문에 사람이 가지는 헌법적 권리를 가질 수 없다. 예를 들어 내가 비싼 스포츠카를 사서 주차해 두었는데 지나가던 사람들이 멋있다고 하면서 차 사진을 찍더라도 초상권 침해를 주장할 수 없다. 즉 법적 문제제기를 하거나 손해배상을 청구할 수 없다.

다만 반려동물은 보호자의 소유물이므로, 누군가가 무단으로 내 반려동물을 촬영하는 데 그치지 않고 그것으로 수익을 얻는다면 나는 독점적 사용·수익권을 침해당하게 된다. 그러므로 촬영자를 상대로 소유권 침해 금지 청구를 제기하고 손해배상 청구, 부당이득 반환 청구 등도 할 수 있다.

　하지만 승소를 장담하기는 어렵다. 예를 들어 누가 내 물건을 함부로 사용하여 그것의 가치가 훼손되거나 직접적 피해가 발생하면 당연히 방해 금지 청구나 손해배상 청구를 할 수 있다. 그런데 단순히 지나가면서 내 반려견의 사진이나 영상을 찍어 그것으로 수익을 창출하더라도 나의 사용·수익권이 침해 당하거나 곧바로 나에게 손해가 발생할 거라 단정하기 어렵다 (물론 무단 촬영의 방법이나 경위, 수익 창출 방식, 소유주의 항의 여부, 지속적·반복적 침해 여부, 침해자의 행위로 인해 소유주와 반려동물의 생활에 변화나 불편이 생겼는지 여부 등을 종합적으로 고려해야 할 것이다).

　손해가 인정된다 하더라도 손해배상액의 산정도 쉽지 않다. 만약 내가 찍은 반려동물의 사진을 무단 도용한 경우라면 저작권 침해가 문제되고 '침해자가 저작물의 사용 허락을 받았다면 지급했을 금액(사용 계약을 체결한 적이 없다면 업계의 사정을 고려해 판단한 금액)'이 손해액이 된다. 그런데 무단 촬영의 경우 침해자가 직접 촬영하므로 저작권이 문제가 되지는 않는다. 초상권을 침해당하는 경우와 같이 소유주의 정신적 손해에 대한 배상을 구하는 방법을 생각해 볼 수 있으나 이 역시 소유주가 실제로 정신적 손해를 입었는지와 같은 구체적 사정에 따라 달라질 수 있고 손해배상 범위를 판단하기도 쉽지 않다.

　정리하면, 누군가가 소유주의 허락없이 반려동물을 사진이나 영상으로 촬영하더라도 그 행위가 예의에 어긋날 수는 있지만 현행법상 반려동물의 권리가 사람처럼 법적으로 보호받을 방법은 없어 보인다. 촬영물이 영리 목적으로 이용되더라도 (상황에 따라 달리 평가될 수는 있지만) 반려동물이나 소유주의 권리가 보호되기는 쉽지 않을 것이다.

2장

이혼하면 반려동물은
누구의 소유일까?

「후 겟츠 웨슬리(Who Gets the Dog?)」라는 영화가 있다. 이혼하기로 한 부부가 반려견 '웨슬리'에 대한 양육권을 갖기 위해 치열하게 다투는 내용의 코미디 영화이다. 그런데 이런 일은 영화에서만 일어나는 것이 아니다.

2016년 캐나다 중남부의 도시 새스커툰에서도 반려견 양육권을 다투는 소송이 있었다. 반려견 3마리와 반려묘들을 키우던 부부가 16년의 결혼생활 끝에 이혼하기로 했다. 그런데 이 부부는 반려견 3마리의 양육권을 두고 이견을 보였다. 끝내 반려견 양육권에 대한 합의를 이루지 못하자, 아내가 남편을 상대로 반려견 양육권과 면접권에 대한 소송을 제기했다.

결과가 어떻게 되었을까? 법원은 개가 일반 재산이라는 이유로 소(訴)를 각하했다('각하'란 형식적인 요건을 갖추지 못해 부적법하므로 내용에 대한 판단 없이 소송을 종료하는 것이고, '기각'이란 형식적인 요건은 갖추었으나 그 내용이 실체적으로 이유가 없다고 판단하여 소송을 종료하는 것이다).

법원은 "개는 대단한 창조물이다. 많은 개들은 가족의 구성원으로 여겨진다"라는 문장으로 판결문을 시작했다. 하지만 이어서 "그러나 결국 개는 개일 뿐이다. 법에서 개는 재산이자 소유하는 가축이다. 법률상 가족의 권리를 누리지 못한다"고 했다.

재판부는 "캐나다에서는 자녀를 사육사로부터 구매하지 않는다", "좋은 혈통을 확보하기 위해 교배하여 자녀를 낳지도 않는다", "자녀가 아플 때 치료를 받게 해야 할지 생을 끝내게 해야 할지 알아보기 위해 경제적 비용과 이익을 분석하지 않는다", "자녀가 폭력적으로 행동할 때 입마개를 씌우거나 안락사시키지 않는다"는 이유들을 제시하면서 개와 자녀는 다르다는 점을 분명히 했다. 심지어 담당 판사는 "이러한 문제로 부족한 사법 자원을 소모하는 것은 낭비이다. 내 생각에 이러한 신청은 자제되어야 한다"라는 성명까지 냈다.[007]

캐나다에서도 개는 법적으로 물건에 지나지 않으므로 현재로서는 이러한 판단이 지극히 당연할 수 있다. 그런데 과연 이러한 문제를 판단하는 것이 사법 자원의 낭비에 불과할까?

법원이 이 사건을 각하한 이유를 우리나라 민법을 기준으로 자세히 알아보자. 먼저, 양육권이 무엇인지 알아야 한다. 민법 제837조는 이혼과 자녀 양육 책임에 관하여 규정하고 있다. 양육 책임이란 미성년자인 자녀를 보호하고 양육해야 하는 책임을 말하며, 양육권이란 미성년 자녀를 직접 양육할 수 있는 권리, 즉 누구의 보호하에서 양육할 것인지를 의미한다. 예컨대 어머니가 양육권을 갖게 되면 아버지는 양육비를 지급해야 하고 대신 면접교섭권을 갖는다. 다만, 우리 민법에서 정하고 있는 양육자 결정(양육권)이나 양육비 부담, 면접교섭권 등은 모두 '미성년 자녀'를 대상으로 한다.

반려견이 자식과도 같은 존재라고는 하지만 원칙적으로 우리나라 법에서 반려견은 물건에 불과하다. 따라서 이혼할 때 반려견은 양육의 대상이 아니라 '재산 분할'의 대상일 뿐이다. 극단적인 예로 양쪽이 서로 소유권을 주장하며 팽팽히 맞선다면, 법원은 반려동물을 경매로 매각한 후 대금을 나누어 갖도록 하는 방법으로 해결할 수밖에 없다. 물론 공유물 분할 방법에 경매 후 대금을 분할하는 방법만 있는 것은 아니지만, 서로 현물을 갖겠다고 하는 상황이므로 재판부는 경매를 통해 매각 대금을 나누어 갖도록 하는 수밖에 없을 것이다.

법적으로 동물에 대한 양육권 소송은 각하할 수밖에 없지만, 반려동물 양육권 소송은 계속 이어지고 있다. 반려동물의 지위가 단순한 물건에 불과하지 않은 요즘에는 반려동물에 대한 양육권 소송이 그저 낭비적인 신청이라고 볼 수 없다. 캐나다 재판부의 판단과 같이 자녀와 반려견은 다르지만, 반려견과 일반 재산도 분명 다르기 때문이다. 오히려 무생물인 일반 재산과 더 큰 차이가 있다고 할 수 있다. 그래서 최근에는 관련 법령이 개정되는가 하면, 반려동물 양육권을 인정하는 듯한 판결도 늘고 있다.

2021년 스페인에서는 법원이 반려견 공동 양육권을 인정한 사례가 있다.[008] '판다'라는 이름의 보더콜리를 입양하여 20개월 가까이 키운 부부가 양육권을 두고 다퉜는데, 법원은 두 사람 모두가 공동 책임자이고 공동 보호자라고 보아 각자의 집에서 교대로 몇 달씩 데리고 있을 것을 명했다. 재판부는 소송을 제기한 아내와 반려견 사이에 법적으로 보호받아야 할 정서적 유대감이 존재한다고 판단해 두 보호자의 공동 양육권을 인정하였다.[009]

스페인 민법에서도 개는 재산에 불과하다(2021년 12월 스페인에서는 반려동물의 법적 지위를 단순한 물건이 아닌 '살아 있고 지각있는 존재'로 바꾸는 민법 개정 작업이 이루어졌다. 하지만 위 재판이 이루어진 시점에서는 개가 일반 재산에 해당했다). 따라서 민법을 따른다면 이러한 판결을 내리기가 어려웠다. 하지만 위 사건을 다룬 법원은 스페인 민법이 아니라, 스페인이 2017년에 비준한 '애완동물 보호를 위한 유럽 협약'[010]에 근거해 판단했다. 동물이 일반 재산과 다르다는 점을 인정하여 다른 방식으로 접근한 것이다.

미국에서도 비슷한 변화가 일어나고 있다. 알래스카, 캘리포니아 등 몇몇 주에서는 동물 양육권 분쟁과 관련하여 단순히 재산에 관한 규정에 따라 판단하지 말고 동물의 필요성이나 보살핌을 고려하도록 하는 법안을 통과시켰다. 이혼하는 부부의 반려동물 양육권 다툼을 법적으로 인정하면서, 누가 반려동물이 생활하기에 더 좋은 환경을 갖추고 있는지 여부를 따지도록 했다.

대표적으로 2019년 1월부터 동물 양육권 관련 법이 시행된 캘리포니아주의 경우를 살펴보면, 이혼 과정에서 반려동물 소유권을 최종 결정하기 전에 당사자의 요청에 따라 반려동물 돌봄 주체의 조건에 관해 명할 수 있고 반려동물 관리 능력을 고려해 단독 또는 공동 소유권을 결정할 수 있다고 정하고 있다.[011] 이러한 사건과 판례의 영향으로 최근에는 인터넷에서 해당 주별로 "반려동물 양육권 전문 변호사"[012] 광고도 많이 볼 수 있다.

반려동물이 민법상 물건이라는 이유만으로 양육권 청구를 그저 낭비적인 소송이라고 치부하는 것은 구시대적인 생각이다. 현행법으로는 반려동물 양육권을 인정하기 힘든 것이 사실이지만 보다 적극적인 자세로 이 문제를 바라볼 필요가 있다. 당연히 안 된다고만 생각하고 넘어갈 것이 아니라 안 되는 것이 국민 정서나 의식에 부합하는지, 되게 할 방법이 없는지 진지하게 고민해 봐야 한다.

반려묘 양육자 변경 청구 사건

반려동물 양육권을 법정에서 다투는 일이 외국에서만 일어나고 있을까? 최근 우리나라에서도 반려동물 양육권 분쟁이 제법 많아졌다.

2007년에 혼인한 어느 부부가 부부생활을 한 지 11년 만인 2018년에 협의이혼하였다. 이들은 혼인 기간 중 반려묘 2마리를 입양해서 함께 키웠는데, 이혼 당시 아내가 반려묘를 키우기로 하여 특별한 다툼없이 협의가 되었다.

그런데 그로부터 약 3년 뒤인 2021년 아내가 남편을 상대로 양육자 변경과 양육비를 청구했다(반려묘 때문에 알레르기 증상을 겪는 등 고통을 받고 있다면서 위자료도 함께 청구했으나 이 부분에 관한 쟁점은 불필요하므로 생략한다).

참고로 이혼하면서 자녀 양육자를 정했더라도 자녀의 복리를 위해 필요한 경우에는 양육자를 변경할 수 있다.[013] 아내는 반려묘의 양육자가 자신이 아니라 남편으로 변경되어야 한다고 주장하면서 소(訴)를 제기했다. 고양이를 데려가라는 의미였다(대개 양육권을 가져오기 위한 소송이 많은데 이 경우는 반대였다). 또한 이혼 후 홀로 반려묘를 양육하면서 들어간 약 550만 원의 양육비도 달라고 했다. 아내는 반려묘를 '자녀'로 전제한 후 민법상 양육권에 관한 규정을 근거로 했다.

법원의 판단은 어떠했을까? 법원은 먼저 반려묘 양육자 변경 청구에 관하여, "반려동물 양육권자 변경을 구할 소를 제기할 수 있는 법률상 근거가 없으므로 부적법하다"고 하며 청구를 각하했다. 아내는 반려동물 양육권이라는 권리가 인정됨을 전제로 양육자 변경을 청구했지만, 현행법상 양육권은 인간인 미성년 자녀에 대해서만 인정되므로 법원의 판단은 법적으로 지극히 타당하다. 또한 법원은 과거의 양육비를 청구한 부분도 인정하지 않았다. 양육비 청구권 역시 양육권을 전제로 하므로 반려동물 양육권이 인정되지 않는 이상 이 부분에 대한 청구도 당연히 인정될 수 없다.[014]

사실 현재로서는 모든 세대를 아우르는 관점에서 판단할 때, 반려동물을 자녀와 동일하게 볼 수 없다. 반려동물에게도 민법상 양육권이 인정됨을 전제로 한 청구를 인정하지 않는 법원의 태도는 현행 실정법 체계와 부합한다. 다만, 부부가 함께 키우던 반려동물을 집, 자동차 같은 일반 재산과 똑같이 취급해야 한다는 점은 정서적으로 받아들이기 어렵다. 그런 점에서 우리나라 역시 이 부분에 대한 입법적인 보완을 고려해야 할 것이다.

반려동물이라는 재산을
어떻게 분할할까?

"양육권만큼은 절대 뺏길 수 없어요."

이혼 소송에서 미성년 자녀를 둔 부모로부터 흔히 들을 수 있는 말이다. 재산이나 다른 무엇보다 양육권을 가장 소중하게 여기는 이들이 많다. 서로 양육권을 갖겠다고 양보하지 않는 경우에 법원은 양육 의사, 경제력, 아이와의 친밀도, 아이의 의사 등 여러 사정을 종합하여 양육권자를 지정해 준다.

그런데 앞서 보았듯이 민법상 '물건'에 불과한 반려동물의 양육권자는 이러한 방식으로 정할 수가 없다. 현행법상 재산 분할 방식을 따를 수밖에 없다. 그렇다면 이혼을 앞둔 부부가 반려동물을 서로 키우겠다고 할 경우 구체적으로 어떻게 해결될까?

이혼 소송에서 재산 분할 대상은 결혼생활 중에 부부가 공동으로 협력하여 모은 재산 가운데 부부 중 누구의 소유인지가 불분명한 공동 재산이다.[015] 혼인 전부터 부부가 각자 소유하고 있던 재산이나 결혼생활 중에 부부 일방이 상속·증여·유증으로 취득한 재산 등은 일방의 특유재산이므로 원칙상 재산 분⁰¹⁶할의 대상이 될 수 없다. 따라서 만약 부부 중 한 사람이 결혼 전에 해당 반려동물을 키웠을 경우 이혼할 때 그 사람에게 소유권이 인정되는 경우가 많다.

그렇다면 결혼생활 중에 반려동물을 입양하여 키운 경우에는 어떻게 될까? 재판부는 최대한 합의를 유도하겠지만 만약 서로 양보없이 끝까지 다툰다면 재판부가 부부 중 일방을 소유주로 결정하게 된다. 앞에서 경매라는 극단적인 예를 들었지만 현실적으로 재판부가 그런 결정을 할 가능성은 지극히 낮고, 더 많은 시간을 함께 보낸 쪽의 소유권을 인정할 가능성이 높다. 예컨대 남편은 밖에서 일을 하고 아내가 집에서 반려동물을 돌봤다면 법원은 일종의 기여도를 인정하는 것과 같이 아내에게 소유권을 인정해 줄 것이다. 이렇게 되면 온전한 아내의 소유물이 되고, 면접교섭권 같은 것은 인정될 수 없으니 남편은 더 이상 반려동물을 볼 수 없다. 다만 아내가 온전히 자신의 비용으로 반려동물을 돌봐야 하는 문제가 있다.

최근에 내가 본 사례들은 대부분 다행히 협의나 조정으로 마무리되었다. 참고로 이혼은 크게 협의이혼과 재판상 이혼으로 나뉜다. 부부의 이혼 의사가 합치하고 양육권이나 양육비, 재산 분할, 위자료 등 모든 사항에 서로 이견이 없을 경우 협의이혼을 통해 신속하게 혼인 관계를 해소할 수 있다. 협의이혼은 말 그대로 당사자들의 협의에 의한 것이므로 각자의 의사대로 합의 내용을 결정할 수 있다. 우리나라 민법이 어떠하든 상관없이, 반려동물을 자녀와 똑같이 취급하여 일방을 양육자로 정하거나 양육비를 지급하도록 정하고 면접교섭권 등을 합의할 수 있다.

한편, 조정이혼은 재판상 이혼의 절차이다. 우리나라에서는 이혼 소송을 하기 전에 먼저 가정법원에 조정을 신청해야 한다.[017] 조정이혼은 조정위원들이 중재를 통해 양육자, 양육비, 재산 분할, 위자료 등에 관하여 합의를 이끌어내 이혼하도록 한다(조정이 성립되지 않으면 소송 절차가 진행된다). 조정이혼 역시 당사자들 간의 합의안대로 조정조서가 작성되므로 협의이혼과 유사하지만, 조정조서가 재판의 판결문과 동일한 효력을 갖는다는 점에서 다르다(협의이혼은 상대가 합의안대로 이행하지 않으면 별도로 이행의 소를 제기해야 하지만, 조정이혼은 조정조서를 집행권원으로 삼아 집행할 수 있다). 아무튼 조정이혼에서도 현행법 규정과 상관없이 반려동물을 자녀와 동일하게 취급하여 양육 문제를 정할 수 있다.

실제로 과거에 내가 변호한 사건에서도 반려견 두 마리를 키우던 부부가 이혼하면서 한 마리는 아내가, 한 마리는 남편이 각각 키우기로 하고 남편이 아내에게 반려견이 사망할 때까지 양육비로 매월 10만 원을 지급하기로 한 조정이 성립된 적이 있다.

이처럼 최근에는 재산 분할 방식이 아니라 협의나 조정을 통해 반려동물 양육권 문제를 해결하는 경우가 늘고 있다. 현행법 아래에서는 가장 현명한 방법으로 보인다.

3장

반려동물에게 유산을
상속할 수 있을까?

리오나 헴슬리의 반려견 상속 분쟁 사건

2007년 8월 미국의 부동산 재벌 리오나 헴슬리가 87세의 나이로 사망했다. 리오나 헴슬리는 1997년 부동산 부호인 남편이 사망한 후 전 재산을 상속받아 호텔 운영, 부동산 투자 등을 하면서 돈을 불려온 사업가였다. 사망 당시 그녀가 보유한 재산은 40억 달러가 넘어 우리 돈으로 무려 5조 2000억 원(2023년 환율 기준)에 달했다고 한다.

리오나 헴슬리의 죽음이 화제가 된 것은 그녀가 죽으면서 남긴 14쪽 분량의 유언장이 뉴욕 법원에서 공개되면서였다. 헴슬리는 35억 달러가 넘는 대부분의 재산을 자신과 남편의 이름을 딴 공익재단에 기부했다. 그런데 나머지 재산 중 상당 부분을 반려견인

'트러블(Trouble)'을 위해 남겼다. 이에 전 세계 사람들이 부자가 죽으면서 개에게 수백억 원의 재산을 남겼다며 큰 관심을 보였다.

유언의 구체적인 내용을 살펴보면, 헴슬리는 반려견 트러블에게 1200만 달러(156억 원)를 상속했을 뿐만 아니라 남동생에게는 '트러블이 죽을 때까지 돌보는 조건으로' 1500만 달러를 남겼다. 일종의 부담부 유증(負擔附 遺贈)이다. 손자 2명에게는 아버지(리오나 헴슬리의 외아들)의 묘소를 1년에 한 번 이상 돌보는 조건으로 각각 1000만 달러를 남겼다. 그리고 다른 손자 2명에게는 한 푼도 상속하지 않기로 했다. 리오나 헴슬리의 유족으로는 남동생과 손자 4명이 있었으니 반려견 트러블이 사실상 최고 수준의 대우를 받은 셈이다. 심지어 오랜 시간을 함께한 헴슬리의 개인 운전사에게는 트러블에게 상속한 금액의 100분의 1도 되지 않는 10만 달러만 남겼다고 하니 그 대우가 어느 정도인지 알 수 있다.

이게 끝이 아니다. 리오나 헴슬리는 트러블이 죽은 뒤 헴슬리 부부가 안장된 초호화 묘지에 함께 묻히도록 하는 내용도 유언장에 기재했다. 뉴욕의 스카이라인이 한눈에 보이는 곳에 있는 140만 달러짜리 초호화 묘지이다. 헴슬리는 묘지 관리비로만 300만 달러를 책정해 두었다. 1000만 달러가 넘는 재산뿐만 아니라 초호화 무덤까지, 말 그대로 '개팔자가 상팔자'였다.[019]

위에서 헴슬리가 트러블에게 1200만 달러를 상속했다고 표현했는데, 정확히는 헴슬리가 트러블을 위해 1200만 달러를 신탁 재산으로 위탁하고 후견인이 이 신탁 재산을 이용해 트러블을 보호, 관리하는 방식이었다. 동생이나 손자들에 대한 상속 역시 모두 현금으로 주는 것이 아니라 절반은 신탁 기금에 적립하도록 했다. 즉 헴슬리가 은행에 자금을 미리 맡겨놓고 유족들 혹은 트러블 보호자가 일정 기간마다 수익금을 받아가도록 했다. 트러블을 돌보는 조건이나 아버지의 묘지를 관리하는 조건을 지키지 않으면 돈을 받을 수 없게 되어 있었다.

이러한 신탁 방식은 상속 재산이 안전하게 보전될 수 있어서 유용하다. 상속인이 유산을 일시에 현금으로 다 받고 나서 약속을 지키지 않는 경우가 흔하기 때문이다. 이러한 장점 때문에 신탁 제도는 우리나라에서도 미성년 상속인을 위해 활용되고 있다.

세월호 참사로 부모를 잃은 미성년 자녀에게 부모의 상속 재산과 보험금, 국민 성금 등 15억 원가량의 재산이 갑자기 생긴 사례가 있다. 당시 아이의 임시 후견인인 고모는 그 재산이 아이가 만 30세가 될 때까지 안전하게 보전될 수 있기를 바랐다. 그래서 은행에 맡겨 신탁 관리할 수 있게 해달라는 청구를 했고, 이를 법원이 허가했다. 미성년 자녀가 매달 250만 원을 받다가 만 30세가 되면 나머지 금액을 모두 지급받는 방식이었다. 부모를 잃은 미성년 자녀의 재산을 보호자인 친족이 마음대로 처분할 위험에서 보호할 수 있게 한 것이다.[020]

이러한 신탁 방식은 사람이 반려동물을 남겨두고 먼저 세상을 떠나는 경우에도 유용한 방법이 될 수 있다. 반려동물에게 직접 재산을 상속할 수 없기 때문이다. 대신 반려동물을 돌봐줄 보호자에게 반려동물을 관리할 자금을 지속적으로 지급할 수 있다. 그래서 최근 우리나라에도 '펫(pet) 신탁'이라는 것이 생겼다.

몇 년 전 80대 의뢰인으로부터 '펫 신탁'에 관한 상담을 요청받은 적이 있다. 자신이 죽었을 때를 대비해 반려견을 위한 신탁 상품에 가입하려고 하는데, 그게 구체적으로 무엇인지, 재산이 어떻게 상속되는지, 가입하려면 어떻게 해야 하는지 알고 싶다고 했다. 당시에는 나도 반려견 관련 신탁 상품이 있다는 것을 언론 기사로만 대충 접해 그것이 어떤 구조이고 반려동물에 대한 관리가 어떻게 이루어지는지 알아보거나 고민해 본 적이 없었기에 전화를 끊고 나서 자세히 공부한 후 다시 상담을 나누었다.

아무튼 리오나 헴슬리는 이러한 신탁 방식을 현명하게 활용하여 트러블이 관리될 수 있도록 했다. 실제로 트러블은 헴슬리 사후에 24시간 경호를 받으며 지냈고 연간 경호비로만 10만 달러, 털 손질 등 미용 명목으로 8,000달러, 사료비로 1,200달러가 지출되었다. 트러블 보호자(헴슬리 호텔 총지배인)에게는 매년 6만 달러가 별도로 지급되었다.

그런데 헴슬리의 상속 스토리는 이것이 전부가 아니다. 헴슬리의 유언을 두고 상속 분쟁이 일어났기 때문이다. 유족들은 리오나 헴슬리가 유언장을 작성할 당시 정신이 온전치 못했다며 소송을 제기했다. 유족들과 같은 상황에서는 아마 누구나 비슷했을 것이다. 가사 사건을 진행하다 보면, 자식들에게 재산을 불평등하게 배분하는 내용의 유언장이 작성된 경우, 유산을 적게 받은 자녀가 유언장 작성 당시 망인의 정신 상태를 두고 다투는 일이 자주 있다. 가벼운 초기 치매의 경우 치매 진단이 내려져도 평소 대부분의 시간 동안 의식은 정상 상태이다. 즉 치매기가 있더라도 유효한 유언이 이루어질 수 있는데, 어떤 상태에서 남겨진 유언인지를 두고 자녀들끼리 다투는 경우가 많다. 리오나 헴슬리의 경우 손자 두 명은 5조 원의 재산을 가진 할머니로부터 한 푼도 받지 못했으니, 이러한 소송을 제기할 법도 하다.

그런데 소송 끝에 결국 상속에서 배제됐던 손자들이 일부 승소했다. 재판부는 유언장 작성 당시 리오나 헴슬리가 유언장을 작성할 수 있는 온전한 정신 상태에 있지 않았다고 인정했다. 그리고 할머니인 리오나 헴슬리와 불편한 관계를 맺어온 구체적인 이유를 공개하지 않고 그에 관한 모든 자료를 법정에 제출한다는 조건으로 두 손자에게 각각 400만 달러, 200만 달러를 지급하도록 결정했다.

또 트러블에게 귀속되는 유산을 1200만 달러에서 200만 달러로 삭감했다. 재판부는 트러블의 보호자로부터 1200만 달러는 필요하지 않고 200만 달러만으로도 향후 10년간 최고의 대우를 보장하기에 충분하다는 점을 확인받았다.[021]

200만 달러만 해도 절대 적은 금액이 아니다. 반려견의 나이가 이미 9살이었으니 10년을 더 산다 하더라도 1년에 20만 달러, 우리 돈으로 2억 6000만 원을 쓸 수 있는 돈이었다. 게다가 트러블이 2010년 12월에 죽었으니 지나칠 정도로 충분한 돈이었다. 트러블은 죽을 때까지 매일 헴슬리 호텔의 셰프가 조리해서 은식기에 담은 신선한 요리를 먹었고, 다이아몬드가 박힌 개목걸이를 착용하고 지냈다(하지만 헴슬리 부부의 묘지에 동물의 묘가 허용되지 않아 헴슬리 부부와 함께 묻히지는 못했다).

이렇게 리오나 헴슬리처럼 남길 재산이 많고 여유있게 미리 사후 준비를 한다면 보호자가 죽어도 반려동물이 편안하게 살 수 있는 세상이다. 반려동물에게 직접 상속할 수는 없어도 위와 같은 방식을 이용하면 반려동물이 얼마든지 충분한 돌봄을 계속 받을 수 있다.

하지만 현실적으로 그럴 수 있는 사람이 얼마나 될까? 갑자기 입원하거나 세상을 떠나서 유언으로 특별히 남길 재산도, 돌봐줄 사람도 없는 경우가 더 많다. "부자들의 쇼킹한 반려동물 상속 이야기"보다는 이러한 현실적인 이야기가 더 공론화되고 고민되어야 한다. 예컨대 반려동물을 위한 신탁 상품만 해도 그렇다. 단순히 부자들이 큰돈을 맡겨놓으면 사후에 집행되는 방식이 아니라, 보험과 결합된 신탁 상품을 비롯해 다양한 상품이 개발되어야 할 것이다.

현재 우리나라에는 소유주가 세상을 떠난 후 돌봐줄 사람이 없어 방치되거나 유기되는 동물이 많다(서울, 대구 등지에서는 '긴급보호동물인수제'라는 것이 있어서 현장에 출동한 경찰이나 소방관이 반려동물을 동물 보호소에 보내지만, 새로운 보호자가 나타나지 않으면 결국 안락사시킨다). 특히 우리나라의 노인 빈곤 문제는 심각한 수준이어서, 가난한 노인들이 마음을 의지하며 어렵게 데리고 살다가 남기는 반려동물이 적지 않다. 여유 있는 사람들뿐만 아니라 취약계층이 키우던 반려동물의 보호와 관리를 위한 제도도 반드시 필요하다.

반려동물을 펫 신탁에
맡겨도 될까?

동물은 사람이 아니므로 권리, 의무의 주체가 될 수 없다. 따라서 상속법상 상속권자도 될 수 없다. 재산을 반려동물에게 상속하겠다는 취지의 유언장을 작성하더라도 법정에서 무효로 판단될 가능성이 높다. 그러므로 반려동물에게 직접 상속하는 것이 아니라 반려동물을 돌봐줄 '사람'에게 상속하는 수밖에 없다.

쉽게 생각할 수 있는 방법은 자신이 죽으면서 가족이나 제3자에게 반려동물을 돌봐달라고 부탁하고 그 조건으로 유산을 남기는 '조건부 유언'이다. 믿을 만한 사람이 있다면 가장 간편하고 쉬운 방법이다. 하지만 이 방법의 문제는 만약 반려동물을 잘 돌봐준다는 조건이 이행되지 않을 경우 달리 해결책이 없다는 것이다. 조건을 이행하지 않더라도 그것을 알 방법이 없다.

사람의 유사한 상속 분쟁 사례를 살펴보면, 대개 형제간의 다툼 끝에 부양 조건 불이행이 입증되는 경우가 많다. 예를 들면 이러하다. 아버지가 배우자(자식들의 어머니) 부양을 조건으로 첫째 아들에게 많은 재산을 상속하고 사망한다. 그런데 첫째 아들이 많은 재산을 상속받았음에도 어머니를 제대로 부양하지 않는다. 그래서 다른 형제들이 첫째 아들을 상대로 어머니 부양을 제대로 하지 않는다며 상속 재산 반환 청구 소송을 제기한다. 실제로 이런 사례가 많다.

반려동물의 경우에도 이와 같은 상속 구조라면 형제들의 감시가 가능할 수 있다. 하지만 재산이 많지 않아 특별히 실익이 없거나(형제간에 소송을 할 정도면 다시는 안 볼 작정을 하는 것이다. 그러려면 제법 큰 재산이어야 한다.), 가족이 아닌 제3자에게 재산을 남기거나, 자식이 한 명밖에 없는 경우 등이라면 반려동물이 돌봄을 잘 받을지 담보할 방법이 없다.

그래서 생각할 수 있는 방법이 바로 유언대용신탁인 '펫 신탁'이다. 유언대용신탁이란 유언과 신탁이 합쳐진 개념이다. 위탁자가 살아 있을 때는 직접 재산권을 행사하다가 사망 후에는 위탁자가 정한 방식에 맞게 재산이나 수익권이 귀속되도록 정할 수 있다. 펫 신탁은 반려동물 소유주가 은행에 자금을 미리 맡겨서 본인이 사망한 후 반려동물을 돌봐줄 보호자에게 반려동물 관리 자금을 꾸준히 지급하도록 하는 방식이다. 한 번에 모든 자금을 지급하지 않고 매월 일정 금액을 지급하기 때문에 통제가 가능하고, (원칙적으로는) 신탁 감독인이 있어 반려동물 돌봄에 대한 감시가 가능하다는 장점이 있다.

다만 우리나라의 펫 신탁은 만들어진 지 얼마 되지 않아 아직 많이 이용되지 않고 있다. 상품 구조가 비교적 단순하고 감독 기능에 한계가 있어 부족한 부분도 많아 보인다. 특히 위탁자가 가장 염려하는 부분은 자신이 사망한 후에 반려동물이 제대로 관리될지 여부인데, 현재로선 은행이 반려동물의 새 보호자에게 자금을 지급할 때마다 관련 서류를 제출받고 생존 여부를 확인하는 정도라고 한다. 보호자가 수령한 돈을 반려동물 돌봄이 아닌 다른 용도로 쓰더라도 알 방법이 없고, 적정한 양육이 이루어지고 있는지에 대한 실질적인 점검이 이루어지지 않고 있다. 현재 우리나라의 펫 신탁은 아주 기초적인 모델로서 하나의 금융 상품에 불과하다.

새로운 보호자에게 일정한 의무를 부여하고 이를 이행하지 않을 경우 신탁 관계를 종료하거나 신탁금을 반환시키기 위해서는 별도의 법적인 장치가 필요하다. 예를 들면, 미국 대부분의 주에서는 반려동물 신탁이 법제화되어 있다. 뉴욕주의 반려동물신탁법을 보면, 수탁자가 신탁금을 신탁 증서로 보호받는 동물을 위해 사용하지 않고 사적 용도나 다른 용도로 전용할 수 없고, 법원이 판단하여 신탁금 축소나 수탁자 변경 등 필요한 명령이나 결정을 내릴 수 있다.

한편, 고령화가 우리보다 먼저 진행된 일본에서는 펫 신탁이 일찍부터 활용되어 지금은 다양한 상품이 개발되어 있다. 예를 들면, 생명보험 상품과 신탁 상품을 결합한 상품도 있다. 소유주가 죽거나 심각한 장애를 갖게 될 경우, 또는 질병으로 입원할 경우 새로운 보호자에게 보험금이 사육비로 지급되도록 하고 있다. 우리나라에서도 이런 상품이 다양한 상황과 환경에 맞게 머지않아 개발될 것으로 예상된다.

4장

반려동물도 위자료를
받을 수 있을까?

위탁받은 반려견을 유기견으로 오인하여 안락사시킨 사건

2009년 3월 반려견 2마리를 키우던 김씨는 2년간 반려견들을 돌볼 수 없는 사정이 생겼다. 그래서 반려견들을 잠시 누군가에게 맡겨야 했는데, 믿고 맡길 만한 곳을 찾던 중 한 협회(동물 보호 단체)를 알게 되었다. 이 협회는 평소 동물의 권리를 위해 활동한 단체였기 때문에 김씨는 이곳이 자신의 반려견들을 믿고 맡길 수 있는 곳이라고 생각했다. 협회를 찾아간 김씨는 반려견 2마리를 위탁하면서 위탁료로 월 14만 원씩 주기로 했다. 김씨는 2년간 총 308만 원의 위탁료를 협회에 납부했다.

그런데 김씨가 반려견들을 맡긴 지 2년이 지난 2011년 3월에 협회로부터 충격적인 소식을 들었다. 협회가 실수로 김씨의 반려견 2마리를 유기견으로 오인하여 안락사시켰다는 것이다. 김씨는 너무나 황당하고 믿기 어려워 수차례 다시 확인했으나 반려견들이 모두 안락사된 것은 사실이었다.

충격에 빠진 김씨는 협회를 상대로 손해배상을 청구했다. 협회가 김씨의 '재산'인 반려견을 함부로 죽였으므로, 김씨는 법적으로 재산상 손해와 그 충격으로 인한 정신적 손해에 대한 배상(위자료)을 모두 요구할 수 있었다. 그런데 이 손해배상 청구 사건이 특별히 주목받은 이유는 김씨가 자신의 위자료뿐만 아니라 안락사당한 반려견들의 위자료도 청구했기 때문이다. 즉 김씨 자신이 느낀 정신적 고통에 대한 위자료 2000만 원과 더불어 안락사당한 반려견들이 느꼈을 정신적 고통에 대한 위자료 400만 원(1마리당 200만 원)을 함께 청구했다.

위자료란 명예 훼손 같은 비재산적 손해나 피해자가 느낀 '정신적 고통'에 대한 손해배상을 말한다. 따라서 통상 사람에게만 인정되는 권리로 해석된다. 누군가의 불법 행위로 사망한 사람의 유족은 가족이 사망한 데 대한 '유족 자신의 위자료 청구권'뿐만 아니라 사망자로부터 상속받은 '사망자 본인의 위자료 청구권'까지 양자를 모두 행사할 수 있다.

그래서 위 사건에 대한 재판에서는 '동물도 위자료 청구권의 귀속 주체가 될 수 있는지'가 쟁점이 되었다. 특히 해당 동물이 일반 동물이 아니라 '반려동물'이어도 마찬가지인지에 대한 다툼이 있었다. 반려동물이 가족의 구성원으로 여겨지는 시대인 만큼, 과연 반려동물에 대해서도 사람과 같은 위자료 청구권을 주장할 수 있을까?

제1, 2심 법원은 반려견에 대한 위자료 청구는 받아들이지 않고 김씨에 대한 위자료만 600만 원을 인정했다. 그러면서 "권리능력(법적으로 권리와 의무의 주체가 될 수 있는 능력을 말한다. 권리능력은 자연인[사람]과 법인에게만 인정된다)이 없는 동물들이 위자료 청구권의 귀속 주체가 된다거나 위자료 청구권이 견주에게 상속된다고 보기 어렵다"고 판단했다. 아울러 김씨의 위자료를 산정함에 있어 이를 참작하였다고 판시했다.

대법원 역시 "동물의 생명 보호, 안전 보장 및 복지 증진을 꾀하고 동물의 생명 존중 등 국민 정서를 함양하는 데에 이바지함을 목적으로 한 동물보호법의 입법 취지나 그 규정 내용 등을 고려하더라도, 민법이나 그 밖의 법률에 동물에 대하여 권리능력을 인정하는 규정이 없고 이를 인정하는 관습법(사회에서 발생한 관습이 단순히 도덕적 규범에 그치지 않고 구성원들에 의해 법적 확신으로 지지되는 경우를 말한다)도 존재하지 아니하므로, 동물 자체가 위자료 청구권의 귀속 주체가 된다고 할 수 없다. 그리고 이는 그 동물이 애완견 등 이른바 반려동물이라고 하더라도 달리 볼 수 없다"고 하며 제1, 2심과 같이 판단했다.[022] 즉 아무리 가족과 같은 반려동물이라 하더라도 동물의 위자료 청구권은 인정할 수 없다는 것이다.

현행 법령에서 이러한 판결은 지극히 타당하다. 현실적으로 동물에게 인간과 같은 권리능력을 인정하기는 어렵다. 따라서 '위자료 청구권' 같은 손해배상 청구권이 동물에게 귀속되기도 어렵다. 동물도 인간처럼 고통을 느끼는 것은 사실이지만 동물보호법 등에 따라 보호받는 객체만 될 수 있을 뿐, 그 고통에 대한 손해배상을 청구할 수 있는 권리의 주체가 될 수는 없다.

비슷한 맥락에서 동물은 소송의 주체, 즉 원고나 피고가 될 수도 없다. 대표적으로 2006년에 대법원 선고가 있었던 '천성산 도롱뇽 소송'이 있다. 천성산에 위치한 내원사라는 사찰의 지율 스님과 천성산의 동식물을 대표한 도롱뇽 등이 천성산 터널 공사에 반대하며 공사 착공 금지 가처분 신청을 한 사건이다. 이 사건에서는 도롱뇽도 원고(신청인)가 될 수 있는지가 쟁점이 되었다. 이에 대해 대법원은 "자연물인 도롱뇽은 이 사건을 수행할 당사자능력(원고, 피고와 같이 소송의 당사자가 될 수 있는 능력)이 인정될 수 없다"고 판단했다.

다가올 미래에는 모르겠지만 적어도 현재의 법체계에서는 반려동물이 아무리 가족과 같은 존재라고 하더라도 '물건'일 뿐이어서 인간과 같은 법적 지위를 인정받을 수 없다. 우리나라뿐만 아니라 미국 등지에서도 동물의 권리 주체성, 소송 능력 등에 관한 논의가 활발하게 이루어지고 있다. 하지만 아직까지 다른 나라들에서도 (인간이나 단체를 후견인으로 내세우는 방법 등이 아닌) 동물 자체에 대한 권리능력이나 당사자능력을 인정받아 다툰 경우는 없었다.

한편, 위 사건에서 김씨는 현행 법체계상 반려견은 재산(물건)임에도 재산상의 손해는 제외하고 위자료만 청구했다. 이는 아마 '반려견의 위자료'를 청구하면서 반려견을 재산으로 보아 손해배상을 구하는 것이 논리적으로 모순되기 때문이었을 것이다. 나아가 동물을 물건 혹은 재산으로 보는 기존 법체계에 대항하고자 하는 차원에서 '재산적 손해'를 청구하지 않은 것일 수도 있다. 단순히 돈을 목적으로 한 소송이 아니었기 때문이다. 비록 결과는 패소였지만 충분히 의미있는 소송이었다(재판부는 김씨가 재산적 손해에 대하여 별도로 배상을 청구하지 않은 점을 위자료 산정 때 참작하였다고 하므로 사실상 재판부가 인정한 위자료 600만 원에는 재산적 손해가 반영되어 있다고 할 수 있다).

반려견 교통 사고 사건

2016년 4월 공조 기술자 이씨는 에어컨 배관 철거 작업을 하러 어느 아파트 단지에 갔다. 아파트 경비실의 허락을 받아 1톤 트럭을 몰고 단지 내 도로를 따라 이동했다. 그런데 시속 10~20킬로미터의 속도로 천천히 가다가 한 진입로에 들어선 순간, 길에 있던 강아지(미니어처 핀셔)를 발견하지 못해 뒷바퀴로 충격하고 말았다. 사고로 강아지는 우측 대퇴 골절을 비롯한 큰 부상을 입었다.

당시 피해견의 보호자인 고씨는 강아지를 데리고 아파트 단지 안을 거닐고 있었다. 사고 지점은 인근에 어린이 놀이터와 유치원이 있어 평소에 주로 인도로 사용되던 곳이다. 모든 차량은 지하주차장을 통해 출입했고 지상은 차가 다니지 못하게 되어 있었다(아파트 주통행로와 연결된 진입로 앞쪽에 대형 화분을 설치하여 일반 차량의 접근을 막아놓았다). 다만 높은 차고 때문에 지하주차장을 거쳐 출입할 수 없는 사다리차, 택배 차량, 이씨의 트럭 같은 화물 차량만 아파트 경비실의 허락을 받아 그 진입로를 이용해 지상으로 접근할 수 있었다. 이처럼 평소 차가 다니지 않고 반려견에게 익숙한 아파트 단지 안이어서 고씨는 별다른 걱정 없이 목줄도 하지 않은 채 반려견과 함께 걷고 있었다.

이 교통 사고로 고씨의 반려견은 수술을 받아야 했다. 수술에는 상당한 비용이 들었을 뿐만 아니라 향후 치료를 위해서도 큰 비용이 예정되어 있었다.

그런데 법적으로 반려견은 '물건'이므로 물건이 훼손된 사건이었다. 통상 물건이 파손되거나 멸실될 경우 그 시가를 초과하는 금액이 손해배상액으로 인정되기는 어렵다. 하지만 대체로 반려견의 치료비는 반려견의 교환 가치보다 더 비싸다. 보호자의 정신적 고통도 일반 물건과 비교할 수 없다. 따라서 가해자와 피해자 간에는 배상 금액을 두고 갈등이 생길 수밖에 없다. 이 사건에서도 이씨의 자동차보험회사와 고씨는 손해배상액을 두고 다투게 되었고 결국 재판까지 갔다.

현행법상 반려동물은 물건인데, 과연 물건의 교환 가치보다 큰 금액을 손해배상액으로 인정받을 수 있을까? 이에 대해 법원은 "불법 행위로 물건이 훼손되었을 때, 수리 또는 원상 회복이 가능한 경우에는 수리비 또는 원상 회복에 드는 비용을, 수리 또는 원상 회복이 불가능하거나 그 비용이 과다한 경우에는 훼손으로 인하여 교환 가치가 감소된 부분을 통상의 손해로 보아야 한다"고 하여 일반적인 손해배상의 법리를 설명하면서도 "그러나 반려견의 경우 소유주가 정신적인 유대와 애정을 나누는 대상일 뿐 아니라 생명을 지닌 동물인 반려견에게 상해가 발생한 것이므로 보통의 물건과 달리 그 교환 가격보다 높은 치료비를 지출하고도 치료를 할 수밖에 없는 특별한 사정이 있는 경우에 해당한다[023]"고 했다. 그러면서 "이 사건 반려견의 분양가가 45만 원이지만 이를 초과하는 각 수술비를 피고의 손해로 인정한다"고 최종적으로 판단했다.

법원은 반려견이 물건이기는 하지만 소유주와 정신적 유대를 형성한, 생명을 지닌 동물이라는 점을 고려하여 교환 가격 45만 원을 훨씬 초과하는 500만 원 이상의 수술비를 손해로 인정했다(다만, 향후 치료비는 인정할 증거가 없으므로 기각되었다).

반려동물을 온전히 물건(재산)으로만 본다면 일반적으로 위자료가 인정되기 어렵다. 법적으로 재산상 손해는 특별한 사정이 없는 한 해당 금액을 지급하면 모두 회복된다고 보기 때문이다. 하지만 반려동물의 죽음이나 부상은 일반 물건의 경우와 분명히 다르다. 그래서 많은 하급심 판결에서는 반려견이 다치거나 죽었을 경우 그 특수성을 인정하여 재산상 손해에 대한 배상과 더불어 위자료도 인정하고 있다.

위 사건에서도 법원은 "물건의 멸실에 따른 정신적 고통은 통상 재산적 손해의 배상에 의하여 회복되고, 그로써도 회복될 수 없는 정신상의 고통은 특별사정으로 인한 손해라고 볼 것이나, 반려견의 경우 보통의 물건과 달리 소유주가 정신적인 유대와 애정을 나누는 대상일 뿐 아니라 생명을 지닌 동물인 점 등을 고려하여, 반려견이 상해를 입음으로 인해 소유주인 피고가 정신적 고통을 받게 될 것임은 교통사고를 일으킨 불법 행위자 또한 알았거나 알 수 있는 경우에 해당한다고 할 수 있다"고 하여, 반려견이 현행법 상 물건이기는 하지만 소유주와의 유대관계 등 특수성을 감안해 별도의 위자료(250만 원)를 인정했다.[024]

정리하면, 현행법상 반려동물은 물건에 해당하지만 우리나라 판례에서는 반려동물의 특수성을 고려하여 보통의 물건과 달리 취급하고 있음을 알 수 있다. 별도의 입법 없이도 법관의 판단으로 반려동물의 특수성을 인정하는 셈이다.

아울러 과거에 비해 최근에는 법원이 인정하는 위자료의 액수 도 늘어나고 있다. 법원은 동물뿐만 아니라 사람의 경우에도 위자 료 자체에 대해 인색한 경향이 있다. 그럼에도 과거 수십만 원에 불과했던 위자료가 최근에 수백만 원까지 인정됐다는 것은 동물 에 대한 국민 의식의 변화가 법원에서 어느 정도 반영되고 있음을 의미한다.

이러한 시대의 흐름에 맞추어 조만간 입법적 보완도 이루어질 것으로 보인다. 다만 기존 법체계를 흔들 수 있는 급진적인 법 개 정보다는 필요한 부분부터 조금씩 적절히 바꾸어나가야 할 것이 다. 위의 판례들에서 볼 수 있듯이, 입법 없이도 법원이 구체적 사 정을 고려하고 해석을 통한 법리를 제시하면서 이미 조금씩 변화 하고 있기 때문이다. 따라서 새로운 법을 서둘러 도입하기보다 법 원 판단의 기초가 되는 '국민 정서'의 변화에 맞춰 나가는 노력을 해야 할 것이다.

언제쯤 동물은
물건이 아닐 수 있을까?

얼마 전 민법 개정안 공청회 "동물은 물건이 아니다"에 다녀왔다. 2021년 법무부는 "동물은 물건이 아니다"라는, 동물의 법적 지위를 신설하는 민법 일부 개정안을 국회에 제출했으며, 그 후 동물의 지위에 관한 논의가 더 활발해졌다. 동물을 일반 물건과 구별해야 한다는 입법 취지에 대부분 공감하여 사회적 합의가 형성되어 가고 있는 듯하다. 하지만 아직 위 개정안이 통과되지 못하여 우리나라 법률과 판례에서 동물은 여전히 물건에 불과하다.

민법에서의 물건이란 "유체물 및 전기, 기타 관리할 수 있는 자연력"을 의미한다. 민법상 물건의 정의 자체가 중요한 것은 아니고, 물건은 권리능력을 가진 사람과 구별된다는 점이 중요하다. 반려동물을 사람과 구별하여 무생물인 일반 '물건'으로 취급하다 보니 앞서 살펴본 손해배상 문제나 상속 문제, 혹은 형사 처벌 문제(반려동물은 절도, 손괴 등 재산죄의 객체일 뿐이다) 등에서 현실이 반영되지 못하고 있다.

민법이 개정되어 "동물은 물건이 아니다"라는 규정이 신설 된다 하더라도, 이 조항은 선언적 규정에 불과하여 동물의 법적 지위에 곧바로 구체적이고 직접적인 변동이 있을 것으로 예상하기는 어렵다. 또한 개정안의 같은 조 제2항에서 "동물에 대해서는 법률에 특별한 규정이 있는 경우를 제외하고는 물건에 관한 규정을 준용한다"고 정하고 있어, 설령 민법 개정안이 국회를 통과한다 해도 동물과 관련한 구체적인 입법이 추가로 있기 전까지는 대부분의 사안에서 동물이 여전히 물건에 준하여 취급될 것이다.

그럼에도 이러한 선언적 규정은, 동물을 물건으로 취급함으로써 발생하는 여러 문제에 대해 보다 현실적이고 진취적인 논의를 할 수 있는 기초를 제공한다는 점에서 큰 의미가 있다. 이러한 선언 위에서 이루어지는 입법이나 판결은 분명 영향을 받기 때문이다. 그런 점에서 "동물은 물건이 아니다"라는 민법 개정의 필요성은 충분하다.

앞서 말했듯이 "동물은 물건이 아니다"라는 규정이 만들어지더라도 구체적 입법이나 타 법령의 개정이 후행되어야 실질적인 변화가 생길 수 있다. 반려동물 압류 금지 규정이나 동물의 손해배상에 관한 특칙 등이 대표적이다. 후행되는 입법들은 기존의 법체계와 충돌하지 않는 범위 내에서 신중히 논의되어야 하며 쉽지 않은 과정이 될 것이다. 민법의 이분법적 권리를 삼분법적 체계로 변경하는 것은 결코 간단한 일이 아니기 때문이다.

예컨대, 동물이 여전히 재산적 가치를 지니고 있고 거래가 되는 현실을 어떻게 반영할 것인지가 애매하다. 동물의 판매, 전시 등을 업으로 하는 이에게 동물은 어떤 의미일까? 반려동물과 여타 일반 동물의 차이도 있다. 산에 사는 야생 멧돼지와, 가족 같은 반려견의 법적 지위가 같을까? 반려동물의 상속권을 인정한다면 상속세 등의 의무는 어떻게 해야 할까? 반려동물이 임신중인 경우 반려동물 태아의 법적 지위는 어떻게 될까?(사람 태아의 법적 지위에 관해서도 여러 학설이 있다). 이처럼 물건과 다르게 동물의 권리를 인정하는 것은 기존 법체계와 긴밀히 연관되어 있어 절대 간단치 않다. 입법의 필요성은 분명히 있지만 매우 신중하고 정교한 입법이 필요하다. 그런 점에서 후행 입법은 작은 부분에서 천천히 진행될 것으로 예상된다.

앞에서 보았듯이 이미 법원에서 동물 혹은 반려동물의 특수성을 인정하는 판결들이 나오고 있고, 동물의 지위가 조금씩 변화하고 있다. 꼭 구체적 입법이 있어야만 변화할 수 있는 것은 아니다. 오히려 입법 만능주의에서 벗어나 현재와 같이 자연스럽게 천천히 변화하는 것이 더 바람직할 수도 있다. 동물이 일반 물건과 다르다는 큰 방향은 정할 필요가 있지만, 그 안에서 국민의 정서와 사회 인식을 유연하게 반영하며 변화해 나가야 할 것이다.

5장

반려동물 장례를
이동식 장묘업자에게 맡겨도 될까?

이동식 장묘업자 처벌 사건

몇 년 전 동물장묘업을 등록하지 않고 이동식 동물 사체 소각 차량을 이용해 출장 화장을 한 장례업자가 벌금형을 받은 사건이 있었다.

2019년 송씨는 동물 장례식장을 운영하면서 한국반려동물장례협회 전북본부장을 맡고 있었다. 어느 날 송씨는 정씨로부터 '내가 키우던 고양이가 죽었는데 장례를 치르고 싶다'는 연락을 받았다. 이에 송씨가 '고양이의 관, 수의, 염습, 화장 등의 비용을 모두 포함해 장례 비용은 32만 원이다'라고 안내하자 정씨가 동의하여 장례를 진행하기로 했다.

송씨는 곧바로 같은 협회의 윤씨에게 연락했다. 송씨는 윤씨가 이동식 동물 사체 소각 차량을 구입할 예정이라고 했기 때문에 윤씨에게 해당 고양이의 출장 장례를 요청하려고 했다. 송씨는 그 대가로 윤씨에게 20만 원을 주기로 했다.

얼마 후 군산의 한 체육관 야구장 주차장에 윤씨가 이동식 동물 사체 소각 차량을 몰고와 장례를 진행했다. 윤씨는 정씨가 가져온 고양이 사체를 알코올로 닦고 한지로 감싸 염습을 한 후 차량에 설치된 소각로에 넣어 화장을 했다.

그런데 장례를 의뢰한 정씨가 이 과정을 휴대전화로 촬영하여 송씨와 윤씨가 무등록 동물장묘업을 하고 있다고 신고했다. 참고로 '동물장묘업'이란 동물 전용 장례식장, 동물의 사체나 유골을 불에 태우는 방법으로 처리하는 시설, 동물 전용 봉안 시설 중 어느 하나 이상의 시설을 설치, 운영하는 영업을 의미한다.[027] 동물장묘업을 영위하기 위해서는 농림축산식품부령에서 정하는 기준에 맞는 시설과 인력을 갖추어 관할 지자체에 등록해야 한다. 하지만 위와 같은 이동식 동물 사체 소각 차량은 이 기준에 맞지 않기 때문에 등록조차 할 수 없다. 따라서 현행법상 당연히 무등록 동물장묘업에 해당한다.

이에 검찰은 송씨와 윤씨를 무등록 동물장묘업을 영위한 혐의로, 거기에 윤씨가 폐기물처리업 허가를 받지 않고 생활폐기물(고양이 사체)을 소각한 혐의까지 더해 약식기소하였다.

송씨와 윤씨는 정씨의 행동에 화가 나고 억울하기도 해서 정식재판을 청구했다. 그렇게 시작된 1심 공판에서 이들은 먼저 정씨가 신고를 목적으로 장례를 부탁하는 '함정수사'를 했다고 주장했다. 해당 영상이 '위법하게 수집한 증거'에 해당한다는 것이었다.

　하지만 정씨는 수사 기관과 아무 관련 없는 상태에서 직접 장례를 의뢰했고 송씨와 윤씨의 동의를 받아 촬영했으므로 함정수사에 해당한다는 주장은 인정되지 않았다. 참고로 대법원은 "유인자가 수사 기관과 직접적인 관련을 맺지 아니한 상태에서 피유인자를 상대로 단순히 수차례 반복적으로 범행을 부탁하였을 뿐, 수사 기관이 사술이나 계략 등을 사용하였다고 볼 수 없는 경우에는 설령 그로 인하여 피유인자의 범의가 유발되었다 하더라도 위법한 함정수사에 해당하지 않는다"고 보고 있다.[028]

　송씨와 윤씨는 1심에서 패소했지만 결과에 불복하여 항소했다. 항소심에서 송씨는 자신이 '동물장례대행업'을 한 것이지 '동물장묘업'을 한 것은 아니라고 주장했다. 즉 자신은 장례대행업만 했으므로 장묘 시설에 필요한 요건을 갖추거나 등록을 할 필요가 없었고, 이러한 요건을 갖추지 않은 것은 장묘업자인 윤씨의 책임이라고 했다.

　화장을 실제로 진행한 윤씨는 자신은 '소각'만 하였고 '동물장묘업'을 한 사실은 없다고 주장했다. 즉 새로 구입한 소각용 차량의 성능을 시험해 볼 겸 송씨의 부탁을 받고 일회성으로 고양이 사체를 소각해 주었을 뿐 동물 장묘를 업으로 한 것은 아니라고 했다.

　하지만 송씨가 운영하는 장례 회사의 팸플릿에는 "반려동물을 위한 찾아가는 장례 서비스", "본사는 믿을 수 있는 전국 장례식장 또는 화장차와 업무 협약을 맺어 보호자님의 시간대에 맞추어 가장 편안하게, 보다 안전하게, 보다 신속하게 추모하실 수 있도록 최선을 다하겠습니다"라고 적혀 있었다. 따라서 이동식 소각 차량에 의한 화장 역시 송씨의 장례 서비스에 해당한다고 볼 수밖에 없었다.

설령 이동식 소각 차량의 등록에 대한 책임이 윤씨에게 있다고 하더라도 법령에서 정하는 요건을 갖추지 않은 무등록 차량이라는 것을 송씨도 알고 있었고 함께 공모한 것이므로 송씨 역시 무등록 운영에 대한 형사 책임을 피할 수 없었다.

자신은 소각만 했을 뿐 장례를 치르는 것인지 몰랐다는 윤씨의 주장 역시 사실로 보기 어려웠다. 특히 그간 송씨와 나눈 대화로 볼 때 단순히 테스트에 불과했다거나 장례 절차인지 몰랐다는 그의 주장은 인정받기 어려웠다.

법원은 송씨와 윤씨의 주장을 모두 받아들이지 않았다. 이들이 동물장묘업을 한다는 사실을 인식하면서 공모하여 그 역할을 분담하였다고 판단해 각각 50만 원의 벌금형을 선고했다.[029]

동물 장묘 시설의 신설은 각종 규제와 민원 때문에 쉽지가 않다. 적법하게 운영되고 있는 장묘업체들도 도시에서 멀리 떨어져 있어 이용에 어려움이 따른다. 그래서 위와 같은 이동식 장묘업이 대안으로 제시되고 있다. 일본은 이동식 장묘업을 허용하고 있다. 하지만 우리나라에서는 이동식 장묘업을 요건이 엄격한 동물보호법상의 동물장묘업으로 등록할 수 없다. 만약 등록하지 않고 영업하면 위와 같이 동물보호법 위반 및 폐기물관리법 위반으로 처벌받게 된다.

그럼에도 이동식 장묘업에 대한 수요가 많아서 불법 영업이 계속되고 있다(이동식 장묘업이 아닌 무등록 장묘업으로 영업하다가 적발되는 사례도 많다). 이는 반려동물 사체를 생활폐기물로 보아 쓰레기봉투에 담아 버리는 것에 대한 거부감이 크지만 마땅한 대안을 찾지 못하는 사람들이 많기 때문이다.

최근 산업통상자원부 규제특례심의위원회에서 이동식 장묘업이 규제 샌드박스(새로운 규제가 만들어지기 전까지 기존 규제를 면제하거나 유예해 주는 제도)로 지정되어 일부 시행되고 있으며, 앞으로 관련 법이 개정될 것으로 보인다. 하지만 관련 법령이 개정되어 이동식 장묘업이 허용된다 하더라도 당분간 논란은 계속될 것이다.

먼저, 이동식 시설이기는 하지만 장례 절차를 이동하면서 하는 것은 아니기 때문에, 예컨대 화장 행위를 어디에서 해야 하는지 모호하다는 문제가 있다. 현재의 고정식 장묘업 시설에 대해서는 인근 지역 주민과의 분쟁을 줄이기 위해 거리 제한 규정을 두고 있는데, 이동식 시설에 대해서는 이를 어떻게 절충해서 적용해야 할지 정하기가 쉽지 않다. 단순히 개가 짖는 소리에도 이웃과 싸움이 나고, 길고양이에게 밥을 주는 행위 때문에 다툼이 끊이지 않는데 아파트 주차장이나 인근 공터, 공원에서 동물 사체를 화장한다면 지역 주민들이 과연 가만히 있을까? 주민들의 거부감과 반대가 매우 클 것이다.

또한 현 동물보호법에서 요구하는 고정식 장묘업 시설 기준을 이동식 시설이 어떻게 갖출 수 있는지도 문제가 될 것이다. 만약 이동식 시설만 기준을 완화해 준다면 그 시설이 환경 기준, 안전성 등을 제대로 갖출 수 있을지가 쟁점이 될 것이다. 그 시설이 환경성과 안전성을 갖춘다면 종전의 시설 기준이 과도하게 규제된 것이 되므로, 기존 법령을 문제 삼는 또 다른 문제가 발생할 것이다. 즉 이동식 장묘업과 고정식 장묘업의 기준을 달리하면, 더 큰 돈을 투자한 고정식 장묘업 시설만 특별히 더 엄격한 조건에 맞춰 영업해야 하는 형평성 문제가 생겨 기존 고정식 장묘업자들의 반발이 심할 것으로 예상된다.

몇 년 전 이동식 장묘업이 규제 샌드박스 심의에서 통과되지 못했을 당시, 이동식 소각로가 범죄에 활용될 우려가 있다는 정부 부처의 반대 의견도 있었다(하지만 범죄 우려 때문에 이동식 장묘업 시설을 반대하는 것은 문제에 대한 본질적 접근이 아닌 데다 논리도 다소 빈약해 보인다).

요컨대 불법 장묘업이나 동물 사체 처리에 관련된 사건과 논란은, 반려동물에 대한 인식 수준이 변하면서 동물 장묘 수요가 늘어나는 데 반해 장묘 시설과 법령이 이를 따라가지 못해 일어나고 있다. 반려동물의 수명은 대부분 인간보다 짧기 때문에 반려인은 반려동물의 죽음을 경험할 수밖에 없다. 반려동물의 죽음을 맞이하는 반려인의 수는 많지만 현재의 장묘 시설은 턱없이 부족하다. 그렇다고 무작정 장묘 시설을 늘리자는 제안을 할 수도 없다. 동물 장묘 시설 설치에 대한 거부감이 너무나 크기 때문이다. 심지어 반려인들조차 그러하다. 사람을 위한 화장장도 서울 안에 단 한 곳뿐이니, 동물 화장 시설이 서울 시내에 설치되기는 어려울 것이다.

그렇다고 지역 주민들의 동물 화장 시설 설치 반대를 무조건 이기적 행동으로 치부하거나 비난해서는 안 된다. 이들의 재산권 역시 보호받아야 하기 때문이다.

국가나 지자체의 적극적 행정이 절실하다. 도로든 발전소든 환경 처리 시설이든 대부분 건설 과정에서 지역 주민들과 갈등을 빚기 마련이다. 그런 경우 정부나 지자체가 타 지역 시설 견학이나 공청회 개최, 또는 피해 보상을 위한 정책적 반대급부 제공 등 적극적 행정으로 주민들의 긍정적 인식 변화를 이끌어낼 수 있다. 동물 장묘 시설의 숫자를 늘려야 한다는 주장만 공허하게 외치지 말고 능동적인 행정 지원을 펼쳐야 할 것이다.

아울러 이동식 장묘업이 좋은 대안이 될 수 있으므로 이에 대한 적극적 검토와 지원이 필요하다. 그 과정에서 장묘업에 대한 규제를 완화하기에 앞서, 위에서 살펴본 바와 같이 규제 완화 시 예상되는 문제를 미리 분석하여 대응책을 마련해야 할 것이다.

죽은 반려동물은
왜 쓰레기봉투에 담아
버려야 할까?

노견을 키우던 한 의뢰인이 '강아지가 죽으면 쓰레기봉투에 담아 버리는 것이 맞냐'고 문의해 온 적이 있다. 노견인 반려견을 떠나보낼 날을 대비해 조금씩 마음의 준비를 하면서 장례 절차나 사체 처리 방법을 인터넷에서 찾아보다가 "법적으로는 강아지 사체를 그냥 쓰레기봉투에 담아 버리면 된다"는 글을 보고 그것이 사실인지 확인하고자 했다.

이 의뢰인처럼 인터넷에서 조금만 검색해 봐도 알 수 있듯이 현행법에서 동물 사체는 폐기물에 해당한다. 집에서 죽었다면 쓰레기봉투에 담아 버리는 것이 맞다. 조금 더 구체적으로 정리하면 다음과 같다.

많은 반려동물이 동물병원에서 죽음을 맞는다. 이 경우에는 반려동물의 사체가 '의료폐기물'로 분류되어 동물병원에서 자체적으로 처리하거나 폐기물 처리업체에 위탁해서 처리한⁰³⁰다. 다만 반려동물 소유주가 원할 경우 동물 사체를 인도받아 적법하게 등록된 동물장묘업체를 통해 화장할 수 있다.⁰³¹

반려동물이 집에서 죽을 경우에는 그 사체가 '생활폐기물'로 분류된다. 따라서 해당 지방자치단체의 조례에서 정하는 바에 따라 일반 종량제 쓰레기봉투에 넣어 배출하면 생활폐기물 처리업체가 처리한다.[032] 물론 이 경우에도 동물장묘업체에 위탁하여 화장할 수 있다.

즉 반려동물이 집에서 죽을 경우 쓰레기봉투에 넣어 버리거나 동물장묘업체에 위탁하여 화장하는 방법, 이 두 가지뿐이다. 그런데 동물장묘업체가 너무 멀리 있어 이용하기 어려운 경우가 많다. 예를 들면 제주도에는 동물장묘업체가 한 곳도 없다. 동물 장묘 시설을 이용하려면 비행기나 배를 타고 육지로 가야 한다. 다른 지역에서도 동물 장묘 시설은 혐오 시설로 인식될 뿐만 아니라 등록 요건이 까다로워(인구 밀집 지역이나 공중 시설로부터 일정 거리 제한 요건 등이 있다) 대부분 도심과 먼 교외에 위치하고 있으므로 이용이 쉽지 않다. 또 직장인들은 반려동물이 죽었다고 휴가를 써서 멀리 있는 장묘업체를 찾아가 장례를 치르는 것이 현실적으로 쉽지 않을 수 있다. 이러한 사정 등으로 동물 장묘 시설을 이용할 수 없는 경우라면 반려동물의 사체를 쓰레기봉투에 담아 버리는 방법밖에 없다.

반려동물을 가족 구성원으로 생각하여 장례 비용으로 수백만 원을 선뜻 쓰기도 하는 요즘의 반려인들은 반려동물의 사체를 쓰레기봉투에 담아 버리라고 하는 현행법이 심정적으로 받아들이기 어려울뿐더러 비윤리적으로 여겨질 수도 있다. 앞에서 말한 의뢰인도 가족 같은 반려견을 쓰레기봉투에 담아 버리는 게 법적으로 옳다는 인터넷 글을 보고 도저히 믿을 수 없어 변호사에게 다시 한 번 확인하려 한 것이다.

그렇다면 동물 장묘 시설이 너무 멀리 있어 이용하기 어렵고, 쓰레기봉투에 담아 버리는 것은 도저히 못 하겠다면 다른 방법이 있을까? 예를 들어 집 근처 야산에 묻어 주는 것은 안 될까?

사실 많은 사람들이 죽은 반려동물을 마당이나 인근 야산에 직접 묻어주고 있다. 불과 한 세대 전만 해도 집을 지키던 개가 죽으면 대부분 뒷산 '양지바른 곳'에 잘 묻어주곤 했다. 아직도 여전히 그렇게 생각하는 사람들이 많다.

농림축산식품부의 '2018년 동물 보호에 대한 국민 의식 조사' 결과에 따르면, "기르는 반려동물이 죽었을 때 처리 계획"에 대한 물음에 "주거지·야산 매립"의 답변 비율이 35.5퍼센트로 상당히 높았다(장묘 시설을 이용해 처리하겠다는 응답이 55.7퍼센트로 가장 높았고, 주거지·야산에 매립하겠다는 의견이 두 번째, 동물병원에서 처리하겠다 답변이 8.5퍼센트로 세 번째, 쓰레기봉투에 담아 처리하겠다는 의견이 5퍼센트였다).

하지만 죽은 반려동물을 야산에 묻는 것은 불법이다. 앞에서 이야기했듯이 반려동물의 사체는 폐기물이고 폐기물관리법의 적용을 받기 때문에 허가, 승인 또는 신고 없이 반려동물의 사체를 땅에 묻는 것은 법적으로 폐기물 임의매립, 즉 불법투기 행위이다. 이를 위반할 경우 100만 원 이하의 과태료가 부과된다.[033] 현행법상으로는 위에서 제시한 방법들(동물병원에서

의료폐기물로 처리, 동물장묘업체를 통한 처리, 쓰레기봉투에 담아 생활 폐기물로 처리) 외에 딱히 적법한 방법이 없다.

이렇다 보니 무등록 '이동식 반려동물 화장 시설'이 등장하게 됐다. 무등록 화장 시설을 운영하는 자를 처벌하는 것은 당연하지만 현실에 맞는 제도 개선이 병행되어야 할 것이다.

6장

반려동물 의료 사고는
얼마나 배상받을 수 있을까?

반려견이 수술 직후 사망한 사건

2020년 7월 정씨는 자신이 키우던 반려견(프렌치 불도그)의 각막 손상 치료를 위한 안약을 처방받으려고 W동물병원을 방문했다. 그런데 W동물병원의 수의사 김씨는 정씨에게 반려견의 각막 손상이 극심하여 실명할 우려가 있으므로 '제3안검 플랩술(각막이 회복될 동안 제3안검을 일시적으로 손상된 각막 위에 덮어 추가적인 손상을 막고 외부 자극으로부터 보호하는 목적의 수술)'이라는 것을 권유했다. 반려견의 상태가 많이 심각하다고 들은 정씨는 수술에 동의했고, 같은 날 바로 수술이 진행됐다.

수의사 김씨는 반려견의 전신마취를 위해 '아세프로마진'이라는 진정제를 투여한 후 수술을 시행하였다. 그런데 수술 직후 반려견이 호흡곤란 증세를 보이다가 이내 사망하였다. 그저 안약을 처방받으러 왔다가 순식간에 반려견을 떠나보내게 된 정씨는 결국 동물병원을 상대로 소송을 제기했다. 정씨는 수의사의 주의 의무 위반, 설명 의무 미이행을 주장하며 그로 인해 자신이 입은 손해를 배상하라고 했다.

먼저 정씨는 수의사 김씨가 반려견을 마취하기 전에 전신마취를 해도 지장이 없는지 반려견의 상태를 확인했어야 하는데 이를 하지 않았다고 주장했다. 또 수술 후 반려견이 호흡곤란 상태에 빠졌음에도 적절한 응급 처치를 하지 않아 수의사의 주의 의무 위반으로 반려견이 죽었다고 했다.

수의사 김씨는 법정에서 반려견이 호흡곤란 증세를 보였을 때 수의사로서 적절한 응급 처치를 했다고 반박하였으나 인정되지 않았다. 재판부는 김씨가 수술 전 검사를 제대로 시행하지 않았고, 반려견이 호흡곤란 상태에 빠졌음에도 응급 처치를 제대로 하지 않았다는 점을 인정해 원고 정씨의 주장을 받아들였다.

또한 정씨는 수의사가 설명 의무를 다하지 않았다면서 이에 대한 손해를 배상하라고도 했다. 일반적으로 사람을 치료하는 의사는 나쁜 결과가 발생할 수 있는 의료 행위를 하기 전에 환자나 법정 대리인에게 미리 설명해야 할 의무가 있다. 그래서 환자가 스스로 그 의료 행위를 받아들일지 말지 선택할 수 있게 해야 한다. 이를 간단히 의사의 설명 의무라고 한다. 투약이나 수술이 위험할 수 있는데 그래도 받을 것인지 물어 환자의 자기결정권을 존중하기 위한 것이다. 병원에서 수술을 받아본 사람이라면 누구나 수술 전에 수술과 마취의 부작용이나 위험성에 대해 설명을 듣고 구두나 서면으로 동의한 적이 있을 것이다. 이것은 수술 전에 반드시 진행되어야 하는 절차이다.

정씨의 경우 수술이 얼마나 위험한 것인지, 혹시 후유증이 생기거나 잘못될 가능성은 없는지에 대해 제대로 설명을 듣지 못했으므로 쉽게 수술을 결정한 것으로 보인다. 정씨의 입장에서는 이렇게 잘못될 가능성이 있었다면 수술을 조금 더 고민하거나 다른 동물병원의 의견도 들어보았을 것이다. 그래서 정씨는 동물병원을 상대로 설명 의무 위반을 강하게 주장했다.

법정에서는 이러한 설명 의무가 동물의 경우에도 똑같이 적용될 수 있는지가 쟁점이 되었다. 법원은 동물에 대한 의료 행위도 고도의 전문성을 필요로 하는 의료 행위이고, 동물 소유주의 자기결정권 역시 인정되어야 하는 점은 같다면서 설명 의무에 관한 법리를 동물의 경우에도 그대로 유추적용할 수 있다고 판시했다(현재는 수의사법이 개정되어 수의사에게도 설명 의무가 있다).

법원은 수의사의 주의 의무 위반과 설명 의무 위반을 모두 인정하여, 동물병원은 정씨에게 위자료 200만 원, 장례비 33만 원, 총 233만 원을 지급하라고 판결했다.[034]

한편, 다른 유사한 동물 의료 소송(수의사의 과실로 자신의 반려견이 방광염과 방광결석을 적기에 치료하지 못해 방광염이 만성화되었다며 손해배상을 청구한 사건)에서도 법원은 수의사의 의료상 과실을 인정하여 손해배상 책임을 인정한 사례가 있다. 그 사례에서 법원은 수의사의 책임비율을 80퍼센트로 제한하여 적극적 손해 합계 530만 원, 위자

료 200만 원, 총 730만 원을 배상하라고 판결했다.⁰³⁵

위의 배상 금액들은 동물이 물건에 불과하다는 법제상에서 볼 때 비교적 큰 금액으로 여겨질 수 있다. 물건의 교환가치를 훨씬 뛰어넘는 금액이기 때문이다. 과거의 판결들에 비해 높아진 금액이기도 하다. 특히 동물을 키우지 않거나 싫어하는 사람들, 시골에서 개를 풀어놓고 기르거나 식용으로 이용했던 세대들의 입장에서는 터무니없이 높은 금액으로 보일 수도 있다.

하지만 반려동물에 대한 요즘의 사회적 인식이나, 사람 못지않게 높은 동물 진료비를 고려하면 위의 금액들이 결코 크다고 할 수 없다. 법원에서 인정된 금액에서 이미 치료비로 지출한 비용을 빼고 변호사 비용을 비롯한 소송 비용까지 제외한다면 사실상 남는 돈이 거의 없다. 오히려 손해인 경우도 많다. 소송을 통해 금전적 만족을 얻기는 어려운 수준이다. 이렇다 보니 대부분의 소송이 반려동물을 억울하게 떠나보낸 것에 대한 분노를 삭이거나 심정적 보상을 받는 차원에서 이루어진다.

사람의 경우 의료상의 과실이 인정되어 손해배상을 받게 되면 치료비, 개호비(간병비), 장례비 등 적극적 손해를 비롯하여 일실이익, 즉 의료 사고로 인해 얻지 못하게 된 장래의 이익에 대한 손해배상까지 받을 수 있다. 또 정신적 고통에 대한 위자료까지 받을 수 있다. 실제 소송에서는 일실이익 배상액 부분이 금액도 꽤 크고 다툼도 많다.

반면, 동물의 경우 애초에 노동 능력이 없으니 일실이익이 인정될 수 없다. 뿐만 아니라 위자료 역시 최근 판례에서는 동물의 특수성을 감안하여 인정하고 있지만 사람에 비해 금액이 매우 작다. 지출된 적극적 손해 역시 사람의 경우에 비해 비교적 적게 인정되는 경향이 있다.

이처럼 배상 금액이 작다 보니 동물 의료 소송은 대체로 소액 (3000만 원 이하) 사건 재판부에 배당될뿐더러, 판결문에 판결 이유가 기재되지 않는 경우도 많다(소액 사건은 판결문에 판결 이유를 기재하지 않을 수 있다). 상당히 전문적이고 치열한 공방이 이루어져야 하는 난이도 높은 소송임에도 가볍게 소액 사건으로 다루어지는 문제가 있다.

사실 동물과 사람의 근본적인 차이가 있기 때문에 이는 어쩔 수 없는 문제이다. 동물이 죽거나 다친 상황에서 사람과 같은 수준의 배상이 필요하다고 주장할 수는 없다. 다만 반려인이 급격히 늘고 있고 반려동물 진료에 상당한 비용이 소요되는 시대인 만큼 동물 의료 소송도 절차나 시스템의 개선과 보완이 필요하다. 예컨대 사람의 경우와 달리 진료 기록이나 CCTV 영상 기록의 확보를 온전히 동물병원의 자발성에 맡겨야 한다거나, 소액이라서 소송으로 해결하기 어렵다는 점 등은 제도적 개선이 필요한 부분이다.

사람의 경우 의료 분쟁이 많아지면서 소송 사례가 공유되고 학습되어 의료진들이 설명 의무나 진료에 주의를 기울이고 있다. 판례가 많이 축적되었을 뿐만 아니라, 소송 기술적인 면에서도 많이 발전했다. 의료분쟁조정법이 만들어지고 한국의료분쟁조정중재원이 설치되는 등 여러 제도적 기반도 마련되고 있다. 하지만 동물의 경우 아직까지 설명 의무나 진료 기록의 체계적 관리에 대한 필요성이 널리 인식되어 있지 않다. 관련 제도가 미비하고 분쟁 해결 기구도 따로 없어서 전반적 개선이 필요하다.

사람의 경우 대학병원같이 시스템과 조직을 갖춘 대형병원을 비롯하여 국립의료원, 국민건강보험 등 국가적 관리 구조가 자리 잡혀 있는 반면, 동물의 경우 대부분 소규모 개인 동물병원에서 진료가 이루어지고 있다. 따라서 동물병원이나 수의사에게 의료법에 준하는 과도한 의무를 한꺼번 부과할 수는 없다. 수의사에 대한 보호책도 동시에 마련되어야 하기 때문이다.

다만, 반려인들의 입장에서는 반려동물 진료비가 사람 의료비 못지않게 비싼데 사고에 대한 책임은 적게 지려고 하는 동물병원의 태도가 불만스러워 국가에 여러 대책을 요구하고 있다. 따라서 무엇보다 동물 진료비와 치료 과정에 대한 투명한 공개가 선행되어 반려인들의 불신부터 해소해야 한다. 2023년 1월 시행된 개정 수의사법에서는 주요 항목 진료비를 의무적으로 게시하고 수술같은 중대한 진료의 예상 진료비를 보호자에게 고지하도록 하는 등 긍정적 방향으로 나아가고 있다.

동물 의료 소송과
사람 의료 소송의 차이는?

로펌에서 사람의 의료 과오 사건을 수행한 적이 있다. 암 수술 후 정기검진을 하였음에도 의사의 영상 판독 오류로 환자의 재발암을 찾아내지 못해 방치했다가 뒤늦게 퍼진 암을 발견하고 환자의 성대를 절단하게 된 경우였다. 환자의 입장에서는 병원의 잘못으로 자신의 목소리를 잃어버린 것이었다. 나는 원고(환자) 측을 대리하여, 의사들과 병원(학교법인)을 상대로 손해배상을 청구했다.

의료 과오 책임은 의료 행위 중에 의료인의 과실에 의하여 발생한 사고에 대한 배상 책임을 의미한다. 따라서 의료 행위 과정에 '과실이 있었는지'가 쟁점이 된다. 대법원은 "임상의학 분야에서 실천되고 있는 진단 수준의 범위 내에서 그 의사가 전문직업인으로서 요구되는 의료상의 윤리와 의학 지식 및 경험에 터잡아 신중히 환자를 진찰하고 정확히 진단함으로써 위험한 결과 발생을 예견하고 그 결과 발생을 회피하는 데에 필요한 최선의 주의 의무를 다하였는지 여부"를 통해 과실 유무

를 판단한다고 했다.[036]

　말이 너무 길고 어려운데, 쉽게 말하면 의사로서 최선의 진료를 다하였는지 판단한다는 것이다. 다만 그 의사가 행한 조치가 적절하였는지, 그것이 일반적이고 합리적인 재량의 범위 안에 드는지는 고도로 전문적인 문제라서 비의료인인 보통 사람이 알기 어렵다. 위의 재발암 환자의 사건에서도 그런 조치가 오진에 해당하는지를 두고 치열한 공방이 있었다. 특히 환자가 수집할 수 있는 정보나 증거가 매우 제한적이고 의학 지식의 수준 차이도 있기 때문에 과실에 대한 입증이 쉽지 않았다. 위 사건의 경우 다행히 환자의 딸이 대학병원 의사여서 소송 과정에서 큰 도움을 받았는데, 전문가의 도움 없이 의료 소송을 진행하는 것은 매우 어려울 수밖에 없다. 관련 기록의 해석이나 의료 감정의 과정은 높은 전문성을 필요로 하기 때문이다. 물론 의료 소송의 경우 환자의 입증 책임을 일반 소송보다 완화하고 있기는 하지만, 그래도 의료진의 과실을 입증하는 것은 쉽지 않다.

　한편, 의료 사고가 발생하면 피해 환자는 의사에게 손해배상 책임과 별개로 형사 책임도 물을 수 있다. 치료 과정에 과실이 있었고 그로 인해 환자가 장애가 생기거나 사망했다면 형법 제268조의 업무상과실치사상죄에 해당할 수 있다. 그러나 형사 책임의 경우 의료진의 과실 유무와 인과관계에 대한 입증이 더 어렵다. 민사 사건과 같이 입증 책임의 완화도 없다. 일반적인 진료 행위 도중에 부적절한 처치로 악결과가 발생하였다고 해서 그것이 악의적이거나 중대한 과실이 아님에도 일반 범죄 행위처럼 의사를 처벌하는 것은 적절하지 않기 때문이다. 만약 그렇게 되면 의사들은 형사 처벌을 피하려고 방어적 진료에만 집중할 것이라는 의견도 있다. 대법원에서는 의사가 결과 발생을 예견할 수 있었음에도 예견하지 못하고 회피할 수 있었음에도 회피하지 못한 과실이 인정되는, 즉 실무상 의료인의 잘못이 매우 명백한 경우에만 유죄로 인정하고 있다.[037]

의료 사고 소송은 환자 입장에서는 매우 길고 어려운 과정이다. 그런데 최근에는 반려동물이 가족의 일원으로 여겨지면서 수의사의 반려동물 진료 행위와 관련된 소송도 증가하고 있다. 의료진의 과실로 반려동물이 상해를 입거나 사망하여 사람과 마찬가지로 소송을 제기하는 것인데, 문제는 반려동물 의료 소송의 경우 사람 의료 소송보다 의료진의 과실에 대한 입증이 더 어려운 반면, 소송을 통해 얻을 수 있는 보상은 훨씬 적다는 데 있다.

사람의 경우 의료법에서 환자가 본인에 관한 진료 기록을 열람할 수 있고 의료인은 정당한 사유가 없으면 거부할 수 없도록 정하고 있다.[038] 하지만 동물의 경우 수의사법에서 진료기록부(의무 기록) 발급 의무에 대해 특별히 규정하는 바가 없다(현재 수의사법은 진단서 등의 발급 의무만 정하고 있다). 진료기록부를 제공할지 여부는 전적으로 동물병원의 재량이라고 할 수 있다. 그래서 이에 대한 반려인들의 국민 청원도 많았고, 수의사법 개정 논의도 여러 차례 있었다.

또한 사람의 경우 진료기록부에 진료 내용, 검사 기록, 처치의 내용이나 경과가 비교적 상세히 적혀 있다. 어차피 제출해야 하기 때문에 의료진의 입장에서도 그것이 최선의 주의 의무를 다하였음을 입증하는 유리한 자료가 될 수 있기 때문이다. 반면, 동물의 경우 설령 진료기록부를 받아보더라도 거기에 처치 기록이 상세하게 적혀 있지 않은 경우가 많다. 진료 기록 감정 자체가 어려운 경우도 있다. 따라서 동물 의료 소송은 의료인의 과실 증거를 확보하기가 더 어려워 입증 면에서 사람 의료 소송보다 난이도가 더 높다고 볼 수 있다.

앞에서 이야기한 바와 같이 동물 의료 소송은 배상받을 수 있는 금액이 사람 의료 소송에 비해 매우 작다. 물론 사람이든 동물이든 의료 소송은 죽거나 장애가 생긴 이후에 제기되는 것이므로 애초에 얼마의 금액을 받든 그 피해가 돈으로 온전히 회복될 수 없다. 그래도 현실적이고 적절한 보상이 있어야 할 텐데, 동물 의료 소송은 길고 지난한 싸움 끝에 이긴다 한들 얻을 수 있는 것이 너무 적기 때문에 소송 진행 여부를 결정하기가 쉽지 않다.

참고로 동물 의료 사고의 경우 현행 법체계에서 수의사에게 형사상 책임이 성립할 수 없다는 차이도 있다. 앞서 보았듯이 사람 의료 사고의 경우 과실 입증이 어렵기는 해도 의료진에게 과실이 있다는 것이 명백히 밝혀지기만 하면 업무상과실치사상죄의 죄책을 물을 수 있다. 과실치상 혹은 과실치사란, 과실로 인하여 '사람'의 신체를 상해에 이르게 한 자 또는 과실로 인하여 '사람'을 사망에 이르게 한 자의 죄이다.[039] 따라서 과실로 '동물'의 신체에 상해를 가하거나 '동물'을 사망에 이르게 한 경우에는 죄가 성립할 수 없다. 법적으로 동물은 물건에 해당하므로 기껏해야 재물손괴죄이다. 게다가 과실로 인한 재물손괴는 처벌하지 않기 때문에 형사상 책임이 성립하기 어렵다.

7장

구입한 반려동물이 죽으면
어떻게 보상받을까?

분양받은 반려견이 죽은 사건

2014년 11월 최씨는 박씨로부터 태어난 지 약 3개월 된 시바견 2마리를 500만 원에 구입했다(여기서는 설명의 편의를 위해 부득이 구입, 판매, 환불, 하자 등의 용어를 사용한다). 그런데 최씨가 강아지들을 인도받은 지 일주일 정도 지난 무렵부터 갑자기 강아지들이 구토와 설사, 기침을 하기 시작했다.

최씨는 강아지들을 데리고 근처 동물병원에 갔다. 수의사로부터 개홍역에 걸렸다는 진단을 받았고, 바로 치료를 시작했다. 하지만 한 마리는 구입한 날로부터 약 2주 뒤에, 나머지 한 마리는 약 3개월 뒤에 죽고 말았다.

이에 최씨는 강아지들을 판매한 박씨를 상대로 소를 제기했다.

개홍역에 걸리면 구토, 설사, 기침, 발열 등의 증상이 나타나는데, 통상적으로 이러한 증상은 개홍역 바이러스에 감염된 시점으로부터 1주 내지 3주의 잠복기를 지나 발현된다고 한다. 그렇다면 구입 당시 이미 개홍역 바이러스에 감염된 상태였으므로, 최씨는 박씨가 하자 있는 물건을 팔았다고 보았다.

최씨는 소장에서 "매매 계약 당시 강아지들에게 개홍역 바이러스에 감염된 하자가 존재했고, 계약의 목적을 달성할 수 없을 정도이므로 매매 계약을 해제하겠다"고 주장했다. 그리고 "매매 대금 500만 원을 돌려주고, 손해배상으로 진료비 및 치료비로 사용한 약 19만 원을 지급하라"고 했다.

반면, 박씨는 최씨의 이러한 주장을 강하게 반박했다. 매매 계약서에 첨부된 애완견 보상 규정과 계약서 문구에 근거했다. 보상 규정에는 판매일로부터 15일 이내에 질병이 발생하는 경우 판매자 박씨가 강아지를 인도받아 회복시킨 후 다시 최씨에게 인도하기로 되어 있었다. 그리고 만약 박씨가 인도받아 관리하던 중 강아지가 죽을 경우에는 동종의 애완동물로 교환해 줄 의무만 정하고 있었다. 그런데 최씨는 강아지들에게 질병이 발생했는데도 판매자 박씨에게 강아지들을 인도하지 않았다.

또한 계약서에는 "생물은 환불하지 않습니다"라는 문구도 기재되어 있었다. 무슨 문제가 생겨도 환불은 안 된다고 서로 정한 것이므로, 박씨는 최씨가 이 계약을 해제할 수도 손해배상을 청구할 수도 없다고 주장했다.

법원은 둘 중 누구의 손을 들어주었을까? 결론부터 말하면, 구매자 최씨의 손을 들어주었다.

일단 법원은 강아지들에게 개홍역 바이러스에 감염된 하자가 있었다는 점을 인정했다. 그리고 이는 계약의 목적을 달성할 수 없을 정도에 해당한다고 판단했다. 민법에서는 물건에 하자가 존재하여 계약의 목적을 달성할 수 없으면 6개월 내에 계약을 해제할 수 있다고 규정하고 있다.[040] 이에 따라 계약을 해제할 경우 구매자는 물건을 돌려주고 판매자는 돈을 돌려주어야 한다. 그런데 반려견들이 이미 죽었으므로 구매자는 돈만 돌려받으면 된다.

강아지들이 모두 죽었으니 계약의 목적을 달성할 수 없는 경우에 해당한다는 법원의 판단에는 누구도 이견이 없을 것이다. 따라서 법에 따라 계약을 해제할 수 있는 요건은 갖추게 된다. 하지만 문제는 계약서였다. 당사자들이 자유로운 의사에 따라 합의해서 정한 약속은 법보다 우선한다. 이를 '사적 자치의 원칙'이라 한다.

만약 당사자들끼리 약속한 내용이 강행법규에 반하면 법이 우선한다. 강행법규란 사회질서를 위해 정한 법규로, 당사자들끼리 임의로 다르게 정할 수 없는 법을 말한다. 예를 들어 어떤 사람을 죽여달라고 하는 계약은 아무리 당사자들끼리의 의사가 일치해도 무효이다. 물건을 사고팔 때 정한 계약은 소비자기본법이나 약관규제법 같은 강행법규 위반 여부가 문제될 수 있다. 하지만 동물이 아플 경우의 조치 방법이나 생물은 환불해 줄 수 없다는 약정은 생물의 특수성을 고려할 때 소비자기본법 등의 강행법규에 반한다고 보기 어렵다. 따라서 계약 내용에 문제가 없으며, 그들이 계약에서 정한 약속이 우선되어야 하고 지켜져야 한다.

그런데 구매자 최씨는 판매자 박씨에게 계약서에서 정한 기한인 15일 이내에 아픈 강아지들을 인도하지 않았다. 설령 강아지들을 인도하고 그 후에 강아지들이 죽었다 하더라도 박씨는 새로운 시바견 2마리를 최씨에게 주면 된다. 무엇보다 계약서에 분명히 "생물은 환불하지 않습니다"라고 기재되어 있다. 환불을 해주는 것이 오히려 계약 내용에 반한다.

그러나 법원은 계약서에 첨부된 위 보상 규정이 반려견의 질병 발생이나 죽음에서 비롯되는 손해를 회복하기 위한 하나의 방법에 불과하다고 해석했다. 보상 규정에서 정한 "동종의 반려견으로 교환해 주는 것"이 유일한 보상 방법이 아니며 단지 하나의 예시를 정했다는 것이다. 또 "생물은 환불하지 않습니다"라고 적혀 있기는 하지만 이렇게 죽음에 이른 경우까지 환불이 안 된다고 볼 수는 없었다.[041]

어떻게 보면 판매자 박씨의 주장이 더 설득력 있어 보이기도 한다. 분명 강아지는 환불이 안 된다고 서로 정했기 때문이다. 하지만 구매자 최씨의 입장에서는 황당하고 화가 나는 일이다. 환불이 안 된다는 것은 강아지를 구입했다가 변심해서 갑자기 못 키우겠다며 반환하는 게 안 된다는 정도로 생각했을 것이다. 판매자가 죽을 병에 걸린 강아지를 팔더라도 돈을 돌려주지 않는 것까지 구매자가 동의했다고 보기는 어렵다. 판매자가 환불을 해주고 구매자가 지출한 치료비도 보상해 주는 게 상식에도 맞다. 법원은 아마 이러한 상식적인 선에서 구매자의 의사와 계약서 문구의 의미를 합리적으로 해석한 것으로 보인다.

위 사례의 계약과 유사한 보상 규정을 사용하고 있는 펫숍이 많다. 꼭 계약서에 보상 규정이 포함되어 있지 않더라도 소비자기본법 시행령의 '소비자분쟁해결기준'에 규정된 보상 기준에 따르면 위 사례와 동일하게 "구입 후 15일 이내 폐사 시에는 같은 종류의 반려동물로 교환 또는 구입 가격 환불"이 가능하도록 되어 있다.[042] 따라서 구입한 반려견이 보상 기간 내에 죽는다면 환불 주장을 해볼 만하다.

그렇다고 언제나 위 판례처럼 계약 해제나 손해배상이 인정된다고 단정할 수는 없다. 계약 내용에 따라 계약 해제나 손해배상이 인정되지 않은 사례도 많다. 계약서에 반려동물의 건강에 대한 면책 조항을 기재하거나 매매 당시부터 질병에 걸렸음을 증명하기 어려운 경우에는 계약 해제나 손해배상이 인정되지 않기도 한다.[043] 따라서 계약서를 꼼꼼히 확인해야 한다.

그런데 위 사안에서 만약 보상 규정에 정한 대로 구매자 최씨가 판매자 박씨에게 아픈 강아지들을 인도하여 박씨가 관리하던 중에 강아지들이 죽었다면 어떻게 되었을까? 최씨가 교환을 청구했다는 가정하에 일반 물건과 같이 '교환'도 가능할까? 소비자분쟁해결기준에도 교환이라는 방법이 나와 있는데, 교환을 명하는 판결도 있었을까?

위와 유사한 다른 사건에서 "동종의 반려견을 인도하라"고 판결한 사례가 있다. 이 사건의 계약서에서는 "구입 후 45일 이내 폐사 시 동종의 애완동물로 교환한다"고 정하고 있었고, 구매자가 데려간 반려견이 구입 후 한 달이 조금 지나 죽고 말았다. 그래서 구매자가 판매자를 상대로 소송을 제기했다. 그런데 구매자는 환불이나 손해배상을 청구한 것이 아니라 계약 내용대로 "동종의 반려견을 인도해 달라"고 했다.

법원은 원고의 청구 내용대로 동종의 반려견을 인도하라고 판결했다. 대개는 환불과 손해배상을 구하는 소송을 하는데, 이 사건은 조금 이례적인 경우였다. 어찌되었든 반려동물이라 하더라도 마치 물건과 같이 동종의 반려동물로 교환해 주는 방법도 분쟁의 해결 수단으로 이용되고 있다.

하지만 자신이 마음에 드는 반려견을 사서 데려와 이름을 붙여주고 짧지만 행복한 시간을 함께 보내다가 그 반려견이 죽었는데, 동종의 반려견을 인도받는 것은 보편적이고 적절한 해결 방법으로 보이지 않는다. 아무리 동종의 반려견이어도 죽은 반려견을 완전히 대체할 수는 없고 그 충격과 정신적 고통을 해소하지 못할 것도 분명하다. 이런 고려가 전혀 없이 단순히 동종의 반려동물로 인도함으로써 문제를 해결하는 사례가 있다는 것은 유감스러운 일이다. 우리 법이 반려동물을 일반 물건과 다를 바 없이 보고 있다는 대표적인 예일 것이다.

구매한 반려견에게 유전병이 있었던 사건

분양받은 반려동물에게서 (죽을 정도는 아닌) 질병이 발견된 경우에는 어떻게 해야 할까?

2018년 10월경 김씨는 정씨에게 분양비로 950만 원을 지급하고 포메라니안 2마리를 분양받았다. 그런데 약 9개월 뒤, 반려견 2마리가 모두 '후두골이형성증후군'이라는 진단을 받았다. 후두골이형성증후군은 유전질환의 일종이다.

　　김씨는 반려견들의 병을 치료하기 위해 진료비와 수술비로 약 1500만 원을 지출했다. 그리고 나서 판매자 정씨를 상대로 분양비와 치료비를 합하여 약 2800만 원을 자신에게 지급하라는 소를 제기했다. 물건으로 치면 정씨가 하자 있는 물건을 팔았으니 그 보수 비용을 내놓으라는 것이었다.

　　판매자 정씨는 김씨가 지출한 치료비와 향후 발생할 치료비를 모두 지급해야 할까? 판매자 정씨의 입장에서는 반려동물을 판매한 금액보다 치료비가 훨씬 큰데, 질병 치료를 어느 정도까지 책임져야 하는 것일까?

　　판매자 정씨는 자신이 손해를 배상해 줄 책임이 전혀 없다고 항변했다. 포메라니안 견종표준서에 '후두골이형성증후군'은 결점이나 실격 사유로 포함되어 있지 않고, 많은 소형견들이 '후두골이형성증후군'이 있지만 수술 없이 잘 살아가므로, 해당 반려견들도 수술이 필요없다고 반박했다. 김씨가 한 수술은 일종의 과잉진료라는 것이다. 법적으로 표현하자면 '후두골이형성증후군'은 '하자'로 볼 수 없다는 주장이었다.

　　이에 대한 법원의 판단은 어떠했을까? 법원은 김씨가 청구한 2800만 원 중 기왕의 치료비의 절반에 해당하는 740만 원만 인정했다.[045] 참고로 이 사건은 소액 사건이어서 판결문이 매우 간단하다. 앞에서도 언급했듯이 소액 사건 재판은 소가(訴價)가 3000만 원 이하인 소송을 말한다. 보다 신속하고 간편하게 처리할 수 있도록 일반 민사 사건보다 절차를 조금 완화한 것인데, 일반 민사 사건과의 가장 큰 차이는 판결서에 이유를 기재하지 않아도 된다는 점이다. 판결 이유가 있더라도 많이 부실하다. 워낙 많은 사건을 해결해야 하기 때문이다. 따라서 소액 사건은 승소 또는 패소 결과만 알고 왜 이겼는지, 왜 졌는지는 모르는 경우가 많다. 이 사건은 판결 이유가 너무 간략해서 '후두골이형성증후군'이 하자가 맞는지, 판매업자의 책임이 왜 50퍼센트로 제한되어야 하는지 등에 대한 명쾌한 답은 얻을 수 없다. 단지 재판부의 생각을 추측해 볼 뿐이다.

만약 TV를 샀는데 화면이 나오지 않거나 소리가 제대로 나오지 않으면 이는 명백히 수리가 필요한 하자이고, 판매자의 잘못이고, 그 수리 비용이 손해의 액수일 것이며(또 이는 당연히 TV 가격보다 적은 금액이다) 수리 후에는 문제가 해결된다. 하지만 반려동물의 경우에는 그렇지 않다. 위 사안처럼 반려동물에게 치료가 필요한 경우인지 자체도 분명하게 알 수 없고, 수술을 하더라도 '하자 없는' 반려견이 된다고 보장할 수 없다. 또 치료비가 구입 금액보다 훨씬 크다(대법원에서는 반려동물의 특수성을 고려하여 구입 가격보다 높은 치료비를 손해로 인정한다).

그리고 반려동물의 건강 상태를 판매업자가 '완전하게' 담보해야 하는지도 모호하다. 생명체의 건강이라는 것은 일반 제조물과 달리 완전하게 담보하는 개념이 성립하기 어렵다. 구매한 사람의 입장에서는 당연하다고 생각할 수 있겠지만 판매자의 입장에서는 자신이 특별히 잘못을 저지른 게 없고 반려견에게 질병이 있는지 알 수 없는 상태에서 분양했을 수 있다. 판매한 반려견에게서 질병이 발견되었다고 하여 판매한 비용보다 훨씬 큰 치료비를 내놓아야 한다면 판매자에게 불측의 손해일 수 있고 억울할 수도 있다. 보수비가 판매가 이하로 제한되는 일반 물건과는 다른 상황이다.

재판부도 이러한 사정들을 전체적으로 고려해 판매자와 구매자가 각각 치료비의 절반씩을 책임지도록 절충한 것으로 보인다.

참고로 이러한 문제에 대비해 판매자가 반려동물의 건강상 하자에 대하여 어떠한 책임도 지지 않기로 별도의 특약을 체결하는 경우가 많다. 그러면 구매자가 반려동물에게 질병이 있다며 판매자를 상대로 손해배상을 구하더라도 구매자의 청구가 기각될 수 있다.[046] 물론 법원이 특약만을 근거로 청구를 기각하는 것은 아니고 여타 사정을 두루 감안한다. 따라서 계약 내용에 면책 특약이 있는지, 판매자나 구매자에게 과실이 있지 않은지 등 구체적인 사정을 따져보고 적절하게 대응해야 한다.

반려동물은 물건이 아니다라는 공감대가 형성되어 가고 있는 시기에, 한편에서는 물건처럼 유상 거래가 이루어지면서 인식의 간극이 생겨 위와 같은 문제점들이 발생하고 있다. 그래서 동물 보호 단체들은 반려동물의 유상 거래 자체를 제한해야 한다고 주장하기도 한다.

그렇다고 당장 법으로 동물판매업을 제한할 수는 없다. 현실적으로 기존의 제도를 신뢰하는 사람들 역시 보호받아야 하기 때문이다. 아직까지는 유상 거래를 통한 반려동물 입양 비율이 상당히 높다. 농림축산식품부의 '2022년 동물 보호에 대한 국민 의식 조사' 결과를 보면, 반려동물을 펫숍에서 구입한 비율이 21.9퍼센트, 지인으로부터 유료로 분양받은 비율이 11.6퍼센트로, 유상 거래의 비율이 전체 입양 경로의 약 3분의 1이었다. 당장 유상 거래를 제한하기는 어려운 실정이다.

다만 장기적인 관점에서, 무상 입양의 채널을 확대하는 방안이나, 유상 거래를 하는 이들에게 점진적이고 상대적인 불이익을 주는 정책 등을 수립하여 동물 입양 문화를 조금씩 바꾸어 나갈 필요가 있다.

반려동물도 물건처럼
환불이나 교환이 가능할까?

물건을 사고파는 것은 법적으로 '매매 계약'에 해당한다. 따라서 반려동물을 파는 사람과 사는 사람 사이에서도 매도인, 매수인으로서의 권리나 책임이 발생한다. 예를 들어 물건을 파는 사람은 물건을 제때 제공하지 못하거나 문제가 있는 물건을 공급하면 물건을 사는 사람에게 손해를 배상해 주어야 한다. 물건에 하자가 있으면 고쳐 주거나 교환해 주어야 하는 경우도 있다. 심지어 물건을 사는 사람이 계약을 해제하면 돈을 돌려주어야 할 수도 있다.

하지만 반려동물 거래는 거래 대상이 '반려동물'이라는 점에서 위와 같이 일반 물건처럼 취급하기에 애매한 부분이 있다. 돈을 주고 분양받아 키우던 반려동물이 아프거나 죽을 경우 일반 물건처럼 돈을 돌려받거나 다른 반려동물로 교환받으면 쉽게 해결될까?

예를 들어, 펫숍에 가서 어떤 반려견을 택해 돈을 지불하고 데려온다고 하자. 이름을 지어주고 몇 주 혹은 몇 개월 동안 가족처럼 지내다 보면 반려견과 상당한 교감을 나누게 된다. 그러면 반려견은 더 이상 펫숍의 흔한 '상품'이 아닌 특별한 존재, 다른 반려동물로 대체할 수 없는 존재가 된다. 따라서 동종 반려견으로의 '교환'은 적절한 해결 수단이 될 수 없다.

대신 반려동물을 구매하는 사람은 판매하는 사람에게 '하자담보책임'을 물을 수 있다. 하자담보책임이란 구입한 물건에 하자가 있을 때 판매한 사람이 부담해야 하는 책임을 말한다. 물건에 하자가 있다면 고쳐 주거나 고치는 데 필요한 비용에 상당하는 금액을 주어야 한다. 반려동물을 구매하는 사람은 당연히 건강한 상태의 반려동물을 전제하고 펫숍에 돈을 지불한다. 따라서 돈을 주고 데려온 반려동물이 아프다면 건강한 상태로 만드는 데 드는 비용, 즉 치료비를 배상해 달라고 할 수 있다.

하지만 이것 역시 조금 이상하다. 반려동물의 건강 상태를 판매자가 '담보'하는 것이 타당할까? 판매자는 반려동물의 건강 상태를 어느 정도까지 담보해야 할까? 아픈 반려동물은 하자가 있는 '불량품'일까? 다른 반려동물에 비해 조금 허약하거나, 조금 덜 건강한 정도라면 어떻게 해야 할까? 반려동물의 정신 건강 상태도 고려 대상이 되어야 할까? 무엇보다, 치료를 마치면 '정상품'인 반려동물이 될 수 있을까? 판단하기가 쉽지 않다.

계약의 '해제', 쉽게 말해 그냥 반품하고 환불받는 것 역시 반려동물의 경우에는 쉬운 일이 아니다. 돈을 돌려받는다고 문제가 해결될 수 있을까? 반려동물을 살 때의 비용은 (구매자의 고통이나 충격에 비하면) 그리 크지 않을 것이다. 또 반려동물이 죽은 게 아니라 단지 아프거나 장애를 가진 경우라면 계약을 해제하기가 쉽지도 않다. 반려동물이 아프다고 해서 '반려'라는 계약의 목적을 달성할 수 없는 경우로 보기 어렵기 때문이다. 따라서 단순한 계약 해제는 반려동물 거래에서 적절한 해결책이 아니다.

판매자를 상대로 하는 손해배상 청구 역시 마찬가지다. 반려동물을 구매하는 사람은 판매하는 사람을 상대로 '당신이 계약 내용을 완전하게 이행하지 못해 내가 손해를 입었으니 손해를 배상하라'는 주장을 할 수 있다(법적으로는 이를 채무불이행에 의한 손해배상이라 한다). 또는 '당신의 위법한 행위로 손해를 입었으니 손해를 배상하라'는 주장을 할 수도 있다(법적으로는 이를 불법 행위에 의한 손해배상이라고 한다).

그런데 이러한 손해배상 청구에서도 동일한 문제가 발생한다. 반려동물에게 어느 정도의 문제가 있어야 하는지, 계약 내용을 완전하게 이행하지 못한 기준이 무엇인지 애매하다. 치료에 드는 비용이 판매한 가격보다 훨씬 높을 텐데 치료비(손해)를 어느 정도까지 인정해 주어야 하는지도 판단하기 어렵다. 판매자가 반려견에게 큰 병이 있어 곧 죽을 것을 알고도 속이고 팔았다면 그나마 상대적으로 판단하기가 쉽다. 하지만 판매자가 반려동물에게 병이 있다는 사실을 몰랐거나 알긴 알았어도 그 정도라고 생각하지 못한 경우에는 채무불이행이나 불법 행위에 의한 손해배상을 받아내기가 쉽지 않다.

이처럼 반려동물 거래에서 발생하는 문제는 일반 물건과 동일하게 접근하여 해결하기에 어려운 점이 많다. 그럼에도 앞서 본 바와 같이 현재 반려동물 거래에서 발생하는 분쟁은 대부분 일반적인 매매 관련 법리로 해결되고 있다. 그렇다 보니 다소 낯설거나 받아들이기 어려운 사례도 존재한다.

요컨대, 반려동물 유상 거래가 존재하는 한 현재와 같이 일반적인 매매 관련 법리로 문제를 해결할 수밖에 없으므로 반려동물은 물건이 아니다라는 인식과 유상 거래 법리는 당연히 충돌하기 마련이다. 결국 이러한 문제는 반려동물을 일반 물건처럼 거래하는 지금의 입양 방식이 사라져야 해결될 수 있을 것이다.

8장

반려동물을 등록하면
잃어도 쉽게 찾을 수 있을까?

랑랑이 로드킬 사건

잃어버린 반려동물의 신속한 발견이 중요한 이유 중 하나는 교통사고, 이른바 '로드킬(roadkill)' 사고의 위험이 높기 때문이다. (참고로 아래 사건은 랑랑이의 실종 경위, 동물병원의 대응, 사고 이후의 수색 과정 등과 관련하여 동물병원과 견주 사이에 다툼이 있어 논란이 될 만한 부분은 모두 제외하였다. 견주 측이 작성한 글과 병원 측이 작성한 글을 모두 확인한 후 최대한 중립적으로 기술했다.)

2021년 6월 유기견 '랑랑이'를 입양해 키우고 있던 김씨는 수술을 받은 랑랑이를 집에 혼자 둘 수 없어 동물병원에 데이케어(daycare, 주간 돌봄 서비스)를 부탁했다. 랑랑이를 병원에 맡긴 시각은 6월 3일 낮 12시 30분경이었다.

그런데 그날 오후 랑랑이가 병원을 빠져나가는 일이 발생했다. 대개 동물병원의 출입문은 이중문으로 되어 있다. 그런데 물건을 운반하는 기사가 동물병원에 출입하는 과정에서 이중문이 동시에 열렸고, 로비에 있던 랑랑이는 그 잠깐 사이에 동물병원 밖으로 뛰쳐나가고 말았다.

김씨는 오후 4시쯤 동물병원을 다시 방문했는데, 그때는 랑랑이가 동물병원을 나간 지 이미 수십여 분이 지난 뒤였다. 동물병원 직원들이 랑랑이를 찾아다녔지만 병원 근처에는 랑랑이의 흔적이 남아 있지 않았다. 동물병원 직원들과 김씨, 김씨의 가족들은 가용한 모든 수단을 이용하여 랑랑이를 찾기 시작했다. 김씨는 인스타그램 같은 SNS와 당근마켓까지 적극 활용해서 랑랑이를 찾아나섰고, 뜻을 같이하는 많은 시민들이 길거리를 돌아다니며 랑랑이 전단을 붙이는 등 적극적으로 수색을 도왔다. 특히 그날은 비가 많이 왔는데도 많은 사람들이 자기 일처럼 도와주었다. 수백 명이 참여한 카카오톡 오픈 채팅방까지 운영되었다.

사흘간 많은 이들의 협조로 활발한 수색이 이루어졌다. 시민들의 제보에 따라 김씨는 집 근처인 중랑천 일대, 동부간선도로 등지를 샅샅이 훑었다. 그러던 중 6월 5일 밤 늦은 시각에 결정적인 제보가 들어왔다. 실종 당일(6월 3일) 밤 11시경에 찍힌 차량 블랙박스 영상이었다. 거기에는 랑랑이로 추정되는 하얀 물체가 도로 위에 쓰러져 있는 모습이 담겨 있었다.

제보 영상을 본 김씨는 곧바로 현장으로 달려갔다. 혹시라도 아직 숨을 헐떡이며 누워 있지 않을까 하는 희망, 아니면 사체라도 찾을 수 있지 않을까 하는 기대를 가졌다. 하지만 블랙박스 영상이 찍힌 장소에서 랑랑이를 찾지 못했다. 대신 거기서 몇 걸음 떨어진 곳에서 랑랑이의 것으로 추정되는 파손된 넥칼라(neck collar)를 발견했다. 6월 6일 새벽이었다.

김씨는 즉시 파출소를 방문하여 혹시 6월 3일에 동부간선도로에서 로드킬 신고가 있었는지 확인했다. 6월 3일에 "중랑천 길에 넥칼라를 한 강아지가 혼자 있다"는 내용의 신고 1건, "로드킬" 신고 1건이 있었다. 그즈음 오픈 채팅방에서도 누군가가 "6월 3일 밤 10~11시 정도에 동부간선도로에서 로드킬 신고가 있었고, 관련 업체가 사체를 수거해 갔다"는 사실을 전해 주었다.

이에 김씨는 6일 아침에 수거 관련 업체 담당자에게 전화를 걸었고 그날 오후에서야 랑랑이의 사체를 확인할 수 있었다. 다행히 아직 소각되기 전이어서 사체를 수습할 수 있었다. 다만 더운 날씨와 계속된 폭우 탓에 부패가 상당히 진행되었다. 아무튼 김씨는 랑랑이가 실종된 지 사흘 만에 찾아서 장례를 치러 줄 수 있었다.

그런데 이 사건이 특별히 논란이 된 이유는 무엇일까? 물론 동물병원과 견주 사이의 진실 공방이 가장 큰 주목을 받았지만 그것 말고 다른 이유도 있었다. 그것은 바로 랑랑이에게 내장형 인식칩이 있었음에도 교통사고가 난 지 사흘 만에 누군가의 제보를 통해 겨우 찾았기 때문이다. 교통사고 이후 보호자에게 아무런 연락이 가지 않은 것은 물론이고, 어떤 확인 과정도 없이 바로 폐기 절차가 진행되었다. 랑랑이의 사체가 소유주 모르게 소각되어 영영 보지 못할 수도 있었다. 어쩌면 김씨는 랑랑이가 소각된 줄도 모른

채 매일 전단지를 돌리며 찾아다녔을 수 있다.

　　반려동물 등록제는 소유주를 찾기 위한 것이 아닌가? 인식칩이 있으면 견주의 연락처를 바로 확인할 수 있는데 이게 도대체 어찌 된 일일까?

　　현행법상 동물의 로드킬 사고가 발생하면 죽은 동물이 '법정보호종'(멸종위기종, 천연기념물)일 경우에만 특별한 처리 절차를 따르면 되고, 일반 종일 경우에는 폐기물관리법에 따라 사체를 처리하면 된다.047 로드킬 당한 동물의 사체는 폐기물, 쉽게 말해 쓰레기로 처리된다. 특히 로드킬의 경우 도로를 이용하는 사람들의 민원이 많아 신속하게 처리된다. 랑랑이도 도로에서 동물 사체로 발견되었으므로 구청과 계약한 청소업체에서 수거하여 생활폐기물로 분류하고 임의로 처리했다. 절차상 특별한 잘못이 없다.

　　그런데 교통사고 발생부터 폐기에 이르기까지 '인식칩을 통해 소유주를 확인하는 절차'가 전혀 없다. 이에 김씨는 이러한 문제를 보완하는 '랑랑이법'을 만들어 달라며 국민청원을 했다. 로드킬 당한 동물을 수거할 때 인식칩 확인을 의무화하자고 했다.

　　2020년에도 이와 비슷한 사례가 있었다. 경상북도 포항에서 로드킬 당한 반려견이 바로 다음 날 소각되었다. 견주는 9년을 함께하여 가족과 같았던 반려견의 마지막 모습을 볼 수 없었다. 견주는 반려견 등록 확인도 없이 곧바로 소각 절차가 진행된 것을 지적하며 국민청원을 올렸다. 이 밖에도, 잃어버린 반려견이 교통사고를 당했다는 제보를 받고 구청 등에 확인했는데 이미 소각되었다는 답변을 들은 견주들의 사례가 종종 있었다.

내장되거나 외장된 인식칩을 스캔하여 소유주를 확인하는 것은 그리 어려운 일이 아니다. 목줄이 있거나 반려견으로 추정되는 동물의 사체를 소유주 확인 없이 그냥 소각하는 것은 국민 정서에 반하는 행위이다. 반려동물 등록을 의무화하여 규제하면서 사체로 발견된 동물을 별도의 확인 절차 없이 바로 폐기물로 처리하는 것은 현재의 등록 제도가 아직 완전하게 작동하지 못하고 있음을 보여주는 것이다.

특히 도시에서 교통사고로 죽은 개는 소유주가 잃어버린 반려동물일 가능성이 상당히 높다. 그럼에도 소유주 확인 절차 없이 바로 폐기물로 처리하는 현재의 시스템에는 분명 문제가 있다. 따라서 '랑랑이법' 입법 요청은, 즉 로드킬로 죽은 동물의 인식칩을 확인하여 소유주를 찾도록 하는 법률을 제정해 달라고 하는 요청은 정당하고 합리적이다.

반려견 탐정 사기 사건

2021년, 실종된 반려견을 찾아주겠다며 약 30명으로부터 수천만 원을 받고 '먹튀'한 이른바 '반려견 탐정 사기 사건'이 있었다. 이름도 낯선 '반려견 탐정' 사기라니 대체 무슨 사건이었을까?

인천에 사는 20대 남성 전씨는 그해 어느 날 SNS를 하던 중 한 게시글을 보고 좋은 아이디어가 떠올랐다. 잃어버린 반려견을 마치 자식과 같이 간절하게 찾는 글을 본 것이다. 그는 이게 돈이 될 수 있겠다고 생각했다.

전씨는 유기동물 입양과 실종 동물 찾아주기로 잘 알려진 스마트폰 앱에 접속했다. 그리고 실종 반려견을 찾는다는 글을 게시한 사람들에게 "나는 실종된 반려견을 전문적으로 찾아주는 사람이다. 비용은 100만 원이고, 계약 기간은 2개월이다. 2개월이 지나도 의뢰 내용을 완수하지 못할 시(반려견을 찾지 못할 시) 모두 환불해 주겠다"고 메시지를 보냈다. 실종견을 찾아주는 카페에도 같은 내용의 게시글을 올렸다. 요구한 비용은 수십만 원에서 수백만 원까지 그때그때 달랐다. 견주들은 애가 타는 상황이라 전씨에게 연락한 후 곧바로 송금했다. 또 반려견을 찾지 못하면 돈을 돌려준다고 하니 반려견을 잃어버린 견주들은 별 걱정 없이 안심하고 돈을 입금했다.

하지만 전씨는 실종견 수색과 아무 관련이 없는 사람이었다. 자신을 '실종견 수색 전문 탐정'이라고 광고하고 다녔지만 사실은 그와 무관한 일을 하고 있었다. 실종견을 찾을 능력도, 찾을 의향도 없었다.

전씨의 범죄는 치밀했다. 블로그를 개설하여 자신이 수행한 성공 사례들이라며 여러 반려견의 사진을 올렸다. 물론 그 사례들은 모두 가짜였다. 인터넷에 보이는 반려견 사진들을 무단으로 도용해서 올린 것에 불과했다. 하지만 견주들은 가짜 성공 사례들을 보고 전씨를 전문가라고 믿게 되었다.

전씨는 반려견을 찾아주겠다며 계약금을 받고 나서는 의뢰인의 연락을 무시했다. 어쩌다 연락이 되더라도 한 달만 더 달라고 부탁하며 시간을 끌었다. 의뢰인들은 그 말을 믿고 하염없이 연락을 기다리기도 했다. 그러다 의뢰인이 못 참고 환불을 요구하면 전씨는 '핸드폰이 고장 나서 연락이 어렵다', '지금 병원에 가야 한다', '나중에 다시 연락주겠다' 등 변명을 하다가 종국에는 연락을 끊었다.

몇 달 후 이런 내용들이 인터넷 카페에 공유되면서 피해자들은 전씨에게 사기를 당했다는 사실을 알게 되었다. 피해자들은 전씨를 사기죄로 고소했다.

수사 결과, 전씨가 이런 식으로 무려 약 30명으로부터 4000만 원 이상의 현금을 챙겼다는 사실이 밝혀졌다. 피해자 중에는 어린 학생도 있었다. 절박한 견주의 심정을 이용한 전씨에게 모두가 분노했다.

그런데 전씨는 반려견 탐정 사기 외에 코인 투자 사기 등 다른 사기도 저질렀다. 2019년에 사기죄로 징역 2년을 선고받아 복역하고 2021년에 출소했는데, 출소하자마자 또 사기 범죄를 저지른 것이다. 그는 '반려견 탐정 사기 사건'으로 기소되었을 때 이미 해외 코인 상장을 미끼로 투자자들을 속여 수천만여 원을 편취한 혐의로 재판을 받고 있었다. 전씨는 '전문 탐정'이 아니라 '전문 사기꾼'이었다.

법원은 전씨에게 징역 6년을 선고했다. 재판부는 전씨가 피해자들의 사연을 이용해 사기를 저질러 죄질이 나쁘다고 보았을 뿐만 아니라, 무엇보다 형 집행이 종료된 지 3년이 지나지 않아 가중처벌을 받을 수 있는 기간에 범행을 저질렀기에 무겁게 처벌했다.

참고로 이런 범죄자를 '누범'이라고 한다. 누범은 "금고 이상의 형을 복역하거나 집행이 면제된 이후 3년 이내에 다시 금고 이상에 해당하는 죄를 지은 자"를 뜻한다. 누범의 경우 장기형을 2배까지 가중한다.[048] 교도소에서 나오자마자 또 교도소에 들어갈 만한 죄를 저지르면 가중하여 처벌하는 제도이다. 전씨는 교도소에서 출소하자마자 또 사기를 저질렀으니 무거운 처벌을 피할 수 없었다.

그런데 인터넷에는 반려견 탐정, 반려묘 탐정이라고 광고하는 사람들이 많다. 모두가 전씨 같은 사기꾼인 것은 아니고, 실제로 반려견 탐정이나 반려묘 탐정으로 일하는 사람도 있다. 그래서 이런 궁금증이 생긴다. 만약 내가 반려동물을 잃어버렸을 때 실종 동물 전문 탐정에게 맡기면 더 잘 찾을 수 있을까?

어떤 일을 전문적으로 반복하다 보면 노하우가 쌓여서 자신만의 전략과 기술이 생기게 마련이다. 반려동물 전문 탐정에게 특별한 능력이 없다고 단정할 수는 없다. 하지만 '누구'한테 맡기느냐보다 '언제' 찾느냐가 관건이다. 반려동물을 잃어버렸다면 골든타임을 놓치지 않는 것이 제일 중요하다. 반려동물을 잃어버린 사람들은 당황해서 신속하게 대응하지 못하고 이리저리 알아보다가 시간을 허비하는 경우가 많다. 잃어버린 반려동물에 대해 누구보다 잘 아는 '본인'이 신속하게 대처하는 것이 가장 중요하다.

탐정업은
불법일까?

　이혼이나 반려동물 분실(실종) 등 여러 사건을 진행하다 보면 '흥신소나 탐정업이 불법이 아닌지'에 대한 질문을 많이 받는다. 과거에는 탐정업이 금지됐지만 현재는 탐정업이 허용되고 있다. 그렇다고 흔히 생각하는 불법 행위, 예를 들어 몰래 GPS 추적기를 설치해 쫓아가거나 도청을 하는 행위가 허용되는 것은 아니다.

　더 자세히 살펴보면, 2020년 8월부터 개정 신용정보법의 시행으로 신용정보회사 등이 아닌 경우 탐정이라는 명칭을 사용하거나 탐정 업무를 할 수 있게 되었다. 과거에는 신용정보회사 등이 아닌 자가 특정인의 소재를 알아내거나 사생활을 조사하는 일(탐정업)을 하는 것이 금지되었다. 또한 신용정보회사든 아니든 탐정 혹은 그 비슷한 명칭을 사용하는 것도 금지되었다.[049] 그런데 법 개정으로 탐정업 금지 조항이 삭제되었고 합법적 범위 내에서의 탐정업이 가능해졌다.

　하지만 법 개정으로 탐정에게 별도로 어떤 권한이 주어진 것은 아니고, 탐정의 자격이나 관리에 관한 법령이 따로 만들어진 것도 아니며, 탐정이라 하더라도 개인정보보호법이나 정보통신망법, 위치정보법 등을 모두 준수해야 한다. 즉 탐정의 합법화로 탐정이라는 용어를 사용하여 탐정업을 할 수 있게 된 것일 뿐, 특별히 실질적 변화가 생긴 것은 아니라고 할 수 있다. 요컨대, 현재 탐정업 자체는 합법이라고 할 수 있지만 탐정이 정보를 수집하기 위해 실시하는 각각의 조사 행위가 불법인지 합법인지 여부는 개별적으로 따져봐야 한다.

2부

배려 없는 반려인가,
배려 없는 비반려인가?

반려인과 비반려인 사이에서의 공존

개를 키우면 당신은 아주 행복한 나날을 보내겠지만
다른 누군가는 아주 힘겨운 나날을 보낼 수 있다.

윌리엄 브루스 캐머런(미국 작가)

나는 음반을 수집한다.
고양이도 수집하는데, 한 마리도 없다.
하지만 산책을 하다가 고양이를 만나면,
나는 행복하다.

무라카미 하루키(일본 소설가)

인간은 잡아먹기 전까지 잡아먹힐 희생자와
우호적인 관계를 유지할 수 있는 유일한 동물이다.

새뮤얼 버틀러(영국 시인)

9장

집주인 몰래
반려동물을 키우면 쫓겨날까?

세입자가 반려견을 키워서 집주인이 전세 계약을 파기한 사건

2017년에 있었던 일이다. 세입자 우씨는 집주인 김씨와 경기도의 한 다가구주택에 대해 보증금 4억 원에 거주 기간 2년으로 전세 계약을 체결했다. 같은 날 우씨는 김씨에게 계약금 4000만 원을 지급했다. 당시 우씨는 소형견 3마리를 기르고 있었는데, 김씨는 우씨가 반려동물을 키우는지 알지 못했다. 우씨가 김씨에게 반려견을 키운다는 사실을 고지하지 않았고, 김씨도 우씨가 반려동물을 키우는지 확인하지 않았다. 전세 계약서에 반려동물 사육 금지에 관한 조항은 없었다.

얼마 후 집주인 김씨는 세입자로 들어올 예정인 우씨가 반려견을 키운다는 사실을 뒤늦게 알았고, 곧바로 우씨에게 연락해 전세 계약은 없던 것으로 하겠다고 말했다. 그리고 내용증명 우편으로 "반려견들과 함께 거주하는 조건인 이상 건물을 인도할 수 없다. 계약금을 수령할 계좌번호를 알려주지 않으면 이를 공탁하겠다"고 통지했다. 우씨는 김씨의 일방적 계약 파기 통보를 받아들이지 않았고 계좌번호도 알려주지 않았다. 그러자 집주인 김씨는 자신이 통지한 대로 법원에 4000만 원을 공탁했다.

집주인의 일방적 전세 계약 파기로 해당 주택에 살 수 없게 된 우씨는 김씨를 상대로 소를 제기했다. 우씨는 김씨가 "계약을 해제하려면 4000만 원이 아니라 계약금의 2배인 8000만 원을 상환하여야 한다"고 주장했다. 집주인의 통지는 해약금에 의한 해제의 의사 표시이므로 계약금의 두 배를 주어야 한다(자신이 원래 지급한 돈 4000만 원에 해약금 4000만 원을 더 주어야 한다)고 했다.

특별한 사정이 없다면 계약금은 해약금의 성격을 갖는다. 계약금을 교부한 사람은 그것을 포기하면서 계약을 해제할 수 있고, 교부받은 사람은 그 배액을 상환함으로써 계약을 해제할 수 있다는 의미이다. 계약금만 주고받은 상태에서는 일방의 의사만으로 마음대로 해제가 가능하지만, 계약금 상당의 손해를 감수해야 한다. 따라서 집주인이 일방적으로 계약을 해제하려면 계약금의 배액을 돌려주어야 한다.

이 사안에서 계약금 4000만 원에는 '손해배상액 예정(채무 불이행 시 배상해야 할 손해액을 미리 정하는 것)'으로서의 약정도 있다. 부동산 중개소에서 흔히 사용하는 1장짜리 계약서에는 대부분 그렇게 기재되어 있다. 즉 일방이 계약을 이행하지 않는 경우 상대방에게 배상해야 하는 손해를 4000만 원으로 미리 약정해 놓는 것이다. 우씨는 해약금에 의한 해제가 아니더라도 김씨가 일방적 계약 파기에 따른 손해배상으로서 4000만 원을 더 주어야 한다는 주장도 했다.

법적으로 엄밀히 정리하면, 우씨는 '김씨가 해약금에 의한 해제 의사 표시를 하였으므로 계약금의 배액을 돌려줘야 한다'는 주장을 하면서, 만약 이 주장이 받아들여지지 않으면 '계약불이행에 따른 손해배상으로 계약금 상당의 금액을 더 주어야 한다'고 덧붙였다.

반면 김씨는 우씨가 반려견 3마리를 기른다는 사실을 고지하지 않아서, 즉 우씨의 잘못으로 계약을 해제한 것이기 때문에 자신은 손해배상 의무를 부담하지 않는다고 반박했다. 대법원 판결에 따르면, "부동산 거래에 있어서 상대방이 [일정한 사정에 관하여 고지를 받았더라면 그] 거래를 하지 않았을 것임이 경험칙상 명백하다면" 상대방에게 그러한 사정을 고지할 의무가 있다.⁰⁵⁰ 즉 김씨는 애초에 우씨가 반려견을 키운다는 사실을 말했으면 거래를 하지 않았을 것인데 이를 말하지 않았으므로 우씨가 잘못한 것이고 (고지 의무 위반), 자신이 잘못한 것이 아니므로 손해를 배상할 책임이 없다고 주장하였다. 김씨의 입장도 충분히 이해가 간다. 누구의 주장이 더 타당할까?

실제로 이러한 갈등은 빈번하다. 반려동물을 키우는 많은 사람들이 겪는 어려움 중 하나는 이사를 갈 때마다 반려동물 때문에 집을 구하기가 쉽지 않다는 점이다. 특히 요즘 개나 고양이를 반려동물로 키우는 많은 젊은 사람들이 그러하다. 그들은 전세나 월세 주택에 사는 경우가 많고, 일정 기간마다 이사를 가야 한다. 이들 대부분은 새집을 구할 때 부동산 중개사나 집주인에게 개, 고양이를 키워도 되는지 물어보는데, 집주인들은 대체로 개, 고양이 키우는 것을 금지한다. 집주인 입장에서는 개나 고양이 때문에 장판, 문, 벽지 등이 손상되거나 냄새가 뺄까 우려하기 때문이다. 안 그래도 전세, 월세 구하기가 힘든데 반려동물까지 키운다면 집 구하기가 하늘의 별따기다. 상황이 이렇다 보니 우씨처럼 집 구할 때 반려동물이 있다는 사실을 미리 말하지 않거나 반려동물 금지라는 특약이 있음에도 거짓말을 하고 들어가 살다가 나중에 갈등을 빚는 경우가 흔하다.

사실 사람들은 우씨처럼 사전 고지 없이 계약을 체결하고 들어가 살아도 되지 않을까 생각할 수 있다. 그렇다 보니 이 사건의 쟁점도 '전·월세 계약 전에 세입자가 집주인에게 반려동물을 키운다는 사실을 고지해야 하는 의무가 있는가'였다. 만약 우씨에게 고지 의무가 있다면 우씨의 의무 위반으로 김씨가 계약을 해제한 것이므로 김씨는 손해배상 의무를 부담하지 않을 것이고, 우씨에게 고지 의무가 없다면 김씨가 일방적으로 계약을 해제한 것이므로 김씨는 손해배상 의무를 부담해야 할 것이다.

위 소송의 결과를 보면, 우씨가 일부 승소했다. 법원은 김씨가 우씨에게 계약금으로 받은 4000만 원 외에 손해배상금으로 1200만 원을 더 지급하라고 선고했다. 결론적으로 법원은 세입자 우씨가 집주인 김씨에게 반려견을 키운다는 사실을 고지할 의무가 없다고 보았다.

　법원은 판결문에서, 김씨가 우씨에게 반려견을 기르지 않는 것이 임대차의 조건임을 고지하지 않았고, 계약 당시 김씨가 우씨에게 "몇 명이 거주하는가?", "집이 넓은데 2명만 거주하는가?" 등의 질문을 하기는 했으나 그 질문에 "반려견과 함께 거주하는가?"라는 취지가 내포되어 있다고 보기 어렵다고 했다. 그래서 우씨가 반려견을 키운다는 사실을 김씨에게 고지할 의무가 없다고 판단했다. 또 사회 통념상 공동주택이라 하더라도 반려견을 기르는 것이 터부시되지 않고 반려견 3마리가 모두 소형견이라는 점도 우씨에게 반려견 양육에 관한 고지 의무가 없다는 근거로 보았다.

　다만, 재판부는 임대인이 보증금 증액 등과 같은 다른 목적으로 그런 것이 아니라 성향상 반려견을 좋아하지 않아 거절했다는 점, 우씨에게 발생한 손해가 크지 않다는 점 등을 감안하여 손해액을 손해배상 예정액 4000만 원의 30퍼센트인 1200만 원만 인정했다.[051]

　요컨대, 집주인 김씨의 일방적인 계약 파기였으므로 김씨에게 손해배상 의무가 있었다. 이는 달리 말하면, 계약 당시 세입자가 반려동물을 키운다는 사실을 말하지 않고 계약한 후 나중에 집주인이 그 사실을 알게 되더라도 세입자가 반려동물을 키운다는 사유만으로 일방적으로 계약을 파기할 수 없다는 것이기도 하다.

　이 판결을 두고 '그렇다면 계약할 때 아무 말 안 하고 몰래 반려동물을 키우면 되겠군'이라고 오해해서는 안 된다. 모든 판결은 특정한 사실관계를 근거로 판단하여 내리는 결론이기 때문이다.

즉 위 결론은 이 사건의 사실관계에 한해 의미가 있다. 대부분의 판결이 그렇다. 단순하게 이런 경우에는 이렇고 저런 경우에는 저렇다는 식의 판결은 흔치 않다. 재판부는 증거로 알 수 있는 구체적 사실관계를 모두 살펴본 후 사건의 동기와 경위, 당시의 상황, 피해 정도 등을 종합적으로 고려하여 결론을 내린다. 언론 기사의 헤드라인을 통해 결론만 접하는 경우에는 해당 사건을 정확히 안다고 할 수 없다. 위의 판결 역시 그 의미를 확대하거나 일반화하여 받아들이는 것은 금물이다.

주택 임대차 계약서 특약 사항에 '애완동물 사육 금지'라는 문구가 기재되어 있는 경우에 반려동물을 몰래 키우면 계약 위반에 해당한다. 또 공동주택이라면 해당 단지의 관리규약에 애완동물 사육을 금지하거나 일정한 제한을 가하는 내용이 있을 수 있다.

위 사건에서 우씨의 경우 소형견 3마리라는 점도 고려되었다. 만약 대형견이거나 다른 동물이면 판단이 달라졌을 수 있다. 따라서 자신의 구체적 상황을 고려하지 않은 채 집주인 몰래 반려동물을 키워도 되겠다고 생각해서는 안 된다.

한편, 위 사건은 '집주인의 계약 해제가 정당한가'에 관한 문제일 뿐이다. 세입자가 정당하게 주택을 임차했다 하더라도 계약 기간 중에 반려동물 때문에 주택의 일부가 손상되면 그에 대한 보상을 해주어야 한다. 실제로 반려동물로 인해 장판이나 마루, 문짝, 문틀 따위가 손상될 가능성이 높을 뿐만 아니라, 같은 손상이라도 반려동물 때문에 더 큰 손상으로 보일 가능성도 있다. 또 집주인이 아닌 이웃으로부터 반려동물로 인한 지속적 민원이나 손해배상 청구를 당할 수도 있다.

위 판결에서는 임차인에게 반려동물 양육 사실에 대한 고지 의무가 없다고 봤지만, 분쟁을 피하기 위해서는 반려동물을 키운다는 사실을 계약 때 집주인에게 고지하는 것이 바람직하다. 반대로 집주인 입장에서는 동물이 싫다면 임차인이 반려동물을 키우는지 미리 물어보고 계약 여부를 결정하거나 협의하는 것이 좋다. 세입자 입장에서는 안 그래도 집 구하기가 힘든데 이러한 과정이 불편하게 느껴질 수 있다. 그러나 사전에 반려동물을 키운다는 사실을 말하고 협의해야 더 큰 분쟁을 예방하고 보다 편하고 당당하게 거주할 수 있을 것이다.

요즘의 임대차 계약서에는 '애완동물 사육 금지'라는 문구가 '벽걸이 TV 설치 금지', '흡연 금지'만큼이나 빈번하게 등장한다. 반려동물을 정말 싫어하거나 동물 알레르기가 있는 경우에는 당연히 반려동물 양육을 금지하는 조항을 기재할 수 있다. 그런데 부동산중개소에서 작성하는 계약서에 의례적으로 위와 같은 문구가 들어 있기도 하다. 반려동물과 함께 사는 인구가 상당히 늘어나고 반려동물에 대한 인식이 많이 개선된 만큼 반려동물 양육을 일률적으로 금지하는 표현이 일반화되는 것은 적절치 못하다. 임차인의 반려동물 양육 여부를 중개인이 계약 건마다 확인해서 협의를 유도하고 임대차 기간 만료 후 원상회복의 범위나 청소 비용을 조율하는 특약을 정하는 식으로 해결해 나가야 할 것이다.

세입자는 원상회복을
어디까지 해야 할까?

세입자는 임대차 기간이 만료되어 집을 반환할 때 원래 상태대로 돌려놓을 의무가 있다. 이를 원상회복 의무라고 한다. 집주인이 반려동물 양육을 허락해 반려견과 함께 살더라도 계약 기간이 끝나 떠날 때 원상회복 문제로 갈등을 빚는 경우가 적지 않다.

임대인 입장에서는 집 안 여기저기가 반려동물의 발톱 때문에 심하게 긁혀 있고, 심지어 반려동물 배설물로 거실 마루나 문이 썩고 변색되어 있다면 당연히 화가 나고 세입자에게 책임을 묻고 싶을 것이다. 반대의 경우도 있다. 임차인 입장에서는 집을 매우 조심히 사용하고 반려동물이 얌전해 집에 어떠한 상처도 남기지 않았는데 집주인이 냄새가 난다며 도배 비용, 마루 교체 비용까지 과도하게 요구하기도 한다.

그렇다면 법적으로 원상회복의 범위는 어디까지일까? 법에서는 임차인이 통상적인 사용을 하면서 생기는 임차목적물의 상태 악화나 가치 감소를 의미하는 '통상의 손모'는 임차인에게 원상회복 의무가 없다고 본다.[052] 시간 경과에 따라 자연적으로 생기는 손상이나 마모는 당연하게 예정되어 있으므로 임차인의 책임이 아니다. 하지만 인위적인 파손이나 손상으로 임차목적물이 훼손되었다면 이는 임차인이 원상회복해야 한다.

그런데 어떤 손상이 '통상적인 손모'인지 '인위적인 파손'인지 모호한 경우가 많아서 판단이 쉽지 않다. 반려동물이 마루나 걸레받이를 손상시킨 경우를 예로 들어보자. 손상 정도에 따라 다르지만 많은 발톱 자국이 남아 사람이 살 때의 자연적 마모 수준을 초과하는 손상이 생겼다면 반려견을 키운 임차인에게 원상회복 의무가 있다고 봐야 한다. 실제 비슷한 사건에서 법원은 마루, 걸레받이, 벽지의 파손 정도가 자연적인 마모 또는 일반적인 감가상각의 정도를 초과한다고 하여 보증금에서 원상회복 비용(보수 비용)을 공제하고 반환하도록 한 사례가 있다.[053]

집주인이 반려동물 냄새가 남아 있다며 바닥과 벽지 전체 교체 비용을 원상회복 비용으로 요구하면 어떻게 될까? 냄새 유무나 정도는 주관적인 기준에 따라 다르므로 판단이 쉽지 않다. 저마다 냄새를 느끼는 정도가 다를 수 있고, 냄새가 참을 수 있는 정도인지도 모호하다(공장이나 축산 시설 근처에서 악취를 객관적으로 측정하여 손해배상을 청구한 사례가 있지만 여기서는 적용할 수 있는 적절한 방법이 아니다). 그래서 냄새 문제는 쉽게 결론을 내리기가 어렵다. 구체적인 상황에 따라 다르다. 부동산 중개사나 집을 구하러 온 다른 임차인 등 제3자도 악취를 느낀다면 원상회복 의무가 있을 것이고, 대부분이 느끼지 못하는데 임대인만 유독 냄새가 난다고 주장하면 원상회복 의무가 인정되기 어려울 것이다.

설령 냄새가 난다고 인정되더라도 원상회복 범위가 문제될 수 있다. 이 역시 정도에 따라 다르기 때문에 결론을 내리기가 여의치 않다. 예민한 사람이 겨우 느낄 수 있는 정도인지, 누가 맡더라도 냄새가 심해 재임대가 곤란할 정도인지에 따라 다를 것이다. 탈취 작업과 청소 정도로 냄새를 제거할 수 있는가 하면, 집주인이 요구하는 대로 벽지, 장판, 타일 등을 모두 교체해야 할 수도 있다. 사안마다, 재판부마다 얼마든지 달리 판단할 수 있는 문제이다.

일례로, 아파트를 임대하여 고양이 4마리를 키우다가 이사 가게 된 임차인이 임대인과 갈등을 빚은 사건이 있다. 임대인은 임차인이 고양이 배설물을 방치하여 고양이 악취가 남아 있다며 도배 및 장판 시공 비용, 싱크대와 신발장, 베란다 바닥 타일 교체 비용, 청소 비용 등 600만 원 이상을 청구했다. 임차인이 약품으로 실내 소독과 청소를 하고 130만 원을 들여 도배와 장판 교체까지 했음에도 여전히 냄새가 남아 있다며 그렇게 요구했다.

이 사건에서는 재판부가 현장검증을 통해 직접 냄새를 확인하기도 했다. 재판부는 "약간의 고양이 냄새가 남아 있으나 전체적으로 탈취제 냄새 외에 고양이 악취가 나는 상태는 아니었고, 일부 남아 있는 고양이 냄새도 일반인의 거주가 불가

능할 정도의 수인한도를 넘어서는 극심한 상태는 아니었다"라

고 하면서, 임대인이 청구한 시공 비용이나 교체 비용을 모두

인정하지 않았다. 다만 재판부는 탈취제로 냄새를 제거하여 재

임대에 적합할 정도의 상태로 회복하는 데 걸리는 시간 동안

임대인이 아파트를 재임대하지 못해 손해를 입었으므로, 임차

인은 임대인에게 그 기간(3개월)의 차임에 상당하는 손해(120만

원)를 배상하라고 판시했다.[054]

10장

이웃이 반려동물을
키우지 못하게 할 수 있을까?

반려견 사육 금지 가처분 사건

　서울의 한 아파트에 거주하고 있던 김씨가 어느 날 덩치 큰 개 한 마리를 만났다. 같은 동에 사는 함씨가 키우는 35킬로그램의 골든 리트리버였다. 개를 싫어하고 무서워한 김씨는 그 덩치 큰 개가 공포스럽기도 하고 불편했다. 또 그런 대형견을 공동 주거 공간인 아파트에서 키우는 것 자체가 부적절하다고 생각했다. 해당 아파트의 관리규약에 따르면 아파트 입주자는 15킬로그램 이상인 애완견을 기를 수 없도록 되어 있었다.

　김씨는 법원에 그 골든 리트리버의 사육과 복도 내 출입을 금지해 달라며 가처분을 신청했다. 김씨는 해당 아파트의 관리규약에 따르면 '15킬로그램 이상인 애완견'을 기르지 못하는데 함씨가 이를 위반하여 애완견을 기르고 있다며 사육을 금지해야 한다고 주장했다. 또 그 애완견이 김씨를 위협하고 소음을 발생시켜 김씨가 정신적 고통을 받음으로써 생명, 신체, 건강에 대한 인격권을 침해받고 있다며 사육 금지를 요청했다.

김씨는 60대의 나이였으며, 건강이 좋지 않기도 했다. 뇌졸중을 앓은 기왕력이 있었고, 심장 문제로 큰 수술을 받은 후 계속 통원 치료와 약물 치료도 받고 있었다. 그는 심장 장애 3급 판정을 받은 상태였으며, 대형견을 마주치면 혐오감이나 공포감을 느꼈고 자기 신체에 위해를 끼칠까 봐 우려했다.

그럼에도 김씨의 사육 금지 청구는 받아들여지지 않았다. 인격권에 기초하여 침해 행위의 방지를 구하려면, 해당 애완견의 사육이 김씨의 생명, 신체, 건강에 위해를 가하거나 가할 위험성이 객관적으로 인정되어야 한다. 다시 말해 김씨 혼자만 주관적으로 공포감과 정신적 고통을 느껴서는 안 된다. 사회 일반인의 관점에서 위험성이 인정되어야 한다.

법원은, 골든 리트리버 종이 비록 덩치는 크지만 인내심이 강하고 유순하여 안내견(장애인 보조견)이나 인명 구조견으로 활용되고 있고, 동물병원 수의사의 소견서에 따르면 해당 애완견도 유순하여 공격성을 지니지 않은 것으로 보인다고 판단했다. 그리고 과거에 함씨와 같은 층에 거주하던 입주자들이나 김씨를 제외한 나머지 입주자들은 해당 애완견이 사람을 위협하거나 짖는 소리로 소음을 발생시킨 바가 없다는 진술을 했다고도 밝혔다. 따라서 이러한 점들에 비추어, 함씨의 사육 행위가 김씨에게 극심한 정신적 고통을 줌으로써 생명과 신체에 위해를 가할 위험성이 객관적으로 인정된다고 보기 어렵다고 판단했다.

실제로 함씨는 자신의 애완견이 가급적 다른 입주민들과 마주치지 않게 하려고 애완견과 함께 화물용 승강기를 타고 지하 2층까지 내려가서 밖으로 나가는 노력을 기울였다. 김씨가 함씨의 골든 리트리버를 마주친 횟수도 김씨가 아파트에 입주한 이후부터 재판 시점까지 겨우 서너 번에 불과했다. 법원은 이러한 사정들도 함씨의 사육 행위가 김씨의 생명과 신체에 위해를 가할 위험성이 없는 이유로 보았다.[055]

개를 좋아하지 않는 김씨의 입장에서는 견종이 골든 리트리버든 무엇이든 간에 몸집이 커서 그 자체로 위협을 느꼈을 수 있다. 참고로 천사견이라 불리는 리트리버도 드물게 공격성을 보이며, 미국을 기준으로 리트리버의 개물림 사고로 인한 인명 피해는 전체 개물림 사고의 0.1퍼센트가량 된다.[056] 최근 우리나라에서도 산책하던 골든 리트리버 2마리가 길 건너편에서 산책하던 진돗개에게 달려들어 진돗개가 크게 다친 사건이 있었다.[057] 리트리버라고 해서 무조건 안전하다고 할 수는 없다.

그럼에도 리트리버가 상대적으로 매우 순한 품종인 것은 사실이다. 세상에 공격성이 전혀 없는 개는 없다. 공격성 때문에 리트리버마저 사육을 금지한다면 대부분의 반려견 사육은 금지되어야 할 수 있다. 무엇보다 김씨를 제외한 다른 이웃들은 함씨가 리트리버를 키우는 것에 대해 특별한 공포심이나 불편함을 느끼지 않은 점을 감안하면 김씨가 지나치게 예민했을 가능성이 높다.

사람마다 동물을 좋아하는 정도가 다르고 민감도도 다르다. 내가 개를 좋아한다고 남들도 당연히 좋아하겠지라고 생각해서는 안 된다. 어렸을 때 개에게 물려 트라우마가 있는 사람도 있고, 개나 고양이에 심한 알레르기가 있는 사람도 있다. 간혹 어떤 사람들은 알레르기를 가벼운 가려움증이나 적당히 참을 수 있는 수준 혹은 단순한 정신적 문제로 여기기도 하는데, 알레르기가 심할 경우 호흡곤란이 일어나거나 사망에 이르기도 한다. 개나 고양이에 알레르기가 있다는 것은 결코 가볍게 볼 문제가 아니다. 개에게 공포심을 느낀다는 김씨의 주장이 마냥 억지라고 할 수는 없다.

김씨 역시 자신의 집에서 평온하게 살 권리가 있다. 대형견으로 인한 스트레스가 남들보다 클 수도 있다. 다만, 공동생활을 하는 아파트에서 가장 예민한 사람이나 가장 둔감한 사람을 기준으로 문제를 판단하고 결정할 수는 없다. 층간 소음을 비롯해 공동주택에서 일어나는 다른 문제들도 마찬가지다. 김씨에게는 다소 불편한 부분이 있겠지만 공동주택에서 함께 살아가려면 부득이하게 김씨가 조금 양보하고 참아야 할 수 있다.

한편, 김씨는 인격권 침해 금지뿐만 아니라 아파트 관리규약에 근거한 사육 금지도 청구했는데, 이에 대해 법원은 "추후 아파트 입주자대표회의 또는 생활지원센터(관리사무소)가 함씨를 상대로 아파트 관리규약에서 정한 조치를 취하거나 애완견 사육 금지 등을 구하는 소송을 제기하는 것은 별론으로 하더라도, 입주자인 김씨가 아파트 관리규약에만 근거하여 함씨를 상대로 애완견 사육 금지를 구할 청구권을 가진다고 볼 수는 없다"고 판단했다.

이 부분은 다소 법기술적인 부분인데, 아파트의 입주자대표회의나 관리사무소는 관리규약에 근거해 사육 금지를 청구할 수 있지만 입주자는 다른 입주자를 상대로 관리규약에 근거해 사육 금지를 청구할 수 없다는 의미이다. 즉 관련 법령과 해당 아파트 관리규약에 따르면 입주자는 관리규약에 근거하여 직접 다른 입주자에게 어떠한 조치나 금지 청구를 할 수 없다. 관리 주체만이 가능하다. 그래서 김씨의 이 청구도 받아들여지지 않았다.

아파트에서는 법적으로
반려동물을 키울 수 있을까?

　간혹 공동주택의 특성상 '아파트에서 반려동물을 사육하는 것이 아예 법적으로 금지된 것은 아닌지' 물어보는 이들이 있다. 나이 든 세대 중에는 아파트에서 개를 키우는 것 자체가 불법이라고 아는 사람도 있다.

　하지만 아파트라고 해서 반려동물을 키울 수 없는 것은 아니다. 공동주택관리법 시행령은 "가축(장애인 보조견은 제외한다)을 사육하거나 방송 시설 등을 사용함으로써 공동 주거 생활에 피해를 미치는 행위를 하려는 경우에는 관리 주체의 동의를 받아야 한다"고 규정하고 있다. 그렇다면 해석상 아파트에서 반려동물을 키우는 행위 자체가 원천적으로 금지된 것은 아니라고 볼 수 있다.

　반려동물을 키운다고 해서 관리 주체의 동의를 받는 경우도 많지 않다. 규정을 자세히 살펴보면 반려동물을 사육함으로써 '공동 주거 생활에 피해를 미치는 행위를 하려는 경우'에 동의를 받아야 한다고 정하고 있다. 단순히 일반적인 반려동물을 키우는 경우라면 동의가 필요하다고 보기 어렵다. 따라서 아파트라 하더라도 반려동물을 기르는 것에 어떠한 제한이나 요건이 있는 것은 아니다.

　다만 공동주택에서 반려동물을 기르면 이웃 주민과 갈등을 빚는 경우가 많은데, 그 해결 방안에 대해 특별히 정하고 있는 바가 없어 아쉽다. 물론 일반적인 민사 절차, 즉 가처분 신청이나 손해배상 청구를 할 수도 있지만, 반려동물의 특수성을 고려한 별도의 절차가 마련된다면 더 현실적인 분쟁 해결이 가능할 것이다.

개 짖는 소리에 대한 손해배상 청구 사건

최근에 이른바 '층견 소음'이라 하여 이웃의 반려동물 소음으로 인한 갈등이 늘어나고 있다.

서울시 강서구의 한 임대아파트에 거주하고 있던 이씨는 같은 동의 인접 세대에 사는 신씨와 오랫동안 갈등을 빚었다. 신씨가 아파트에서 반려견 4마리를 키우고 있었는데, 이씨는 신씨의 개들이 짖는 소리 때문에 스트레스가 컸다. 이씨는 신씨에게 지속적으로 불만을 표시했고, 임대아파트 소유주인 SH공사에도 신씨의 반려견 사육에 대한 민원을 계속 제기했다

이에 SH공사는 신씨에게 수차례 시정 요구와 가축 처분 요청을 했다. 신씨에게 "개 사육으로 이웃 주민이 피해를 본다면 재계약을 거절할 수 있다"는 통보까지 했다. 결국 신씨는 "당해 층에 거주하는 입주민의 서면동의 없이 애완견 사육을 하지 않겠다"는 취지의 서약을 하고 반려견을 모두 처분했다.

그 무렵 이씨는 신씨를 상대로 사육 금지 가처분 신청을 했다. 이 가처분 사건에서 "당해 층 입주민 과반수의 동의를 받지 않는 한 신씨는 개 사육을 해서는 아니 되고, 만일 동의를 받지 않고 개 사육을 하는 경우 신씨는 민형사상 모든 책임을 부담한다"는 조정이 성립되었다.

그런데 몇 개월 후 신씨는 당해 층 과반수로부터 반려견 사육에 대한 동의를 얻었다. 관리사무소장에게 "8층 입주민 과반수의 동의를 얻어 (관리 주체의) 애완견 사육 동의를 요청합니다. 애완견

을 사육함에 있어 공동생활에 피해를 입히지 않을 것 등을 약속합니다"라는 내용의 서약서를 제출하고, 다시 반려견을 키우기 시작했다.

그러자 이씨는 이러한 결과에 극도의 불만을 품었다. 개 짖는 소리에서 해방된 지 얼마 되지 않아 개들이 돌아왔기 때문이다. 이씨는 법원에 신씨를 상대로 손해배상을 청구하기에 이르렀다. 또한 이씨는 신씨의 개 문제와 관련하여 수차례 민원을 제기하였지만 아무런 조치를 취하지 않았다고 하면서 SH공사와 관리업체를 상대로도 손해배상 청구를 했다.

이씨는 소장에서 자신이 신씨의 개 사육으로 인한 소음 때문에 극심한 스트레스를 받아 정신과 및 피부과 치료를 받고 있고, 공공근로도 할 수 없게 되었다고 주장했다(이씨는 치료비, 약제비, 일실이익, 위자료 등을 합쳐 총 5000만 원을 청구했다). 이씨는 자신이 신씨의 개 사육으로 인한 피해를 입지 않도록 SH공사와 관리업체가 적절한 조치를 취해야 함에도 불구하고 조치를 취하기는커녕 오히려 신씨와 한통속이 되어 개 사육을 묵인했다고 하면서 이들도 함께 손해를 배상해야 한다고 했다.

그런데 대법원까지 가는 다툼 끝에 이씨의 청구가 기각되었다. 재판부는 "어떠한 행위가 위법한 가해 행위로 평가되기 위해서는 그로 인한 피해의 정도가 사회 통념상 일반적으로 용인되는 수인한도를 넘어야 하고, 사회 통념상 수인한도를 넘었는지 여부는 피해의 정도, 피해 이익의 성질, 가해 방지 및 피해 회피의 가능성, 피해 회피를 위한 당사자의 노력 등 제반 사정을 종합적으로 고려하여 판단하여야 한다"는 법리를 설시하면서, 이씨가 신씨에게 민원을 제기하기 전 약 8년 동안은 민원 제기를 하였다고 볼 자료가 없는 점, 사육 금지 가처분 사건에서 신씨가 당해 층 입주민 과반수의 동의를 받고 개 사육을 한다는 취지의 조정이 성립된 점, 그 후 과반수 동의를 받아 개를 사육하고 있는 점 등을 이유로 이씨의 피해 정도가 사회 통념상 일반적으로 용인되는 수인한도를 넘었다고 보기 어렵다고 판단했다.[059]

앞의 '반려견 사육 금지 가처분 사건'과 같이 이 사건 역시 피해를 호소하는 사람 외에 다른 이웃들은 과반수가 반려견 사육에 동의했다는 점이 그 피해 정도가 수인한도를 넘는 수준이라고 보기 어려운 중요한 근거가 되었다. 반려동물을 키우며 살아갈 권리와 조용하고 평온하게 주거할 권리 중 어느 것이 우선한다고 단정할 수는 없다. 다만 하나의 자유가 다른 자유를 부당하게 침해한다면 이는 제한되어야 하는 것이 마땅하다. 그런데 공동주택의 특성상 어떤 행위가 위법한 것인지 혹은 타인의 권리를 부당하게 침해하는지 여부는 필연적으로 그 공간에서 다수가 생각하고 결정하는 바를 따를 수밖에 없다.

이 사건의 판결문에 설시된 아래 내용과 같이, 공동주택에서 갈등이 발생할 경우 남 탓만 할 것이 아니라 자신의 문제를 들여다보는 태도도 필요하다. 아래 판결문은 피해를 호소한 이씨에 대해 쓰인 문장이지만, 이는 피해를 호소하는 사람뿐만 아니라 반려동물을 키우는 반려인에게도 해당되는 내용이다. 주변에 피해를 호소하는 사람이 있고 그로 인한 갈등이 심각하다면 내 반려견에게 문제가 있는지, 혹은 내 사육 방식에 문제가 있는지도 살펴봐야 한다. 공동생활을 하는 모두에게 이러한 태도가 필요해 보인다.

"개를 좋아하는 사람인지 싫어하는 사람인지, 신체 상황 등에 따라 정도는 다르겠지만 원고가 피고가 기르는 개 때문에 어느 정도 스트레스를 받았을 수는 있다. 그러나 … (중략)… 원고의 정신증이나 가려움증이 반드시 피고가 기르는 개의 소음 때문에 발병하였다고 보기 어려운 점(유전적 요인이나 어릴 때의 양육 환경, 사회적 환경, 호르몬 분비 이상 등 그 원인은 다양하다)에 비추어 원고의 현재 상황을 피고의 탓만으로 돌릴 수는 없다(사람은 스트레스를 받게 되면 다른 사람에게 그 원인이 있다고 생각하는 경향이 있고 그것은 당연한 현상이다. 그러나 보상을 요구하는 과정에서 욕구가 충족되지 않아 좌절하고 분노하면 더 많은 스트레스를 받게 되고 갈등 수위만 상승한다. 갈등 발생에 자신도 책임이 있다는 사실을 깨닫고 먼저 자신의 문제를 들여다볼 필요가 있다). 따라서 원고가 제출한 증거만으로는 원고의 주장을 인정하기 어려워 피고에 대한 청구를 받아들이지 아니한다."

개 짖는 소리는
소음이 아니다?

앞서 본 사례에서, 법원은 이씨가 겪는 피해의 정도가 '사회 통념상 일반적으로 용인되는 수인한도'를 넘는다고 보기 어렵다고 하여 이씨의 청구를 기각했다.

그런데 공동주택에서 소음으로 인한 피해가 '사회 통념상 일반적으로 용인되는 수인한도'를 넘는다는 것을 어떻게 증명할 수 있을까? 이를 판단하기 위해 관련 법령에서는 편의상 소음의 허용 기준을 따로 정하고 있다. 일반적인 층간 소음의 경우 일정 시간 동안 소음을 측정한 후 그것이 층간 소음 기준을 넘는지 본다. 소음 기준은 직접 충격 소음(뛰거나 걷는 동작 등으로 발생하는 소음)인지 공기 전달 소음(음향기기 등의 사용으로 발생하는 소음)인지에 따라, 낮인지 밤인지에 따라 다르며, 1분간(공기 전달 소음의 경우 5분간) 평균 소음을 측정하여 정해진 기준을 넘는지 보고 판단한다. 직접 충격 소음의 경우 최고 소음이 1시간에 3회 이상 초과할 경우 층간 소음 기준을 넘는 것으로 본다.[060]

이러한 소음 기준에서 문제가 되는 것은 '개 짖는 소리'이다. 개 짖는 소리는 법령에서 말하는 소음이 아니다. 공동주택 관리법의 '공동주택 층간 소음의 범위와 기준에 관한 규칙'을 보면, 공동주택 층간 소음의 범위는 "입주자 또는 사용자의 활동으로 인하여 발생하는 소음"으로서 다른 입주자 또는 사용자에게 피해를 주는 소음이라고 정하고 있다.[061] 즉 동물이 내는 소리는 입주자의 활동으로 발생하는 소음이 아니므로 '층간 소음'에 해당하지 않는다.

'소음·진동관리법' 역시 마찬가지다. 이 법에서는 "소음(騷音)이란 기계·기구·시설, 그 밖의 물체의 사용 또는 공동주택 등 환경부령으로 정하는 장소에서 사람의 활동으로 인하여 발생하는 강한 소리를 말한다"고 하여,[062] 역시 사람의 활동으로 발생하는 소리만 소음으로 정하고 있다. 따라서 개가 내는 소리는 소음·진동관리법에서 정하는 '소음'에 해당하지 않는다. 그러니 일반적인 층간 소음 분쟁 해결 기관(이웃사이센터, 공동주택 관리 분쟁조정위원회 등)의 서비스를 이용하기도 쉽지 않다.

개 짖는 소리는 소음이 아니고 소음 기준치로 판단할 수도 없다고 하지만, 만약 개 짖는 소리로 정신적 고통을 겪고 있다면 그에 대한 손해배상을 청구할 수 있을까?

최근 이러한 법의 공백으로 어려움을 겪다가 위자료를 받아낸 하급심 판례가 있다. 광주에 사는 박모 씨는 아래층에서 들려오는 개 짖는 소리 때문에 수면장애에 시달려 아랫집을 경찰에 신고했다. 그러나 '개 소음'은 신고 대상이 아니라는 이유로 어떠한 조치도 이루어지지 않았다. 층간 소음 중재 기관에도 문의했지만 개 짖는 소리는 층간 소음이 아니라는 이유로 소음 측정도 해주지 않았다.

급기야 박씨는 법원에 손해배상 소송을 제기했다. 그 결과 법원에서는 "개 짖는 소리가 법이 정한 소음이 아니더라도 그 소리가 매일 반복된다면 듣는 사람이 상당한 스트레스를 받게 된다. 이는 타인에 대한 불법 행위에 해당한다"고 하면서 100만 원의 위자료를 인정하는 판결을 내렸다. 개 짖는 소리가 법에서 정한 소음의 종류가 아니더라도, 공동주택 소음 기준치에 도달하는지 측정할 수 없더라도, 그것이 반복되어 고통을 야기한다면 당연히 그 고통에 대한 위자료가 인정될 수 있다.

11장

반려동물을 키우지 못하게 하는
관리규약은 합법일까?

동물 사육 불가 규정을 두고 다툰 사건

일본 도쿄의 한 아파트에서는 관리규약에 "작은 새, 물고기 이외의 동물 사육 금지"라는 조항을 두기로 했다. 이 조항에 따르면 해당 아파트에서는 개나 고양이도 키울 수 없었다. 그런데 일본에는 개나 고양이를 키우는 이들이 많았고, 이 아파트에도 그런 사람들이 있었다. 그들은 규제 조항에 위배되는 '애완동물클럽'을 설립해 자체적으로 관리하기로 했고, 관리조합 총회에서 애완동물클럽의 관리하에 클럽 회원들이 예외적으로 애완동물 1대(代)에 한하여 사육하는 것을 허용하는 결의가 통과되었다.

그런데 애완동물클럽에 속하지 않은 주민 A씨가 위의 관리조합 총회 결의로부터 몇 년이 지난 뒤에 개를 키우기 시작했다. 이에 관리조합은 A씨에게 '귀하는 개를 키울 수 없다'며 개 사육 중단을 요청했다. 하지만 A씨는 그 요청을 받아들이지 않고 계속 개를 키웠다. 결국 관리조합은 A씨를 상대로 개 사육 중지를 구하는 소를 제기했다.

자신이 키우던 반려견의 사육 중지 청구를 당한 A씨는 소송에서 반려동물을 키우는 것의 의미가 사회적으로도 인정되고 있다는 점을 설명하면서, 구체적인 피해도 없는데 사육 중지 청구를 하는 것은 권리 남용이라고 주장했다. A씨는 본인이 사육하는 개가 소형견이기 때문에 다른 주민에게 아무런 피해를 주지 않는다고 설명했다. 또 해당 관리규약의 규정은 헌법에서 보장하는 개인의 자유 및 행복추구권[063]에도 위배된다며 이를 한정적으로 해석해야 한다고 주장했다. 합리적 이유없이 애완동물클럽 회원과 A씨를 차별하여 클럽 회원에게만 사육을 인정하는 것 또한 부당하다고 역설했다.

반면 관리조합은 A씨의 반려견 사육이 관리규약상 의무 위반이라는 점을 강조했다. 애완동물 사육은 구분소유자들에게 큰 영향을 끼치고 공동의 이익에 반하는 행위이기 때문에 해당 관리규약 규정은 문제가 없다고 주장했다. 애완동물클럽에 대해서도 일시적인 유예 기간을 준 것에 불과하며, 나중에는 애완동물 사육이 사라져 규율을 유지할 수 있으므로 합리적 이유없이 애완동물클럽과 차별한 것이 아니라고 반박했다.

어느 쪽의 주장이 정당할까? 관리규약에 따라 새와 물고기 이외의 다른 동물은 무조건 키울 수 없는 것일까? 아니면 이러한 관리규약을 무효로 볼 수 있을까? 일단은 같은 공동주택에서 생활하는 입주자들끼리 절차에 따라 스스로 정한 규정이므로 당연히 유효하다고 볼 수 있다. 하지만 A씨의 주장대로 동물 사육의 전면적인 금지(혹은 과잉 금지)를 정하는 규정은 헌법상 행복추구권을 침해하므로 무효로 볼 여지도 있다.

최근 국내에서도 한 연예인이 자신의 SNS를 통해 이웃 아파트의 '가축 사육 금지 안내' 공고문을 찍어 게시하며 불쾌함을 드러낸 일이 있다.[064] 그 공고문은 아파트 관리규약을 근거로 이웃 세대의 동의 없이는 애완견 등 가축을 사육할 수 없다는 내용을 담고 있었다. 이처럼 '동물을 키울 수 없다'는 아파트 관리규약을 정하고 반려동물을 키우지 못하게 할 경우 그러한 관리규약은 과연 유효할까?

일본 법원은 아파트 관리조합의 사육 금지 청구가 정당하다며 관리조합 측의 손을 들어주었다. 즉 동물 사육을 금지하는 관리규약에 문제가 없다고 판단했다. 애완동물 사육 자체의 정당성이나 헌법적 가치보다 관리규약에 의한 자치(自治)를 존중했다. 입주자들끼리 스스로 정한 관리규약이 지나치게 불합리하지 않은 이상 법원이 굳이 개입하여 부정할 이유가 없다고 보았다.

법원은 먼저 동물 사육이 다른 주민에게 유형, 무형의 영향을 미칠 우려가 있다는 점을 들었다. 반려동물을 키우는 주민이 필요한 조치를 충분히 할 수도 있지만 책임감 부족한 주민이 애완동물을 사육할 가능성도 있기 때문에 입주자의 자주적인 관리에만 맡기는 것에 한계가 있다고 보았다. 따라서 작은 새와 물고기를 제외한 다른 모든 동물의 사육을 금지하는 것이 불합리하다고 볼 수 없다고 했다.

또한 구체적이고 현실적인 피해가 발생한 경우에 한해서만 규제하기로 한다면 불쾌감 등 무형의 피해를 충분히 방지하기 쉽지 않다는 점도 사육 금지 규정의 합리성을 인정하는 근거로 삼았다. 동물을 키우는 것 자체가 누군가에게는 피해가 될 수 있다는 의미이다. 그래서 법원은 아파트 관리규약이 유효하다는 취지로 판시하면서 원고의 청구를 인용했다.[065]

일본에서는 이후에도 비슷한 소송이 자주 있었고, 대부분 위와 유사한 결론이 나왔다. 한 사건에서는 아파트 관리규약에 "다른 구분소유자에게 폐를 끼치거나 위험을 야기하는 동물(개, 고양이, 원숭이 등)의 사육을 금지한다"고 규정되어 있었다. 이 사건에서 관리사무소는 개를 키우는 보호자를 상대로 관리규약에 근거하여 아파트 내에서의 개 사육 금지를 요구하며 손해배상을 청구했다.

반려견 보호자인 피고는 위 관리규약 조항은 개와 고양이의 사육을 전면 금지하는 것으로 볼 수 없고, 해를 끼치는지 여부를 개별적으로 판단하여 결정해야 한다고 반박했다. 만약 그렇지 않고 개와 고양이의 사육을 전면 금지하는 것으로 해석한다면 이는 부당하다고 주장했다.

그러나 법원은 위 관리규약이 맹견 같은 위험한 개만 키우지 못하게 하는 것으로 해석해야 한다는 피고의 주장을 인정하지 않았다. 법원은 특정 개나 고양이가 다른 구분소유자에게 폐를 끼치거나 위해를 가하는지 여부를 개별적으로, 구체적으로 판단하기가 어렵다고 하면서, 어떤 개든 해당 아파트 내에서의 사육이 허용되어서는 안 된다고 보았다. 법원은 "모든 개는 사람에게 직접적인 위해를 가하는 무는 행위는 물론이고 짖는 소리, 악취, 털날림 등으로 다른 주민(이를테면 동물 알레르기가 있는 사람)이 불쾌감을 느끼게 할 수 있으므로, 상기 세칙과 같은 규정을 마련하는 것에 충분한 합리성이 있다"고 판시했다. 즉 개와 고양이의 사육을 전면 금지하는 해당 조항이 타당하다고 판단했다.[066]

비슷한 쟁점을 두고 다툰 다른 사건에서도 법원은 동물 사육을 전면 금지하는 관리규약이 합리적이라고 판단하면서 존중했다. 법원은 "아파트 같은 집합주택에서는 거주자에 의한 동물 사육으로 종종 주민 간에 심각한 문제가 발생한다. 따라서 다른 거주자에게 폐가 되지 않도록 동물을 사육하기 위해서는 방음 설비, 방취 설비를 갖추고 사육 방법에 대한 상세한 규칙을 마련할 필요가 있다. 그러므로 공동주택에서 관리규약에 의거해 전면적으로 동물 사육을 금지하는 것은 나름 합리성이 있는 것으로, 애완동물 사육 금지를 규정한 본건 사용 규칙의 제정에 있어서 절차상의 하자가 인정되지 않는 이상 원고의 애완동물 사육 금지 청구가 권리 남용에 해당한다고까지 할 수 없다"고 판단했다.

나아가 해당 법원은 "피고들에게 반려동물은 가족의 일원이고 정신적으로 의지되어 반려동물과 헤어지는 것을 생각하기 어렵다는 점이 인정된다. 공동주택에서도 반려동물 사육이 방식에 따라 충분히 가능하다는 점, 반려동물 사육을 용인하는 공동주택이 드물지 않다는 점도 인정된다. 그러나 이러한 사정이 있다고 하더라도 정기총회에서 반려동물 사육 금지 안건이 다수결로 가결된 이상, 결의의 효력을 부정하면서까지 반려동물 사육을 용인할 수는 없다"고 하여, 반려동물의 특수성을 인정하면서도 원고(아파트 관리사무소)의 사육 금지 청구를 인용했다.[067]

이와 같이 일본의 판결들은 개와 고양이의 사육을 전면 금지하는 관리규약을 대부분 유효하다고 판단하고 있다. 가족의 일원이라는 반려동물의 의미를 인정하면서도 다수의 주민이 자율로 정한 관리규약의 효력을 임의로 부정하거나 한정하여 해석하지 않는다. 일본 역시 고령화와 핵가족화로 반려동물을 키우는 인구가 많은데, 동물 사육을 일체 금지하는 관리규약에 문제가 없다는 취지의 판결들이 나오자 많은 반려인들이 주목했다. 일본의 학회 자료를 살펴보면 위 판결들을 다룬 논문이 많고, 그중에는 비판적인 의견도 있다.[068]

우리나라에서는 아직 동물 사육을 일률적으로 금지하는 관리규약 조항이 문제가 된 적이 없는 듯한데, 만약 문제가 될 경우 일본과 비슷한 결론이 나올 것으로 예상된다. 법원은 입주자들이 적법한 절차에 따라 만든 관리규약의 효력을 무효화하는 판단을 내리기가 쉽지 않다. 법적인 유효성 판단과 별개로, 반려인이 1300만 명이 넘는 시대에 일률적이고 전면적인 반려동물 사육 금지 관리규약은 적절치 않아 보인다. 반려동물로 인한 이웃과의 갈등을 관리규약으로 예방하고자 한다면, 반려동물 사육을 무조건 금지하기보다 반려동물 소유주의 책임, 의무, 사육 방법을 더 구체적이고 엄격하게 정해야 할 것이다.

관리규약을 무시하고
반려동물을 키우면 어떻게 될까?

앞서 본 사건들에서 계속 등장한 '관리규약'은 입주자들이 정하는 일종의 자치규약을 말한다. 표준안(관리규약 준칙)을 따르는 대부분의 공동주택은 반려동물에 대한 규약을 정하고 있으므로 이를 살펴볼 필요가 있다.

참고로 자치규약이라 하더라도 거주자는 당연히 이를 준수할 의무가 있다. 위반할 경우의 제재도 자율적으로 정할 수 있는데, 대개는 시정 권고나 소액 범칙금 부과 정도이다. 하지만 이마저도 강제할 방법이 없어 다툼 끝에 소송으로 가는 경우가 많다.

만약 이웃이 관리규약을 무시하고 반려동물을 키우면 어떻게 대응할 수 있을까? 예컨대, 관리규약에서 반려동물을 사육하려면 인접 세대 입주민의 동의를 구하라고 하는데 동의를 구하지 않고 키우거나, 맹견은 키우지 못하게 되어 있는데 무시하고 키우는 경우에 어떻게 해야 할까?

이런 경우 관리 주체가 해당 입주자를 상대로 위반 금지 청구를 할 수 있다. 앞의 일본의 사례들과 같다. 주의할 점은 '관리 주체'만 해당 입주자를 상대로 위반 금지 청구를 할 수 있다는 점이다. 아파트의 경우 입주자대표회의로부터 관리를 위탁받은 주택 관리업체나 관리사무소장이 관리 주체라고 할 수 있다. 앞에서 본 국내의 리트리버 사육 금지 청구 사건[069]에서도 입주자 개인이 다른 이웃을 상대로 직접 사육 금지 청구를 하여, 법원은 신청인이 사육 금지를 구할 청구권을 가지지 않는다고 판단했다.

관리규약을 위반하고 동물을 사육한 입주민에 대하여 관리 주체가 계약 해지 및 명도 청구를 하여 법원에서 인용된 사례도 있다.[070]

SH공사가 소유하고 관리하는 임대아파트에 김씨가 입주하게 되었는데, 김씨는 종전부터 기르던 애완견(도베르만 핀셔라는 종인데 경찰견이나 군용견 등으로 이용되며 몸길이가 60~70센티미터 정도이다)을 데리고 들어와 살았다. 그러자 이웃들이 SH공사를 상대로 '개가 짖어 시끄럽고 위협을 느낀다'는 민원을 넣었고, 입주 후 한 달여 만에 SH공사는 김씨에게 "가축을 사육함으로써 공동생활에 피해를 주는 경우 임대차 계약 해지와 퇴거 조치를 할 수 있다"는 관리규약 조항을 근거로 임대차 계약 해지 및 건물 명도를 청구했다.

재판부는 "가축을 사육하는 행위 일반에 대한 관리 주체의 동의 없이 가축을 사육하여 공동 주거 생활에 피해를 미치는 경우, 계약을 해지할 수 있다고 풀이함이 상당하다. 이와 같은 관리규약이 제정되어 있는 공동주택의 경우에는 주민 과반수와 관리 주체의 동의를 받지 못하면 애완견 등 동물을 사육할 수 없고, 이에 불응하면 임차인인 경우에 퇴거 조치까지 감수해야 할 수 있다"고 하며 SH공사의 청구를 인용하였다.

12장

반려동물을 안고
기차나 버스를 타도 될까?

반려견과 함께 기차를 탔다가 10배의 운임을 낸 사건

2022년 8월 한 온라인 커뮤니티에 "오늘 KTX에서 옆자리에 강아지 태웠다가 부정 승차권 사용으로 벌금을 40만 원 넘게 냈습니다"라는 제목의 글이 올라왔다. 내용은 이렇다.

글 작성자는 처음으로 자신의 반려견과 함께 기차를 탈 일이 생겼다. 코레일 공지사항을 아무리 들여다봐도 반려견이나 동물 관련 공지가 없어 작성자는 유아 좌석표를 추가 구매한 후 탑승했다. 기차가 출발하고 나서 얼마 후 승무원이 오더니 가만히 내려다보며 서 있기에 작성자는 "유아 승차권으로 추가 구매했다"고 말했고, 승무원은 알았다고 하고 갔다.

그런데 조금 뒤 승무원이 다시 오더니, 본인도 잘 몰라서 본사와 통화해 봤는데 반려견을 태울 때에는 성인 가격으로 표를 끊어야 하고, 유아 승차권을 끊은 것은 부정한 방법으로 승차권을 사용한 것이라고 설명했다. 그러면서 작성자에게 "성인 승차권 가격의 10배인 40만 원을 지금 지불해야 한다"고 했다.

작성자는 "직원조차 몰랐던 규정을, 공지사항에 나와 있지도 않은 내용을 승객이 어떻게 아냐"고 하면서, "나쁜 마음을 먹고 부정 승차권을 사용했다면 할 말이 없겠지만 공지사항에 없는 규정을 어겼다고 벌금을 낸 게 너무 억울하다"고 호소했다. 그러면서 이러한 상황에서 벌금을 모두 내는 게 맞는지 사람들에게 물었다(작성자는 '벌금'이라고 했으나 정확히는 벌금이 아니고 '부가운임'이므로 이하에서는 '부가운임'이라고 바꾸어 표현한다).

작성자가 나름대로 판단하여 유아 승차권을 구매한 것을 보면 처음부터 무임승차 의도를 가지고 있었던 것 같지는 않다. 반려견을 사람으로 치면 유아 정도로 생각할 수도 있다. 또 공지사항을 아무리 뒤져봐도 반려동물 운임에 관한 구체적인 내용이 없었다면 많이 억울할 수 있다. 즉 작성자가 쓴 글의 내용이 모두 사실이라면 작성자의 억울함에 충분히 공감이 간다. 이 글을 두고 누리꾼들 사이에서도 누가 잘못한 것인지 의견이 분분했다. "승무원이 융통성이 없다"는 의견부터 "작성자가 마음대로 판단하고 부정승차를 한 것이 잘못이다"라는 의견까지 여러 댓글이 이어졌다. 그렇다면 이러한 상황에서 작성자가 부가운임을 내는 것이 맞을까?

이를 판단하기 위해서는 먼저 작성자의 글이 사실인지 확인하는 것이 중요하다. 과연 코레일 공지사항을 아무리 찾아봐도 동물에 관한 공지가 없었을까? 정말 직원인 승무원도 몰랐던 규정이었을까?

코레일 공지사항에 동물 운임에 관한 규정이 없었다는 말부터 확인해보자. 위 글의 작성자가 승차권을 구매한 시점의 코레일 공지나 규정을 지금 확인하기는 어렵지만, 현재 기준에서는 작성자의 말이 사실이 아니다. 탑승 주의사항을 보면, "반려동물 동반 좌석이 필요한 경우에는 정상운임을 내고 좌석을 지정받아 이용할 수 있습니다"라고 명시되어 있다. 여기서 정상운임이란 당연히 성인 요금을 의미한다. 코레일 홈페이지에서 "부가운임 징수 기준 및 열차 이용 에티켓" 페이지를 보면, "부가운임 징수 기준"으로 "할인승차권 등을 할인 대상이 아닌 사람이 사용하는 등 부정 사용하는 경우"를 정하고 있다(기준운임의 10배라고 명시하고 있다). 그 예로 "반려동물을 동반 유아 승차권으로 이용하는 경우"를 구체적으로 들고 있다. 정확히 작성자에 해당하는 경우이다.

따라서 반려동물 운임에 관한 규정이 없다는 작성자의 글은 사실과 다르다. 코레일 규정상 반려견을 좌석에 앉히려면 성인 요금을 내야 한다. 추측컨대 당시에도 반려동물에 관한 운임 규정이 있었는데 작성자가 실수로 발견하지 못한 듯하다(당시 언론 기사를 찾아보더라도 반려동물 운임에 관한 위 규정들을 설명하고 있어서 그때에도 현재와 동일한 규정이 있었던 것으로 보인다).

또 나중에 언론을 통해 밝혀진 바에 따르면 '직원조차 몰랐던 규정'이라는 말도 사실이 아니다. 해당 승무원은 작성자로부터 "유아 승차권으로 추가 구매를 했다"는 말을 듣고 나서 일단 나머지 승객들의 검표부터 마쳤고, 이후 작성자의 부정승차 사실에 대해 팀장과 상의를 했다. 그러고 나서 팀장과 해당 승무원은 작성자에게 다시 찾아가 부정승차와 부가운임에 대해 안내했다. 검표를 하면서 대화를 나눈 시점부터 부가운임 안내까지 15분 정도밖에 걸리지 않았다. 한 시간이 걸렸다는 것은 아마 작성자가 부가운임에 대해 항의하여 승무원이 본사에 다시 확인하는 과정에서 그 정도의 시간이 추가로 소요된 것으로 보인다.

이와 같이 KTX 이용 규정에서 반려동물도 정상운임을 내야 한다고 분명히 정하고 있으므로, 논란의 여지 없이 작성자가 부가운임을 내는 것이 맞다. 물론 작성자 입장에서는 공지사항을 보지 못했다면 억울할 수 있다. 분명 애매한 부분이고 작성자가 잘 알지 못한 것뿐인데 40만 원이라는 고액의 부가운임을 내라는 것은 충분히 과하게 느껴질 수 있다. 특히 구체적인 사정에 대한 고려없이 일률적으로 기준운임의 10배를 부과하는 현재의 시스템은 조금 부당한 면도 있다. 규정을 개선하든가, 아니면 승객들에게 반려동물 동반 이용에 대해 더 적극적으로 알릴 필요가 있어 보인다.

참고로, 위 사례에서는 보호자가 반려동물 차표를 따로 구매하였는데, 반려동물을 옆 좌석에 두지 않고 무릎 위나 발밑에 두는 방법도 있다. 당연히 후자의 경우에는 별도 요금을 낼 필요가 없다. 단, 운반 케이지나 전용 가방이 옆 좌석을 침범하지 않아야 한다(반려동물 차표를 따로 사서 반려동물을 옆 좌석에 두는 경우든, 차표를 사지 않고 반려동물을 발밑에 두는 경우든 운반 케이지에 넣어야 하는 것은 똑같다).

반려동물과 함께 기차를 타는 시기는 대부분 여행이나 휴가,

혹은 명절일 것이다. 오랜만에 떠나는 기분 좋은 여행일 텐데 목적지까지 불쾌한 일 없이 가려면 관련 규정과 에티켓을 미리 알아두는 것이 좋다.

반려견을 안고 승차한 손님이 버스 기사를 폭행한 사건

반려동물을 데리고 대중교통을 이용하는 것은 쉬운 일이 아니다. 동물이 함께 탑승하는 것을 싫어하는 사람들이 많기 때문이다. 그로 인해 폭행 사건이 종종 일어나기도 한다.

2012년 8월 어느 날, 김씨는 자신이 키우던 반려견을 안고 시내버스에 승차하려 했다. 그런데 버스 기사 이씨가 김씨에게 "개는 탑승이 안 된다"고 하면서 버스 문을 급하게 닫으려 했다. 김씨는 문틈에 몸이 끼이면서도 억지로 올라가 버스에 탔고, 버스 요금을 결제한 후 빈 좌석에 가서 앉았다. 버스 기사 이씨는 김씨가 앉은 좌석으로 쫓아가, 개를 데리고 버스에 탈 수 없으니 버스에서 내리라고 김씨에게 심하게 다그쳤다. 결국 김씨는 자리에서 일어나 버스 기사에게 환불을 요구하면서 문쪽으로 갔다.

그 과정에서 견주 김씨는 불만 어린 말투로 욕설을 중얼거렸고, 이를 들은 버스 기사 이씨는 더욱 격분하여 김씨에게 심한 욕설을 퍼부었다. 서로 심한 욕설을 주고받으며 말싸움을 하다가 분위기는 더욱 격해졌고, 약간의 신체 접촉도 발생했다. 참고로 운행 중인 운전자에 대한 폭행은 '특정범죄 가중처벌 등에 관한 법률(특가법)'의 적용을 받아 더 엄중하게 처벌되는데, 김씨는 이 법을 위반한 혐의로 기소되었다.

그런데 특가법의 운전자 폭행죄는 자동차가 '운행 중인 때'에만 성립한다. 따라서 이 사건에서는 폭행 당시 버스가 운행 중이었는지 여부도 쟁점이 되었다. 법원은 폭행 당시 버스가 운행 중이었다고 볼 수 없으므로 김씨에게 특가법 위반죄(운전자 폭행죄)는 물을 수 없다고 판단했다. 폭행 당시에는 버스가 정차 중이었다. 이후 버스가 움직이기는 했으나 버스 기사 이씨가 특가법에 관해 잘 알고 일부러 김씨의 혐의를 무겁게 하기 위해 출발시킨 것이었다. 법원에서는 실제 운행 의사가 없었던 것으로 판단했다.

버스가 운행 중이 아니면 단순폭행죄만 성립한다. 이 사건에서는 김씨와 버스 기사 이씨가 합의하여 이씨가 처벌불원서를 제출했기 때문에 공소 기각 판결이 내려졌다. 단순폭행죄는 반의사불벌죄(피해자가 처벌을 원치 않으면 그 의사에 반하여 처벌할 수 없는 범죄)이므로 이씨가 처벌을 원하지 않는다고 의사 표시를 하여 법원이 공소 기각을 선고했다. 공소 기각이란 형식적 요건의 흠결이 있어 실체적 심리 없이 바로 소송을 종결시키는 것을 말한다. 무죄와는 조금 다른 개념이지만 피고인이 처벌받지 않고 끝나는 것은 똑같다. 즉 단순폭행으로 합의하여 잘 마무리된 셈이다.

그런데 이 사건에서 위의 결론보다 주목할 점이 있다. 운전자 폭행죄나 반의사불벌죄 같은 개념을 설명하려는 것이 아니다. 이러한 갈등의 배경이 된 문제, 즉 반려동물의 대중교통 동반 이용에 대해 말하려고 한다. 운전자가 반려동물을 동반한 승객의 승차를 거부할 수 있는지, 견주는 반려견과 함께 대중교통을 이용할 권리가 있는지, 그런 권리가 있다면 견주는 어떤 조치를 취해야 하는지 등을 알아볼 필요가 있다.

관련 법령을 차례로 살펴보자. 먼저, 버스와 택시 등에 적용되는 여객자동차운수사업법 시행규칙을 보면, 운수종사자의 준수사항으로 "여객이 다음 행위를 할 때에는 안전 운행과 다른 여객의 편의를 위하여 이를 제지하고 필요한 사항을 안내해야 한다"고 규정한 후, 그 행위 중 하나로 "다른 여객에게 위해를 끼치거나 불쾌감을 줄 우려가 있는 동물(장애인 보조견 및 전용 운반 상자에 넣은 애완동물은 제외한다)을 자동차 안으로 데리고 들어오는 행위"를 정하고 있다.[072]

여기에 따르면, '장애인 보조견'과 '전용 운반 상자에 넣은 애완동물'은 제외하도록 하고 있으므로, 반려동물을 전용 운반 상자에 넣으면 버스나 택시에 함께 탈 수 있음을 알 수 있다. 만약 전용 운반 상자에 넣었는데도 버스 기사나 택시 기사가 탑승을 거부한다면 이는 부당한 승차 거부이다.

그렇다고 전용 운반 상자에 넣지 않은 동물은 모두 탑승이 제지되어야 할까? 예컨대, 반려동물이 작은 몰티즈(말티즈)라고 하면, 이 동물이 과연 "위해를 끼치거나 불쾌감을 줄 우려"가 있는 동물일까? 견주 입장에서는 조금 의아할 수 있다. 하지만 다른 승객들 중에는 분명히 개를 싫어하는 이가 있을 수 있으므로 일단은 '불쾌감을 줄 우려'가 있다고 보아 전용 운반 상자에 넣어 탑승해야 할 것이다.

서울을 기준으로 하면 '서울특별시 시내버스 운송사업약관', '서울특별시 택시 운송사업 운송약관', '서울시 조례'도 살펴볼 필요가 있다(다른 지자체도 이와 유사하다).

먼저 '서울특별시 시내버스 운송사업약관'은 "사업용 자동차를 이용하는 여객은 다음 각 호의 물품들을 차내에 가지고 들어가서는 아니 된다"[073]고 밝힌 후 물품 목록에 '동물[074](장애인 보조견 및 전용 운반 상자에 넣은 애완동물은 제외한다)'을 규정하고 있다. 이어 위 물품을 가지고 타려는 자에게 운송을 거절할 수 있다[075]고 하여, 여객자동차운수사업법 규정과 거의 유사한 수준으로 반려동물의 탑승을 제한하고 있다('고속버스 운송약관'도 동일하게 규정하고 있다).

'서울특별시 택시 운송사업 운송약관'도 "시체 및 동물(사업자 또는 다른 여객에게 위해를 끼치거나 불쾌감을 줄 우려가 있는 동물. 다만, 운반 상자에 넣은 반려동물 및 공인 기관에서 인증한 맹인 인도견은 제외)의 운송을 요구하는 경우"[076]에 운송을 거절할 수 있다고 하여, 위 버스 약관과 거의 비슷하게 탑승 제한 규정을 두고 있다.

'서울특별시 시내버스 재정 지원 및 안전 운행 기준에 관한 조례'는 "시내버스 사업자는 다음 각 호의 어느 하나에 해당하여 여객의 안전을 위해하거나 여객에게 피해를 줄 것으로 판단하는 경우 그 운송을 거부할 수 있으며, 이미 승차한 경우 하차하도록 할 수 있다"고 규정한 후 "시내버스 내의 위생, 방역에 영향을 줄 우려가 있는 경우"와 "그 밖의 공중 또는 여객에게 위해를 끼치는 행위 등"[077]을 정하고 있다. 따라서 반려동물을 동반하는 탑승 행위는 위 사유에 해당하여 승차를 거부할 수 있을 것으로 보인다. 하지만 엄밀히 따지자면, 반려동물 동반 탑승이 위생이나 방역에 영향을 미칠 우려가 있다고 보기에 다소 애매하고, 여객에게 위해를 끼친다고 보기도 어렵다. 따라서 위 조례보다는 여객자동차운수사업법과 각 운송약관에 따라 동물 탑승 제한 여부와 기준을 판단하는 것이 더 정확하다.

그렇다면 여기서 여객자동차운수사업법과 시내버스 운송사업 약관을 기준으로 위 폭행 사건을 다시 살펴보자. 위 규정들에 따르면, 견주가 반려견을 전용 운반 상자인 이동장에 넣지 않고 품에 안고 탑승하려고 할 때 버스 기사는 탑승을 거절할 수 있다. 따라서 버스 기사가 탑승을 거절한 행위 자체는 규정상 별다른 잘못이 없는 듯하다. 버스 기사가 다소 불친절하고 신경질적으로 대응하였거나, 혹은 견주가 버스 기사의 말을 무시하고 고집을 부려 큰 갈등으로 발전했을 것으로 추측된다.

한편, 지하철에서는 승차를 거부하는 운전기사가 없으므로 위와 같은 갈등 사건을 찾아볼 수 없지만, 다른 승객과의 갈등은 충분히 발생할 수 있으므로 역시 주의할 필요가 있다. '도시철도법령'과 '서울교통공사 여객운송약관'을 살펴보면 버스나 택시와 마찬가지로 반려동물 탑승 제한에 대해 비슷하게 규정하고 있다.

'서울교통공사 여객운송약관'은 휴대금지품으로 '동물'을 규정하고 있다.[078] 다만 "소수량의 조류, 소충류 및 크기가 작은 애완동물로서 전용 이동장 등에 넣어 보이지 않게 하고, 불쾌한 냄새가 발생하지 않도록 한 경우와 장애인의 보조를 위하여 장애인 보조견 표지를 부착한 장애인 보조견은 제외합니다"라고 하여, 역시 이동장에 넣은 반려동물과 장애인 보조견은 탑승이 가능하도록 정하고 있다. 지하철은 '보이지 않게 하고', '불쾌한 냄새가 발생하지 않도록 한 경우'라고 하여 조금 더 구체적으로 정하고 있는데, 오히려 그 의미가 더 모호하다는 지적도 있다. 예컨대, 이동장의 일부가 망사로 되어 있어 안이 보이거나 뚜껑이 투명한 경우, 누군가에게는 불쾌하게 느껴지는 개샴푸 냄새가 나는 경우 등이 문제가 될 수 있다.

아무튼 반려동물을 키우다 보면 대중교통을 이용하여 함께 이동해야 할 일이 생기므로 정확한 이용 규정을 알아둘 필요가 있다. 반려인은 누구나 반려동물과 함께 대중교통을 이용하여 이동할 권리가 있으며, 그것은 미안할 일도, 비난받을 일도 아니다. 문제는 공동의 약속을 지키지 않을 때 생긴다. 말 그대로 '대중'교통을 이용하는 것이기 때문에 반드시 타인을 배려해야 한다. 서로 간의 약속인 탑승 규정을 숙지하고 반드시 지켜야 한다. 반려인부터 약속과 에티켓을 잘 지켜야 반려인을 위한 정책 개선을 요구하고 부당한 조치에 맞설 수 있다.

덩치 큰 개는
대중교통을 이용할 수 없다?

버스나 택시, 지하철의 수화물 관련 규정을 보면, 모두 휴대 가능한 수화물의 크기에 제한이 있다. 여객자동차운수사업법 시행규칙은 "노선 여객자동차운송사업자가 운송할 수 있는 소화물은 부피가 4만 세제곱센티미터 미만이거나 총중량이 20킬로그램 미만이어야 한다"고 규정하고 있고, 서울교통공사 여객운송약관은 "여객은 제34조 제1항에 정한 것 이외의 물품으로서 길이, 너비, 높이 각 변의 합이 158센티미터 이상인 물품과 중량이 32킬로그램을 초과하는 물품은 휴대하고 승차할 수 없습니다"라고 규정하고 있다.

반려견을 넣는 운반 케이지나 전용 가방도 수화물로 취급되므로 크기나 중량에 제한을 받는다. 결론적으로 일정한 크기나 중량 이하인 반려동물만 케이지에 넣어 함께 이동할 수 있다. 중형견 이상의 반려견을 키우는 사람들은 사실상 자신의 반려견과 함께 대중교통을 이용하기가 어렵다.

중·대형견이 대중교통을 이용하지 못한다는 사실은 많은

사람들이 모를 수 있다. 대부분의 대형견 견주는 남에게 피해를 줄까 봐, 또는 공중도덕을 생각하여 스스로 대중교통을 잘 이용하지 않는다. 그런데 이처럼 규정상으로도 탑승이 제한될 수 있다. 중·대형견 견주들은 자신의 차량이 없으면 반려견과 멀리 갈 수조차 없다. 이는 충분히 문제가 될 소지가 있다.

참고로 독일에서는 반려견을 동반하여 대중교통을 이용하면 개에게 별도 요금이 부과된다. 개의 대중교통 요금은 어린이와 동일하며, 케이지에 넣지 않고 줄만 묶은 채 같이 탑승하면 된다. 즉 반려견과 함께 버스나 지하철을 이용할 경우 보호자는 본인의 교통비와 반려견의 교통비를 같이 지불하여 차표를 구입해야 한다. 만약 반려견을 무임승차시킬 경우 견주는 몇 배에 해당하는 벌금을 내야 한다.[081]

우리나라의 관련 규정들을 살펴보면, 반려동물은 '수화물'로 취급되고 그에 따라 일정한 제한을 받는다. 반면 독일에서는 반려동물이 '수화물'이 아니라 '승객'이다. 따라서 독일에서는 대형견도 얼마든지 대중교통을 이용할 수 있다.

우리나라도 장기적으로는 독일과 유사한 방식을 도입해야 할 것이다. 다만, '장기적'이라는 전제를 한 이유는 일반 국민과 견주의 인식 변화가 선행되어야 하기 때문이다. 독일을 비롯한 유럽과 미국 등지에서는 반려견에게 철저하고 엄격한 교육을 시킨다. 공공장소에 있는 반려견을 보면 대부분 바닥에 얌전히 앉아 있고 짖는 경우도 드물다. 하지만 우리나라에는 자신의 반려견이 예의에 어긋난 행동을 하더라도 엄하게 통제하는 견주가 많지 않으며, 심지어 무책임하게 방임하는 이들도 있다. 반려견 교육에 대한 관심이 높아지긴 했지만, 일부 자격 없는 견주 때문에 반려인에 대한 부정적인 시선도 적지 않다. 반려동물에 대한 세대간의 인식 차이도 크다. 따라서 견주들이 펫티켓(petiquette)을 잘 지키고 비반려인을 포함한 일반 대중의 인식이 긍정적으로 변화해야 '장기적으로' 독일과 같은 문화가 자리잡힐 수 있을 것이다.

13장

음식점에서 반려견 출입을
허락하면 위법일까?

반려견의 출입을 허용한 카페 사장이 시정명령을 받은 사건

한 인터넷 커뮤니티에서 식당이나 카페에 손님의 반려견 입장을 허락할 수 있는지, 그러한 행위가 법에 반하는지에 관한 논쟁이 있었다.

최씨는 서울시 은평구에서 카페를 운영하고 있었다. 그는 우리나라에 반려인은 많은데 반려견과 함께 갈 곳이 많지 않다는 것을 잘 알고 있었다. 그래서 자신의 카페에는 고객이 반려견을 동반하고 들어와 취식을 하더라도 괜찮다며 이를 허락했다. 일부러 반려견을 데려오라고 하거나 반려견 전용 카페를 운영한 것은 아니다. 그저 평소 직장생활 등으로 여유가 없는 손님들이 조금이라도 더 오래 반려견과 함께 지내기를 바라는 마음에서 이런 결정을 했다.

그런데 얼마 후 최씨는 은평구청으로부터 시정명령을 받았다. '일반음식점'으로 분류된 카페의 취식 공간에 반려동물이 함께 머물도록 해 식품위생법을 위반했기 때문이다.[082]

식당이나 빵집, 카페의 주인들은 반려동물의 출입을 거의 허용하지 않는다. 개를 싫어하는 사람들이 있고 위생이 우려되기 때문이다. 대부분의 견주도 이를 잘 알기 때문에 식당이나 카페에 갈 때 반려견을 아예 데리고 가지 않으며, 데려가더라도 밖에 있도록 한다. 갈등을 일으키기 싫어서 혹은 그것이 예의라고 생각하기 때문이다.

그런데 법적으로도 음식점 내 반려견 출입을 허용해서는 안 되는 것일까? 최씨와 같이 업주가 자신의 식당이나 카페에 반려견 동반 입장을 허용하면 그 자체가 법을 위반하는 것일까?

최씨에게 내려진 시정명령의 근거가 된 식품위생법령을 살펴보자. 식품위생법령은 업종별 시설 기준을 정하고 있는데, 개중에는 '식품접객업' 시설 기준도 있다.[083] 식당, 카페, 패스트푸드점, 빵집 등이 모두 식품접객업에 해당한다. 법령에서는 영업장, 조리장, 급수 시설, 화장실이 각각 어떤 기준을 지켜야 하는지, 개별 세부 업종마다 어떤 장치는 꼭 설치해야 하고 어떤 장치는 설치해서는 안 되는지 정하고 있다.

그런데 영업장 시설 기준 중 하나로 "동물보호법 제2조 제1호에 따른 동물의 출입, 전시 또는 사육이 수반되는 영업을 하려는 경우에는 영업 허가를 받거나 영업 신고를 한 업종 외의 용도로 사용되는 시설과 분리, 구획 또는 구분되어야 한다"고 규정되어 있다. 일반음식점을 기준으로 보면 "음식을 만들고 먹는 영업 공간"은 "동물의 출입, 전시, 사육이 수반되는 영업 공간"과 분리, 구분되어야 한다.

여기서 "동물의 출입, 전시 또는 사육이 수반되는 영업"이 무엇을 의미하는지가 문제가 된다. 인터넷에서 설왕설래했던 논쟁은 결국 위 문구에 대한 해석의 문제이다. 애견 카페처럼 상시로 동물 관련 영업을 하는 경우에 사람이 음식을 먹는 공간과 동물의 공간을 분리해야 한다는 것일까? 아니면 최씨같이 단순히 손님이 동반한 반려동물의 출입을 허락하더라도 이를 분리해야 한다는 것일까?

법 문언만 보면 전자의 의미로 해석하는 것이 타당해 보인다. 단지 손님의 편의를 위해 잠시 반려동물의 출입을 허락하는 것을 두고 "동물의 출입, 전시 또는 사육이 수반되는 영업"이라고 보기는 어렵기 때문이다.

그런데 2017년 4월경 누군가가 서울시에 다음과 같은 질의를 했다. 식품위생법령이 말하는 "동물의 출입, 전시 등에 관한 영업"의 범위를 물어보는 내용이었다.

"식품위생법령에서 정하는 '동물의 출입, 전시 또는 사육이 수반되는 영업'이 동물병원, 동물약국, 애견 호텔과 같이 수의사법과 동물보호법 등에 따른 영업 허가·등록·신고가 필요한 업종을 의미하나요?"

"단순히 손님이 동반한 동물의 출입 및 영업장 내 이동을 허용하거나 고객 서비스 차원에서 전시, 사육 또는 일시적인 반려동물

보호 행위를 하는 경우에도 상기 규정을 적용해야 하나요?"

이에 서울시는 식품의약품안전처에 질의했고, 식품의약품안전처는 회신서를 통해 아래와 같이 답변했다.

"식품위생법령에서 정하는 '동물의 출입, 전시 또는 사육이 수반되는 영업'이라 함은 타 법령에 따른 영업 허가·등록·신고가 필요한 업종만을 의미하는 것이 아니라, 동물의 출입, 전시 또는 사육을 허용하는 모든 경우에 적용하여야 할 것임(동물 출입으로 인한 위생상의 위해 방지). 따라서 식품접객업의 영업장은 동물의 출입, 전시 또는 사육과 관련된 모든 시설과 분리하여야 할 것으로 판단됨."

간단하게 정리하면, 손님이 동반하는 동물의 출입을 허용하는 경우에도 동물은 취식 공간과 분리돼야 한다는 취지다. 따라서 위 유권해석에 따르면, 업주가 재량으로 손님에게 반려견 동반 입장을 허락하는 경우에도 동물이 있는 공간을 따로 분리하지 않으면 식품위생법 위반에 해당한다.

그런데 이러한 해석에는 다소 문제가 있다. 물론 위 식품위생법 조항의 "동물의 출입, 전시 또는 사육이 수반되는 영업"이라는 것이 동물보호법에서 정하는 '동물전시업'이나 '동물생산업', '동물미용업' 등의 의미와 일치하는 것인지에 대해서는 다툼이 있을 수 있다. 식품위생법에서 말하는 것이 더 넓은 개념일 수 있다. 하지만 위 식품위생법 조항의 적용을 받으려면 적어도 영업의 수단이나 목적으로 동물의 출입이 있어야 하지 않을까?

예를 들어, 카페 사장이 반려견을 두 마리 키우고 있는데 그 반려견들이 귀여워 손님들이 자주 방문해 함께 사진을 찍고, SNS 등에서도 반려견들이 유명해 손님이 많이 찾아온다고 하자. 이러한 경우에는 동물보호법상 동물전시업으로 등록할 필요가 없기 때문에(동물전시업은 반려동물을 보여주거나 접촉하게 할 목적으로 영업자 소유의 동물을 '5마리 이상' 전시하는 영업을 의미한다)[085] 일반 카페로만 등록해도 된다. 하지만 '동물의 출입, 전시 또는 사육이 수반되는 영업'이라고 볼 수 있으므로 반려견들을 일반 취식 시설과 분리해야 한다는 규정이 적용될 수 있다.

만약 앞서 본 최씨의 사례처럼 영업자가 동물을 소유하지 않고, 동물이 영업장에 상시 출입한다고 볼 수 없고, 동물의 출입이나 전시 등이 영업의 수단이 아니라면, 위 법령을 적용하여 엄격한 분리를 요구하는 것은 부적절해 보인다. 반려견 동반 출입이 허용되는 카페 혹은 식당이라고 알려져서 많은 반려인이 찾는 장소가 되었다면 해석이 조금 다를 수 있겠지만, 현재는 그냥 일회적·일시적 출입 허용만으로도 원칙적으로 단속의 대상이 된다고 하니 위법 규정을 지나치게 확대 해석하여 적용하고 있는 것은 아닌지 의구심이 든다.

위 식품위생법 조항을 위반하면 '3년 이하의 징역 또는 3천만 원 이하의 벌금'이 부과될 수 있으며, 시정명령 이후에는 영업 정지 처분이 내려질 수 있다. 꽤 무거운 처분이 예정된 법령이다. 따라서 지금보다 더 명확한 기준에 따라 규제해야 할 필요가 있다.

다만, 현행 식품위생법 규정을 해석하고 적용하는 것에 문제가 있다는 의미이지, 분리되지 않은 공간에 반려동물을 동반하는 것을 업주가 무제한적으로 허용해도 된다는 뜻은 아니다. 개를 싫어하는 사람들도 편안하게 식사할 권리가 있고 이들의 권리 역시 존중되어야 한다. 또한 개를 싫어하지 않더라도 위생 등의 문제로 실내 취식 공간에 개가 들어오는 것을 반기지 않는 사람도 많다.

위 식품의약품안전처의 해석과 같이 동물의 출입으로 인한 식품위생상의 위해를 방지할 필요도 분명히 있다. 따라서 동물의 음식점 출입에 법적 제한을 두어야 할 수 있다. 다만, 혼란과 갈등을 줄이자면 법이 좀 더 현실적으로 정교하게 개정되어야 할 것이다.

우리보다 선진적인 반려동물 문화를 가졌다고 하는 미국의 대부분의 주에서도 반려동물의 음식점 내 출입을 금지한다. 털날림과 배설물 같은 위생 문제, 혹은 다른 손님에게 짖거나 위협을 가하는 안전 문제가 발생할 수 있기 때문이다.

요컨대, 업주가 자신의 카페에 반려견 동반 출입을 일시적으로 허락한다고 해서 이를 '동물의 출입, 전시 또는 사육이 수반되는 영업'으로 해석하고 규제하는 것은 적절치 않다. 비상시적인 동물 출입의 경우와 동물을 영업 수단으로 하는 경우 간에 분명한 차이를 두어야 한다. 만약 비상시적 동물 출입조차 위생상의 이유로 제한해야 한다면 더 구체적이고 명확하게 규정해서 그러한 경우도 출입 금지(분리)에 해당한다고 명시해야 할 것이다.

모호한 법 규정은 단순히 호의를 베푸는 자영업자들을 범법자로 만들 수 있고, 나아가 반려인과 비반려인 간의 갈등을 키울 수 있다. 반려인과 비반려인이 조화롭게 살아가기 위해서는 더 명료하고 예측 가능한 규정이 필요하다.

애견 카페에서 반려견과 함께
밥을 먹을 수 있을까?

앞에서 본 것처럼, 현행법상 식당이나 카페에 갈 때 반려동물을 동반하기가 쉽지 않다. 그런데 다행히 애견 카페, 고양이 카페 같은 동물 카페가 있다. 식당이나 커피숍과 달리 그런 곳에는 개나 고양이가 상주하고 있어서 자신의 반려동물과 함께 갈 수 있고, 아니면 그냥 그곳에 있는 개, 고양이와 함께 시간을 보낼 수도 있다.

그런 곳들의 영업은 동물보호법령에서 정한 '동물전시업'에 해당한다.[086] 반려동물을 보여주거나 접촉하게 할 목적으로 영업자 소유의 동물을 5마리 이상 전시하는 영업을 말한다. 동물전시업은 동물보호법 시행규칙에 따라 관할 시장, 군수, 구청장에게 등록해야 하고, 영업자는 일정 시간 교육도 받아야 한다. 출입구에 소독 장비를 갖추어야 하고, 개의 경우 운동 공간, 고양이의 경우 배변 시설과 은신처 등 동물의 생리적 특성을 고려한 시설도 두어야 한다. 단순한 카페가 아니라 동물보호법에서 규정하는 하나의 특수한 영업 형태이다.

애견 카페는 논란의 여지 없이 식품위생법령에서 규정하는 '동물의 출입, 전시 또는 사육이 수반되는 영업'이다. 따라서 음식 제조 및 취식 공간과 동물의 공간은 분리되어야 한다.

그런데 애견 카페에서 반려동물을 별도의 공간에 따로 두고 견주들이 다른 곳에서 식사하는 것은 비현실적이라는 지적이 많다. 견주가 반려견과 동반하여 입장했는데 식사를 위해 반려견끼리만 다른 공간에 모아둔다면 사고가 발생할 가능성이 높고 책임 소재도 불분명해진다. 무엇보다 애견 카페는 반려동물과 함께 먹고 자는 견주들(혹은 개를 좋아하는 사람들)이 이용하는 곳인데, 그들을 위생상의 이유로 반려견과 분리시키는 것은 근본적으로 수긍하기 어렵다는 지적도 있다.

전라북도 김제에 위치한 한 애견 카페에서는 식품위생법의 기준을 지키기 위해 본관과 별관을 분리해 운영하고 있다. 본관은 일반음식점으로 허가를 받았고 별관은 허가를 받지 않아 휴게 공간으로 등록되어 있다. 별관은 엄밀히 말해 음식점이 아니다. 본관에서는 음식료의 제조와 판매, 식사가 가능하지만 반려견의 출입은 금지한다. 음식을 판매하지 않는 별관에서는 손님이 반려견과 함께 시간을 보낼 수 있다. 그래서 반려견과 함께 식사를 하려면 본관에서 포장된 음식을 받아 '음식점이 아닌' 별관으로 가져가서 먹어야 한다. 이 애견 카페의 사장은 현 제도상 부득이하게 이러한 방식을 도입했다.

하지만 이렇게 공간을 완벽히 분리하는 방법은 매우 이례적이고, 도시에 위치한 작은 애견 카페에서는 이러한 방법을 이용하기가 어렵다. 행정 기관에서 단속을 나오면 공간 분리 칸막이를 설치하라는 명령을 하는데, 앞에서 말한 바와 같은 동물들 간 사고 위험이 있고 고객들도 불만을 제기해 명령을 따르기가 쉽지 않다. 이처럼 현행법상 애견 카페에서도 반려동물과 함께 식사하기는 어렵다.

　따라서 시대에 맞게 제도를 정비하여 식품 위생과 국민 건강 보호라는 목적을 달성하면서, 반려동물을 키우는 사람의 현실적인 요구나 불편함도 해소할 수 있어야 할 것이다.

14장

장애인 보조견의 출입을
막아도 될까?

대형 마트의 예비 안내견 출입 거부 사건

2020년 11월 어느 자원봉사자가 시각장애인 예비 안내견을 데리고 서울에 있는 대형 마트를 찾았다. 이 안내견은 아직 정식 시각장애인 보조견으로 활동한 것은 아니고, '퍼피 워킹(puppy walking)'이라고 하여 비장애인 훈련자에게 배우는 사회화 과정에 있었다. 퍼피 워킹은 생후 7주~1년 사이의 어린 강아지가 안내견으로 활동을 하기 전에 일반 가정(자원봉사자)에 위탁되어 훈련받는 프로그램을 말한다. 과거에 MBC 예능 프로그램 「무한도전」에 출연한 가수 정재형 씨를 통해 많이 알려졌다.

아무튼 자원봉사자가 예비 안내견과 함께 마트가 있는 건물에 들어갈 때에는 아무런 제지를 받지 않았다. 그런데 건물 내 식품관에 들어가려고 하니 마트 직원이 '장애인도 아니면서 개를 데려오면 어떻게 하냐'고 큰소리를 내면서 이들의 출입을 막았다. 이 직원은 아마 퍼피 워킹이라는 훈련 과정을 전혀 몰랐던 것으로 보인다. 예비 안내견은 "안내견 공부 중입니다"라고 쓰여 있는 옷을 입고 있었지만, 마트 직원은 견주가 시각장애인이 아니니 일반 반려견을 데리고 들어온다고 생각하여 막은 듯하다.

이 사건은 목격자가 현장을 촬영해 인터넷 커뮤니티를 비롯한 SNS에 공유하면서 널리 알려졌다. 목격자는 고함에 놀란 예비 안내견이 바닥에 실수한 장면, 예비 안내견이 꼬리를 내리고 시무룩하게 앉아 있는 장면이 담긴 사진들을 게시했고, 이를 본 많은 사람들이 분노했다. 마트 측의 대응을 강력하게 비난했고, 해당 마트에 대한 불매운동으로까지 번질 분위기였다. 방송 뉴스와 신문 기사로도 많이 다루어져 논란이 커졌다.

이목이 집중된 대형 마트는 곧 잘못을 인정하고 사과문을 올리며 사태 수습에 나섰다. 하지만 마트 측에서 게시한 사과문 중 일부 문구에 문제가 있었고, 당사자에 대한 사과가 없다는 비판도 있었다. 특히 잘못한 행위에 대한 구체적 적시 없이 "견주님의 입장을 배려하지 못한 점을 인정하며 사과한다"는 표현을 사용하여 큰 아쉬움을 남겼다. 그래도 마트 측이 잘못을 신속하게 인정하고 전 지점에 "안내견은 어디든지 갈 수 있다"는 안내문을 게시하며 문제 해결을 위해 노력한 점은 긍정적인 평가를 받았다. 또한 이 사건 이후에 안내견과 반려동물에 친화적인 환경을 만들고자 하는 등 해당 기업의 긍정적인 변화도 있었다.

위 사건 직후 해당 직원과 기업을 향해 비판이 쏟아졌지만 사실 이것은 단순히 해당 직원의 업무 관련 지식 미비 혹은 기업의 잘못된 직원 관리 때문이라기보다 장애인 보조견에 대한 인식 부족이 근본 원인이다. 어쩌다 위의 마트가 크게 이슈가 되었을 뿐, 안내견을 동반하는 장애인이나 퍼피 워커(puppy walker, 예비 안내견 훈련자)가 출입을 제지당하는 일은 빈번하게 일어난다.

이것은 유독 우리나라만의 문제일까? 그렇지 않다. 영국이나 미국에서도 안내견이 출입을 거부당하는 일이 종종 발생한다. 국내외 할 것 없이 안내견에 대한 정상인의 이해가 부족한 탓이다. 안내견은 장애인의 눈과 귀와 발이라는 생각이 아직 널리 받아들여지지 못했다.

다만 차이가 있다면 서구 선진국들은 안내견 출입을 제한할 경우 처벌 수위가 높다. 영국에서는 안내견 탑승을 거부한 택시 기사에게 벌금을 부과하고 택시 면허를 박탈한 사례도 있다.[088] 2020년 3월, 울버햄튼에서 택시를 운행하던 샤말 후세인 마지드라는 남성이 안내견과 함께 택시를 타려는 시각장애인 여성을 만났다. 처음에는 탑승 자체를 거부하다가 나중에는 안내견을 트렁크에 태우고 청소비 10파운드를 추가로 받는 조건으로 승차를 허용하겠다고 했다. 승객은 당연히 이러한 제안에 이의를 제기했다. 그러자 마지드는 개 알레르기가 있다며 탑승을 아예 거부하고 시각장애인 승객을 길가에 내버려둔 채 가버렸다. 승객은 마지드를 시의회에 신고했고 시의회는 마지드의 택시 면허를 취소했다.

영국 법률상 택시와 미니캡 운전사는 건강상 이유가 아니면 안내견 탑승을 거부해서는 안 된다. 마지드는 자신에게 개 알레르기가 있어 안내견을 태울 수 없었다고 항변했다. 하지만 영국에서는 택시 기사가 개 알레르기가 있어 안내견 탑승을 거부해야 한다면 미리 의료기관의 검사를 거쳐 발급 받은 면제증명서를 상시 소지해야 한다. 하지만 마지드는 면제증명서를 소지하지 않은 채 개 알레르기를 이유로 탑승을 거부했기 때문에 처벌을 피할 수 없었다.

다시 위의 마트 사건으로 돌아가보자. 인터넷에 올라온 목격담만 보면, 마트 직원이 예비 안내견을 보자마자 다짜고짜 언성을 높인 것으로 여겨진다. 하지만 목격자가 알지 못하는 전후 사정이 있을 수 있으므로 이 부분에 대한 판단은 차치하고 안내견 출입을 막은 행위만 따져보자. 만약 해당 직원이 다짜고짜 소리를 지르며 출입을 막은 것이 아니라 '정중하게' '합리적인' 이유를 들어 마트 출입을 거부했다면 문제가 되지 않았을까?

최근에 한 시각장애인 유튜버가 안내견을 데리고 국내 유명 프랜차이즈 식당에 갔는데, 그곳에서 "식당 공간이 협소하고, 개 알레르기가 있는 분이 있을 수 있다"는 이유로 점장의 판단 아래 장애인 보조견의 출입을 거부당한 사건이 있었다. 그곳에서는 앞의 대형 마트 사례처럼 소리를 지르며 쫓아내지 않고 나름 합리적 이유를 설명하며 출입을 거부했다. 이렇게 정중히 거절하면 문제가 없을까?

그렇지 않다. 마트나 식당은 장애인 보조견의 출입을 거부할 수 없다. 퍼피 워킹 중인 예비 안내견도 마찬가지다. 이것은 법적 의무이다.

장애인복지법은 "누구든지 보조견 표지를 붙인 장애인 보조견을 동반한 장애인이 대중교통 수단을 이용하거나 공공장소, 숙박 시설 및 식품접객업소 등 여러 사람이 다니거나 모이는 곳에 출입하려는 때에는 정당한 사유 없이 거부하여서는 아니 된다. 지정된 전문 훈련 기관에 종사하는 장애인 보조견 훈련자 또는 장애인 보조견 훈련 관련 자원봉사자가 보조견 표지를 붙인 장애인 보조견을 동반한 경우에도 또한 같다"[089]고 규정하고 있고, 같은 법에서 "이를 위반할 경우 300만 원 이하의 과태료를 부과한다"[090]고 밝히고 있다.

법은 장애인 보조견의 출입을 거부할 수 없다고 정하고 있으며, 예비 안내견도 마찬가지다. 즉 출입을 어떻게 막는지에 따라 다른 것이 아니라 출입을 막는 행위 자체가 법에 어긋난다. 위 대형 마트 사건에서는 마트 직원이 명백히 잘못했다고 할 수 있다. 해당 마트는 결국 장애인복지법 위반으로 과태료 200만 원을 납부했다.

위 사건을 계기로 장애인 보조견 관련 환경이 개선되어 안내견과 퍼피 워킹에 대한 인식이 높아졌다. 안내견 출입은 거부할 수 없고 이를 거부할 경우 과태료를 낼 수 있다는 사실도 널리 전파되어 안내견 출입 거부가 조금 줄어들었다고 한다.

한편, 마트 측의 사과 이후 인터넷 커뮤니티에서는 또 다른 논란이 점화되기도 했다. 누군가가 "개 알레르기가 있는 사람도 있기 때문에 마트 측의 안내견 출입 금지가 불공정하다고 할 수만은 없다"는 취지의 글을 올렸다. 댓글에서도 "개 알레르기가 있는 사람은 어떻게 하냐"고 반박하거나, "(마트 사장의 입장에서는) 내 가게인데 내 마음대로 손님을 못 받냐"고 항변했다. 이 말도 틀리지 않다. 이것은 결코 당연하거나 간단한 문제가 아니다. 안내견 출입을 제한할지 말지 결정하는 것은 사업주의 '영업의 자유'로 볼 여지도 분명히 있기 때문이다.

헌법은 "모든 국민은 직업 선택의 자유를 가진다"[091]고 하여 직업의 자유를 정하고 있다. 헌법재판소는 이는 직업 선택의 자유뿐 아니라 영업의 자유까지 포괄하는 것으로 보고 있다. 즉 업주는 국가의 방해나 간섭 없이 자유롭게 상업 활동을 영위할 권리를 헌법에 의해 보장받고 있다. 이는 자유 시장경제 원리의 근간이라고 할 수 있다. 따라서 식당이나 마트의 업주가 자신의 영업상 필요에 의해 동물의 출입을 제한하는 것은 영업의 자유에 해당한다고 볼 수 있다.

다만, 헌법에는 "국민의 모든 자유와 권리는 국가안전보장·질서 유지 또는 공공복리를 위하여 필요한 경우에 한하여 법률로써 제한할 수 있다"[092]는 조항도 있다. 즉 영업의 자유를 무제한으로 인정하는 것이 아니라 공공복리를 위해 법으로 일부 제한할 수도 있다. 이를테면 장애인복지법은 예비 안내견을 비롯한 장애인 보조견의 출입을 정당한 사유 없이 거부할 수 없도록 정하여, 영업의 자유를 일부 제한하고 있다.

영업주 입장에서는 장애인복지법 때문에 자신의 영업 행위에 제한을 받는다고 생각할 수 있다. 하지만 그것이 영업의 본질적인 부분까지 중대하게 침해한다고 보기는 어렵다. 장애인에게는 안내견과 동행할 권리가 생존권의 문제이다. 장애인의 생활 안정과 사회 활동 참여 증진 등, 일부 영업 제한으로 얻을 수 있는 공익이 훨씬 크다. 그래서 아무리 영업주에게 영업의 자유가 있다고 하더라도 안내견의 출입을 거부할 수 없도록 정하고 있다.

장애인복지법에서 안내견 출입을 '정당한 사유 없이' 거부할 수 없다고 하고 있으므로, 알레르기 환자가 있을지 모른다거나 식당이 좁아 다른 손님이 싫어한다면 안내견 출입을 거부할 정당한 사유가 있는 게 아니냐고 생각할 수 있다. 그러나 그것들은 정당한 사유로 보기 어렵다.

정당한 사유라는 것은 꽤 주관적이거나 모호하게 여겨질 수 있어서, 이를테면 영업주의 자의적 판단이 개입될 여지가 있다. 그래서 2020년에 이 '정당한 사유'를 명확히 하기 위해 장애인복지법 개정안(시각장애인인 김예지 의원이 발의한 법안으로 김의원의 안내견 조이의 이름을 따 '조이법'으로도 알려졌다)이 발의되기도 했으나 아직 통과되지 못했다. 참고로 미국 장애인법[093]에서는 장애인 보조견의 출입을 거부할 정당한 사유로, 통제 불가능한 보조견에 대해 견주가 통제 노력을 하지 않는 경우, 보조견이 해당 장소에서 배변을 한 경우 등을 구체적으로 명시하고 있다.[094]

위에서 언급했듯이 아직 우리나라에서는 장애인 보조견의 출입을 거부할 수 있는 정당한 사유를 구체적으로 정하고 있지 않다. 추측컨대, 우리나라에서 정당한 사유가 인정되려면, 미국 장애인법의 규정처럼 장애인 보조견이 통제 불가능한 수준으로 소란을 피우거나 손님 중에 실제로 개 알레르기가 심한 사람이 있어서 보조견의 입장을 잠시 보류해 달라고 요청하는 상황이어야 할 것이다. 혹은 앞의 영국 택시 기사의 사례와 같이 식당의 업주가 개 알레르기가 있다는 진단서를 가지고 있다면 이 역시 정당한 사유로 인정될 수 있을 것이다.

세상에는 개를 싫어하는 사람들이 있고 그들도 존중받아야 한다. 개를 좋아하라고 강요할 수는 없다. 안내견, 즉 장애인 보조견이라고 해서 실수(돌발 행동)하지 않는다는 보장도 없다. 하지만 장애인 보조견은 장애인의 눈과 귀와 발이고, 장애인 보조견을 거부하는 것은 장애인을 거부하는 것과 같다. 따라서 장애인 보조견이 아니라 사람을 보고 이해해야 한다. 현재 국내에 활동하고 있는 안내견의 수가 그리 많은 것도 아니다(환경운동연합에 따르면 2020년 현재 국내에서 활동하는 장애인 보조견의 개체수는 100여 마리에 불과하다). 아주 약간의 배려와 이해만 있으면 되는 일이다.

안내견 출입 거부는
장애인 차별일까?

장애인이 동반한 안내견의 출입을 제한하는 것은 동물 호불호의 문제가 아니다. 국가인권위원회의 결정에 따르면, 시각장애인이 동반한 장애인 보조견의 식당 내 출입을 거부한 음식점주의 행위는 장애인 차별 행위에 해당한다.[095]

2019년 3월 안내견 2마리를 동반한 시각장애인 4명이 음식점을 방문하여 안내견과 함께 식사할 수 있는지 물었다. 그런데 음식점주는 신발을 벗고 들어오는 음식점 내부에 개가 들어오면 다른 손님들이 싫어한다는 이유로 안내견은 옥상에 두고 사람들만 2층에서 식사할 수 있다고 했다.

그러자 시각장애인 일행 중 한 명이 음식점의 조치에 대해 국가인권위원회에 진정을 제기했다. 국가인권위원회는 "보조견이 식당에 입장하면 다른 손님에게 피해를 주어 영업에 지장이 생길 수 있다는 막연한 편견에 입각한 음식점주의 시각장애인 보조견 동반 입장 거부 행위에 정당한 사유가 있다고 보기는 어렵다"고 하면서, 이는 "장애인차별금지법을 위반한 장애[096]

인 차별 행위에 해당한다"고 판단했다.

이에 따라 국가인권위원회는 해당 지자체장으로 하여금 음식점주에게 과태료 부과 절차를 진행할 것과 식품접객업소를 대상으로 정기 교육을 실시할 것을 권고했다(국가인권위원회의 결정은 권고에 불과하여 판결과 같은 효력은 없으나 권고를 받은 기관의 장은 국가인권위원회법에 따라 해당 권고를 존중해야 하며, 조치 결과를 국가인권위원회에 통지해야 한다).

이 사건의 시각장애인들은 안내견 출입을 거부한 음식점주를 상대로 민사상 손해배상까지 청구한 것으로 보이지는 않는다. 그런데 위 거부 행위가 장애인 차별에 해당한다고 판단된 이상, 정당한 사유 없는 안내견 출입 거부에 대해 민사상 손해배상 청구도 가능할 것으로 보인다.

15장

캣맘에게 손해배상을
청구할 수 있을까?

2008년 일본 도쿄에서 캣맘 관련 소송이 있었다(최근에는 '캣맘 cat mom'이라는 말의 부정적 이미지 때문에 '케어테이커caretaker'라는 단어를 사용하기도 하지만 쉬운 이해를 위해 더 대중적 표현인 '캣맘'으로 통일한다. 남성을 일컫는 캣대디, 캣파 등도 사용하지 않고 '캣맘'으로 통칭한다). 도쿄도 미타카 (三鷹)시의 정원 딸린 고급 타운하우스에 전직 유명 쇼기(일본식 장기) 기사인 가토 히후미 씨가 살고 있었다. 그는 길고양이들에게 사료를 주며 보살폈는데, 그로 인해 타운하우스 이웃 주민들과 큰 갈등이 생겨 소송까지 빚게 되었다.

가토 씨는 1993년부터 집 없는 고양이들에게 밥을 주며 돌봐왔다. 그러던 중 2002년경 자신의 집 정원(마당)에서 길고양이 한 마리가 여섯 마리의 새끼 고양이를 출산했다. 그는 고양이들이 얼어 죽지 않도록 구조물을 설치해 주는 등 고양이들을 더욱 정성껏 보살폈다. 처음에는 새끼 고양이들과 어미 고양이를 돌보려 한 것이었는데 나중에는 인근의 길고양이들까지 모두 이 집 정원에 모여들어 그 수가 무려 스무 마리에 달했다. 가토 씨가 길고양이들에게 밥을 주며 보살피던 공간은 자신의 집 안 정원이었고, 그곳은 가토 씨의 전유부분에 해당하는 곳이었다. 공원이나 단지 내 도로 같은 이웃과의 공용부분이 아니라 가토 씨의 사적 공간이었다.

그런데 길고양이들이 모여들고 번식하면서 이웃들이 영향을 받지 않을 수 없었다. 이웃들은 가토 씨에게 "먹이를 주니까 길고양이들이 몰려들고, 배설물로 악취가 심하고, 정원 식재나 물건이 파손되기도 하는 등 피해가 발생한다"고 하며 항의했다. 이웃들은 가토 씨에게 길고양이들한테 먹이 주는 것을 중단해 달라고 요청했다. 가토 씨는 그렇게 하겠다고 답변했으나 약속을 지키지 않았다. 그러자 타운하우스 주민 총회에서 가토 씨에게 길고양이 먹이 제공 중단을 요구하고 이를 지키지 않으면 이사해야 한다는 시정 권고까지 송부하였다. 하지만 가토 씨는 계속 길고양이들에게 먹이를 주었다.

이에 타운하우스 주민 18명은 가토 씨를 상대로 길고양이 먹이 주기 금지 및 손해배상을 청구하였다. 이웃 주민들은 가토 씨의 행위가 '건물의 구분소유 등에 관한 법률'에서 금지하는 공동이익에 반하는 행위에 해당한다고 주장하면서 해당 법률을 근거로 행위 금지 청구를 했다(우리나라에도 일본의 이 법과 유사한 '집합건물의 소유 및 관리에 관한 법률'이 있고, 공동의 이익에 어긋나는 행위를 금지하는 규정도 동일하게 있다). 또한 동물 사육을 금지하는 타운하우스 규약에도 위반되므로 이에 따른 금지 청구도 제기했다. 아울러 가토 씨가 길고양이들에게 먹이를 주는 것은 이웃 주민들의 인격권을 침해하는 행위로서 정신적 고통을 주는 불법 행위를 구성한다고 하면서 손해배상도 청구하였다.

가토 씨는 이웃들의 이러한 주장에 적극적으로 반박했다. 가토 씨는 자신이 이웃의 피해를 최소화하기 위한 노력을 다했다는 점을 상세히 설명했다. 가토 씨는 하루에도 여러 번 정원을 청소하고, 길고양이들을 다른 사람들에게 입양시키고, 중성화 수술도 실시하는 등 무책임하게 방치하지 않았음을 밝혔다. 또 길고양이들에게 먹이를 준 것은 타운하우스 규약에서 말하는 사육이 아니므로 규약을 위반하지도 않았다고 항변했다. 무엇보다 주민들이 말하는 피해가 수인한도를 넘는 것이 아니거나 과장되었으므로 원고들의 주장을 인정할 수 없다고 했다.

양측 모두 일리 있는 주장이었다. 하지만 재판부는 이웃 주민들의 손을 들어주었다. 2010년 재판부는 가토 씨에게 길고양이들한테 먹이를 주지 말 것을 명하면서 이웃 주민들에게 피해 정도에 따라 각각 36,000엔 내지 30만 엔의 손해배상(위자료)을 지급하도록 했다(전체 18명에 대한 합계 금액은 약 204만 엔, 한화로 약 2000만 원이었다). 재판부는 손해액을 산정하면서, 가토 씨의 행동이 고양이의 생명을 존중하는 동물 애호 정신에 근거하였고, 피고의 노력으로 피해 정도가 조금씩 감소했다는 점을 참작하였다.[097]

그런데 실제 판결문을 보면 사실관계와 판단이 매우 길게 쓰여 있다. 이웃 주민들이 길고양이 때문에 피해가 발생한다며 곧장 가토 씨에게 손해배상을 청구한 간단한 사건이 아니다. 이 소송에 이르기까지 수차례에 걸친 주민 총회, 가토 씨의 고양이 사육에 대한 공공 기관의 확인과 행정 지도, 동물애호상담센터를 통한 사육 금지 요청과 센터의 가토 씨 지도, 이웃 주민들이 가토 씨에게 사육 중지를 요청하며 보낸 서신, 이에 대한 가토 씨의 회신 등 매우 길고 지난한 과정이 있었다. 그리고 피해를 줄이기 위한 가토 씨의 노력이 적절했는지, 일본 동물보호법과 해당 지역 조례 그리고 동물 사육에 대한 일본 환경성의 고시 등을 어떻게 해석하고 적용해야 하는지도 전체적으로 고려되었다. 법원의 판결은 이처럼 수년에 걸쳐 일어난 많은 일과 관련 법령을 종합하여 내린 어렵고 복잡한 판단이었다. 따라서 위 판결의 결론만 보고 캣맘에게 먹이 주기 금지 청구나 손해배상 청구를 하면 이길 수 있겠구나라고 쉽게 생각해서는 안 된다.

가토 씨는 길고양이를 가엾게 여기는 선한 마음에서 먹이 주기를 시작하였을 것이다. 재판 후 인터뷰에서 "고양이가 오래 살아 주길 바라는 마음에서 한 행동인데 이해할 수 없다"고 이야기하기도 했다. 자비로 모든 고양이를 돌봤고 피해를 줄이기 위한 나름의 노력을 기울였다. 분명 이웃 주민들의 민원에 미안함도 있었지만, 자신이 돌보는 고양이를 한번에 내치기가 쉽지 않았을 것이다. 판결문에도 가토 씨가 길고양이들을 입양시키기 위해 노력했으나 잘 이루어지지 않았다고 나와 있다. 그런 점에서 상당한 금액의 위자료와 소송 비용까지 지급하고 해당 지역에서 고양이를 더 이상 돌보지 않는 것으로 결론이 내려진 것은 안타까운 일이다.

비록 처음의 의도는 선하다 할지라도 어떤 행위가 타인에게 큰 피해를 주는 결과를 낳는다면 그 행동에 대해 다시 한 번 돌아봐야 한다. 어떻게 보면 당연한 말인데, 자신이 옳다는 믿음이 강하면 시야가 좁아질 수 있다. 특히 최근에 우리나라에서 배려심이 없거나 이기적인 행동을 하는 일부 캣맘들의 이야기가 널리 공유되어 캣맘이라는 말 자체가 부정적인 뉘앙스를 띠기도 한다. 캣맘 혐오 범죄가 많이 일어날 정도로 캣맘 관련 문제는 단순한 논란을 넘어 사회 문제로 여겨지고 있다.

생명체를 향한 따뜻한 마음이 비난받아서는 안 된다. 동물을 사랑하는 마음에 사비를 털어 길고양이를 돌보는 행위는 비난받을 일이 아니다. 오히려 박수받을 일이다. 다만 타인에게 피해를 주고 있지 않은지, 주변에 대한 배려가 부족한 것은 아닌지 늘 살피고 고민할 필요가 있다.

캣맘의 어떤 행동이
법적으로 문제가 될까?

캣맘으로 인한 갈등의 근본적 이유는 일부 캣맘들이 공동체와의 합의 없이 공동의 공간 또는 타인의 공간에서 무책임하게 행동하는 것에 있다. 그들이 함부로 설치한 급식소 주변에 사는 주민들이 고양이 울음소리, 위생 문제 등으로 피해를 고스란히 입는다.

공공장소나 남의 사유지에 동의나 승낙 없이 길고양이 급식소를 설치하는 것은 법적으로 어떤 문제가 될까? 남의 사유지에 급식소를 설치한다면 이는 당연히 무단점유로 재산권 침해 행위가 될 것이다. 경우에 따라서는 주거침입죄가 성립할 수 있다.[098] 주거침입죄는 남의 집 안에 함부로 들어가는 경우뿐만 아니라 위요지(정원, 마당, 담벼락 등을 말하며, 아파트의 경우 계단과 복도, 출입이 통제되는 주차장 등이 해당할 수 있다)에 침입하는 경우에도 성립한다.

예컨대, 남의 아파트 단지 지하 주차장에 길고양이 급식소를 설치해도 주거침입죄가 성립할 수 있다. 다만, 그런 경우는 많지 않고, 혹시라도 있다면 사유지인지 모르고 설치한 것일 수 있다. 실제로는 아파트 같은 공동주택의 주민이 자신이 거주하는 공동주택의 놀이터나 벤치 같은 공용 공간에 급식소를 설치하는 사례가 많은 듯하다. 이런 경우 역시 다른 입주자들의 동의 없이 급식소를 설치하여 점유하는 것은 문제가 되므로 주의해야 한다.

한편, 남의 사유지나 공공장소에 급식소를 설치하는 것이 법적으로 잘못된 행위라 하더라도 그것을 임의로 철거할 수 있는 것은 아니다. 그것을 임의로 훼손하거나 제거하면 손괴죄가 성립할 수 있다.[099] 또는 급식소 설치자에게 손해배상을 해주어야 할 수도 있다. 옳고 그름의 문제와 실제 집행의 문제는 다른 것이다.

여담이지만, 법을 통한 해결이라는 것이 예상만큼 신속하게 이루어지는 것이 아니어서 애를 먹을 때가 많다. 과거에 한 의뢰인의 토지에 다른 사람이 물건을 적치하고 치우지 않은 사건에 대해 상담해 준 적이 있다. 그 적치 행위는 명백한 무단점유였지만, 물건을 함부로 치워 버릴 수는 없고 법적으로 해결하자니 매우 급한 상황이어서 곤란을 겪었다. 다행히 다른 여유 장소가 있어서 그곳으로 물건을 옮기고 통지하는 방식으로 해결했는데, 이러한 과정이 답답할 수밖에 없다.

급식소를 임의로 철거하게 된 구체적 배경이나 동기 등 사실관계에 따라 죄가 성립하지 않아 손해배상을 할 필요 없이 문제가 원만히 해결될 수도 있다. 하지만 시비가 붙거나 폭행으로 이어질 수 있다는 점까지 고려하면, 자력으로 함부로 처리하는 것은 경계해야 한다. 아파트 같은 곳에서는 입주자대표회의나 관리사무소를 통해 조치를 취하거나 캣맘과 합의하여 위치를 옮기는 방법으로 해결하는 것이 바람직하다. 캣맘 역시 배려하고 양보하여 길고양이 급이(먹이 주기) 행위를 자제하거나 다른 곳에서 해야 할 것이다.

인터넷 커뮤니티에서는 모든 캣맘을 대화가 안 통하고 남의 피해에 아랑곳하지 않는 사람으로 묘사하는 글들이 자주 보인다. 하지만 그것은 극히 일부만의 문제이고 많은 캣맘들은 그렇지 않다.

캣맘 때문에 이미 상당한 고통을 받은 피해 주민들은 캣맘과 대화할 때 격양된 어조로 말해서 싸움이 나거나 불미스러운 사건이 발생하기도 한다. 이런 경우에는 서로 직접 대화를 나누기보다 관리사무소나 입주자대표회의를 통해 의사소통하는 편이 낫다.

16장

캣맘의 급식소를 임의로
철거하면 어떻게 될까?

중랑구 캣맘 폭행 사건과 캣맘의 방화 사건

2021년 6월에 한 남성이 서울시 중랑구의 공원에 있던 길고양이 급식소 시설을 부수고, 그곳에서 길고양이들을 돌보던 캣맘을 폭행한 사건이 있었다.

중랑구 면목동의 주민인 김씨는 평소 자신의 집 인근 녹지대에 설치된 길고양이 급식소에 불만이 많았다. 급식소가 설치된 이후 길고양이가 늘어나면서 울음소리로 인한 소음이 늘고 길고양이들이 차량 같은 재물을 파손해 본인을 비롯한 주민들이 피해를 본다고 생각했다. 김씨는 나중에 경찰 조사에서 "고양이들이 발톱으로 차를 할퀴는 바람에 외제차인 자가용의 수리비가 수백만 원이 나오는 등 피해를 봤다"고 주장했다.

길고양이 급식소가 마음에 들지 않았던 김씨는 구청에 이를 폐쇄해 달라는 민원을 수차례 넣기도 했다. 구청에서는 급식소 시설에 항의하는 민원이 이어지자 폐쇄를 검토했으나 시설을 철거하면 오히려 길고양이 관리가 더 힘들어질 수 있다는 등 여러 의견이 있어 시설을 축소하여 유지하는 것으로 결정했다.

거듭된 민원에도 길고양이 급식소가 계속 운영되자 김씨는 결국 참지 못하고 자신이 직접 급식소를 철거하러 나섰다. 김씨는 생후 2~3주 정도 지난 새끼 고양이 2마리가 있던 고양이 집을 바닥에 던지고, 급식소를 비롯한 쉼터 시설을 모두 부숴버렸다. 이 과정에서 고양이 집에 있던 새끼 고양이의 눈 부위를 다치게 했고, 시설을 관리하던 시민 단체와 충돌을 빚었다. 김씨는 이러한 사실을 알게 된 동물 보호 단체로부터 동물 학대, 재물 손괴, 폭행 등의 혐의로 고발당했다.

김씨는 경찰 조사에서 플라스틱 상자 등 시설 물건들을 집어던진 것은 모두 인정했다. 김씨가 물건을 집어던지며 급식소를 파손하는 장면이 휴대전화로 촬영되어 이미 인터넷에도 퍼졌기 때문에 달리 부인할 수 없었다. 다만 김씨는 상자 안에 고양이가 있는지 몰랐고, 고양이나 사람에게 직접적으로 폭력을 행사한 것은 아니라고 하면서 혐의를 부인했다.

하지만 상자 안에 고양이가 있는지 몰랐다는 주장 자체가 설득력이 없었다. 설령 그것을 몰랐다고 하더라도 고양이 집과 시설을 집어던지고 부수면서 고양이를 다치게 할 의도가 없었다는 김씨의 주장은 받아들여지기 어려웠다. 김씨는 동물보호법 위반과 재물손괴 혐의 모두 유죄로 판단되어 벌금 300만 원을 선고받았다. 그곳에서 급식소 시설을 관리하던 시민 단체 사람들이 김씨가 자신들을 향해서도 물건을 집어던지며 폭행했다고 주장했으나 사람에 대한 폭행은 혐의가 없는 것으로 마무리되었다.

이와 같이 길고양이에 불만을 품은 이웃 주민이 임의로 급식소를 철거하거나 캣맘을 폭행하는 사건은 드물지 않다. 2012년에는 인천에서 50대 남성이 길고양이에게 먹이를 주던 이웃 여성을 일방적으로 폭행하기도 했다. 이른바 '인천 캣맘 폭행 사건'으로 뉴스와 인터넷 커뮤니티를 통해 많이 알려졌다.

이 사건의 가해자 역시 피해자가 길고양이에게 수시로 밥을 줘 주변을 지저분하게 만드는 것에 불만이 있었다. 길고양이에게 밥을 주는 문제로 여러 번 시비가 오가서 감정이 좋지 않은 데다 사건 전날에도 피해자와 말다툼을 벌였다. 그러다가 사건 당일에는 음식물 쓰레기 수거통을 열어두고 피해자가 오기를 기다렸다가 피해자를 때리고 음식물 쓰레기 수거통에 거꾸로 집어넣었다. 이로 인해 피해 여성은 이마, 갈비뼈 등에 전치 4주의 부상을 입었다. 가해 남성은 상해죄로 구속되어 재판을 받았고, 징역 8월에 집행유예 2년을 선고받았다.[100]

이와 정반대인 사건도 있었다. 2016년에는 길고양이에게 밥을 챙겨주던 캣맘 조씨가 자신의 캣맘 활동을 방해하는 상인에게 앙심을 품고 연쇄 방화를 저질렀다.

조씨는 서울시 송파구의 한 아파트 상가 주변에 그릇을 놓아두고 길고양이들의 밥을 챙겨주었다. 그런데 상가 입주 상인인 손씨는 고양이를 싫어했다. 게다가 조씨가 제멋대로 상가 주변에 길고양이 밥그릇을 놓아두어 길고양이들이 상가 근처로 모이는 것이 마음에 들지 않았다. 그래서 손씨는 조씨가 없을 때 몰래 고양이 밥그릇을 치워버리곤 했다.

어느 날 조씨는 자신이 놓아둔 밥그릇을 손씨가 제멋대로 치운다는 사실을 알게 되었다. 그래서 몹시 화가 나 손씨에게 복수하기로 마음먹었다.

며칠 뒤 조씨는 손씨의 화물차로 가서 차량 뒤에 실려 있는 그물망에 담배꽁초로 불을 붙여 손씨의 차량을 전소시켰다. 그로부터 사흘 뒤에는 상가 바깥에 있는 손씨 소유의 창고 지붕에도 담배꽁초를 던져 창고 전체를 태워버렸다. 두 차례에 걸친 조씨의 방화로 손씨는 총 430만 원 상당의 재산상 손해를 입었다.

조씨는 곧 경찰에 잡혔고, 수사 끝에 재판이 진행되었다. 재판부는 조씨에게 일반자동차방화, 일반건조물방화죄로 징역 1년 6월, 집행유예 2년의 판결을 내렸다. 사실 방화죄는 많은 사람들의 생명을 앗아갈 위험이 있기 때문에 매우 큰 죄이다. 형량이 살인죄와 비슷한 수준으로 높고, 피해 정도가 작더라도 엄벌에 처하는 경우가 많다. 초범이어도 집행유예는 극히 드물다. 다만, 이 사건의 경우 조씨가 범행 전부터 양극성정동장애(조울증)로 정신과 치료를 받아왔고 이후 치료를 계속하겠다고 약속한 점을 참작하여 집행유예가 선고되었다.

위 사건들은 언론을 통해 많은 이목을 끌었으며, 이외에도 캣맘과 주민들 사이에 많은 물리적 마찰이 있었다. 경찰에 따르면,

길고양이로 인한 주민들 간 다툼 신고를 받고 출동하는 경우가 적지 않다고 한다. 특히 중랑구 길고양이 급식소 사건은 아파트나 주택 단지 내에서 일어난 것이 아니라 일반 주민의 피해를 줄이기 위한 해결책으로 주거 공간 밖에 설치한 급식소에서 일어났다. 이는 곧 이러한 시설이 캣맘과 주민들의 다툼을 해결하는 실효적 방안이 되지 못한다는 점을 보여주어서 더 안타깝다.

캣맘 관련 폭행 사건 기사에는 일반 폭행 사건과 달리 가해자를 옹호하거나 피해자를 비난하는 댓글이 상당히 많이 달린다. 폭력 행위를 옹호하는 것은 아니지만 길고양이로 인한 피해를 경험한 일부 사람들이 '충분히 그럴 수 있다'는 공감을 표하기도 한다. 당연한 이야기지만, 아무리 캣맘 활동 때문에 피해를 입었다고 하더라도, 혹은 반대로 주민들이 길고양이 밥그릇을 함부로 치웠다고 하더라도, 상대방을 때리거나 사적 복수를 하는 것은 정당화될 수 없다. 길고양이를 학대하는 행위 역시 용인될 수 없다. 길고양이가 마음에 들지 않는다며 길고양이가 다니는 길에 쥐약 섞은 먹이를 두어 고양이들을 죽인 사건도 있었는데, 이는 법적인 문제를 떠나 절대 해서는 안 될 일이다. 길고양이 문제로 갈등이 생긴다면 앞에서 이야기한 것처럼 행정 기관이나 제3자를 통한 대화로 해결하거나, 그것이 어렵다면 법적인 대응을 하는 것이 바람직하다.

어느 정도가
폭행이거나
정당방위일까?

캣맘 관련 주제에서 조금 벗어난 이야기일 수 있겠지만 여기서 폭행죄에 관해 사람들이 궁금해하는 점 몇 가지를 정리해 보려고 한다. 간혹 '어느 정도의 행위가 폭행인지'를 묻는 사람들이 있다. 또는 '상대방이 먼저 나를 때려서 나도 상대방을 때리면 정당방위가 성립하지 않는가'라고 묻기도 한다.

폭행죄에서 폭행이란 사람의 신체에 대한 유형력의 행사를 말한다. 폭행에 해당하는지 여부를 판단하는 것은 그렇게 간단한 문제가 아니다. 예컨대, 몸으로 밀거나 멱살을 잡아도 폭행일까? 욕설을 하면서 때리는 시늉만 해도 폭행일까?

형법 교과서를 보면 이에 관한 많은 판례를 확인할 수 있다. 그만큼 폭행인지 여부가 모호한 경우가 많다는 것을 의미한다. 예를 들어 욕설도 가까이에서 손발을 휘두르며 고성으로 하는 경우에는 폭행으로 보지만, 전화로 고성을 내거나 그 녹음을 듣게 하는 경우에는 폭행으로 보지 않는다.[101] 밀거나 멱살을 잡는 행위도 마찬가지다. 그것이 상대방에게 육체적, 정신적 고통을 주는 유형력의 행사로 보이는 정도라면 폭행이고, 상대방이 잡는 것을 뿌리치거나 싸움을 말리기 위해 잡아당기는 경우에는 폭행죄가 성립하지 않는다. 정리하면, 주먹을 휘두르지 않더라도 화가 나서 상대를 밀거나 강하게 잡는다든지, 혹은 가벼운 물건이라도 집어던진다든지 해서 상대방에게 위협이 되었다면 그것은 폭행에 해당할 수 있다.

그렇다면 상대방이 먼저 때려서 맞받아 때리면 정당방위 또는 정당행위로서 죄가 되지 않는 것일까? 예컨대, 피해 주민이 먼저 때리거나 캣맘이 먼저 때려서 그에 대응해 부득이 때린다면 죄가 안 되지 않을까? 어느 정도 대응해야 정당방위가 될 수 있을까?

대법원은 상대방이 먼저 때리더라도 같이 때리면 '싸움'으로 보고 정당방위로 인정하지 않는다. 대법원은 "싸움은 방어 행위인 동시에 공격 행위의 성격을 가진다"[102]고 하여 정당방위로 보지 않는다. 흔히 말하는 쌍방폭행, 즉 서로가 폭행한 것에 불과하다. 정당방위가 되려면 소극적 방어 행위 수준이어야 한다. 이를테면, 상대가 나를 때려서 그것을 막기 위해 강하게 밀어내는 정도는 허용될 수 있다. 정당행위 역시 그 행동이 사회 상규를 위반하지 않는 경우에 인정되며 일반적인 싸움에서는 인정되기 어렵다(단, 상대방이 나를 선제 공격하여 방어하는 행위 중 일어난 일이고 상대방의 부상이 크지 않다면 싸움의 경위나 상황이 추후 판단에 참작될 수 있다).

요컨대, 상대방을 주먹으로 때리지 않더라도, 혹은 신체적 접촉이 없더라도 폭행죄는 성립할 수 있으며, 설령 상대방이 나를 먼저 때려 싸움이 시작되더라도 내가 몸싸움에 휘말리면 역시 폭행죄가 구성될 수 있다. 사고는 순간적이고 우발적으로 얼마든지 일어날 수 있다. 이런 점을 고려한다면, 길고양이 때문에 갈등이 생길 경우 직접적인 만남보다 제3자를 통한 대화로 해결해야 할 것이다.

일본에서는
길고양이 문제를
어떻게 해결하고 있을까?

우리나라뿐만 아니라 많은 나라에서 길고양이 문제가 일어나고 있다. 앞에서 본 가토 씨의 사례와 같이 이웃 나라 일본 또한 길고양이로 인한 갈등이 많다. 이웃 주민과 캣맘 사이의 폭행 사건, 길고양이 혐오자들의 길고양이 학대 사건 등 요즘 우리가 겪는 길고양이 관련 사회 문제를 일본도 비슷하게 겪고 있다.

사실 일본은 길고양이 문제를 우리나라보다 더 먼저, 더 적극적으로 관리해 왔다. 일본은 2000년대 중반부터 길고양이 관련 대책을 마련하고 시행해 왔다. 예를 들어, 도쿄도 아라카와(荒川)구는 2008년 '아라카와구의 양호한 생활환경 확보에 관한 조례'를 제정하였다.[103] 이 조례에서는 "자신이 소유하지 않거나 점유하지 않는 동물에게 먹이를 줌으로써 불량한 상태가 발생해서는 안 된다"고 규정하여 비둘기나 까마귀, 길고양이같이 소유주 없는 동물에게 먹이 주는 행위를 금지하고 있다.

만약 이를 위반하여 밥그릇을 가져다 놓고 사료를 주는 경우 구청장은 이를 제거하라는 명령을 내릴 수 있고, 명령을 이행하지 않을 경우 행정대집행(강제 철거) 처분을 하거나 5만 엔 이하의 벌금을 부과할 수 있다. 이후 비슷한 내용의 조례가 다른 지역으로 확산되어 일본에는 길고양이에게 함부로 밥을 주지 못하는 지역이 많다.

특히 일본에서는 정부나 지자체의 행정적 대처와 별도로 지역 주민이나 자원봉사자가 주축이 되어 행하는 '지역고양이 활동'이라는 것이 유명하다(과거에는 길고양이를 그냥 노라네코[野良猫, 야생고양이·길고양이]라고 불렀는데, 최근에는 치이키네코[地域猫, 지역고양이]라고 표현한다). 지역고양이 활동은 해당 지역의 지정된 활동가(자원봉사자)들이 지역 내 길고양이를 돌보는 것을 말한다. 사실 캣맘과 비슷한 역할이다 보니 캣맘과 차이가 없다고 보는 부정적 시선이나 지적도 있다.

하지만 지자체가 이를 적극 지원하고 체계적으로 관리한다는 점에서 큰 차이가 있다. 길고양이에게 아무나 사료를 줄 수 없고 완장을 찬 지정된 활동가만 지정된 장소에서 사료를 줄 수 있다. 활동가들이 배설물이나 주변 오염을 정기적으로 청소해서 갈등을 예방하고 길고양이 개체수를 확인하거나 중성화 수술을 실시해 길고양이가 늘어나는 것을 막기 위한 노력도 한다.[104] 그래서 위생이 개선되고 민원이나 분쟁도 많이 줄었다.

우리나라도 도시에서 길고양이가 살아갈 권리를 보장해야 한다면, 일본의 '지역고양이 활동'을 참고할 만하다. 길고양이에게 아무나, 아무데서나 사료를 줄 수 없도록 하고, 길고양이 돌봄을 희망하는 특정인들만 길고양이를 관리할 수 있게 일정한 권한을 주고, 배설물 청소와 개체수 관리 등 상당한 의무도 부여하는 것이다. 그러면 그들은 아무 방해 없이 길고양이들을 돌볼 수 있고, '책임 없는 유희'라는 비난에서 자유로울 수 있을 것이다. 소음이나 위생 문제 같은 갈등의 원인도 사라질 것이다.

17장

야생동물은 누구나 마음대로
키워도 될까?

멸종위기종인지 모르고 사육한 사건

박씨는 승마장을 운영하면서 옆에 작은 동물원도 설치해 운영해 왔다. 어린이들이 승마 체험을 하면서 동물 구경도 할 수 있는 곳이었다.

2017년 7월 박씨의 아내가 지인으로부터 야생동물 3마리를 얻어와 이 동물들도 동물원에서 함께 사육하게 되었다. 박씨나 그의 아내는 야생동물들의 정식 명칭은 잘 몰랐고 겉모습만 찾아본 후 한 마리는'육지거북'으로, 두 마리는 '우파루파'로 표시했다.

얼마 후 김씨는 위 야생동물들이 포함된 시설을 시청에 동물원으로 등록하게 되었다(2017년 동물원수족관법이 시행됨에 따라 기존 동물원도 지자체에 등록해야 했다). 등록 신청을 하자 담당 공무원들이 출장을 나와 동물 현황을 살펴보던 중 야생동물들을 발견했다. 공무원들은 이 동물들이 어떤 종인지 전문 기관에 문의했다. 그 결과 이 동물들은 '육지거북'과 '우파루파'가 아니라 국제적 멸종위기종인 '설카타거북'과 '멕시코도롱뇽'인 것으로 확인되었다.

국제적 멸종위기종을 사육하려면 적정한 사육 시설을 갖추고 관할 기관에 등록해야 한다. 그런데 박씨는 국제적 멸종위기종 사육 시설을 등록하지 않고 위 동물들을 사육했으므로 '야생생물 보호 및 관리에 관한 법률(야생생물법)' 위반으로 재판을 받게 되었다.

박씨는 수사 과정이나 재판 과정에서 이 동물들이 멸종위기종인지 몰랐다며 무죄를 주장했다. 그는 그저 지인으로부터 받은 야생동물들을 자기가 보유한 시설에서 사육했을 뿐인데, 밀렵꾼이나 밀수꾼에게 적용되는 법률로 처벌받는 것이 억울했다.

하지만 멸종위기종을 거래하거나 사육하면 안 된다고 규제하는 법을 몰랐다는 주장은 적절한 변명이 될 수 없다. 이를 '법률의 부지'라고 한다. 자신의 행동이 범죄가 되는 것을 몰랐다고 하더라도 단순히 그것만으로 처벌을 면할 수는 없다.

그런데 범죄가 성립하려면 당사자가 적어도 죄의 성립 요건인 '사실'은 인식하고 있어야 한다. 다시 말해, 자신이 키우는 동물이 멸종위기종인 것을 알면서 '이들을 키우기 위해 일정한 시설과 등록이 필요하다는 것을 몰랐다'고 하는 경우에는 처벌할 수밖에 없지만, '멸종위기종을 사육하고 있다는 사실조차 아예 몰랐다'고 하는 경우에는 처벌하기가 어렵다.

법원은 박씨가 위 야생동물들이 멸종위기종에 해당한다는 인

식을 갖지 않은 것으로 보아 무죄로 판단했다. 위 야생동물들은
온·오프라인에서 멸종위기종이라는 사실이 그다지 많이 알려져
있지 않았고, 박씨도 위 야생동물들이 멸종위기종이 아닌 '육지거
북'과 '우파루파'인 것으로 알고 그렇게 표시했다.

단속 경위 역시 무죄의 이유 중 하나가 되었다. 박씨는 자신이
국제적 멸종위기종을 사육하고 있다는 인식이 전혀 없이 시청에
시설에 관한 등록 신청을 했다. 만약 이 야생동물들이 멸종위기종
이라는 사실을 알았다면 박씨는 이들을 제외하거나 분리한 채 동
물원 신고와 실사를 받아 충분히 처벌을 피할 수 있었을 것이다.
그럼에도 특별한 고민 없이 신고한 것은 아예 멸종위기종에 대한
인식이 없었다는 근거가 되었다. 이러한 이유로 박씨는 무죄 판결
을 받았다.[105]

그렇다고 박씨와 같이 '나는 이 동물이 멸종위기종인지 몰랐
다'고 주장하면 모두 무죄가 되는 것은 아니므로 함부로 속단해서
는 안 된다. 충분히 알 수 있었거나 확인을 게을리한 경우, 애써 진
실을 외면한 경우라면 무죄가 되기 어렵다. 이 법 위반으로 단속되
는 경우 대부분 '나는 멸종위기종인지 몰랐다'고 주장하는데, 사실
인식 자체가 없는지에 관해 매우 엄격하게 판단하기 때문에 그런
주장이 인정되기는 쉽지 않다.

최근 들어 박씨처럼 동물원을 운영하는 경우뿐만 아니라 일반
인도 가정에서 북극여우, 미어캣, 라쿤, 하늘다람쥐 같은 희귀한
야생동물을 기르는 예가 늘고 있다. 인터넷에서 조금만 검색해 봐
도 그런 동물을 키우는 사람들의 글과 이미지를 쉽게 접할 수 있

다. 위 사례처럼 멸종위기종인 야생동물도 많이 거래되고 있어서 마음만 먹으면 누구든 어렵지 않게 구할 수 있다.

그런데 이처럼 야생동물을 집에서 마음대로 키우는 것은 문제가 되지 않을까? 집에서 동물을 키울지 말지, 어떤 동물을 키울지 결정하는 것은 개인의 자유이다. 하지만 야생동물을 반려화하고 사육하는 것까지 단순히 개인의 자유로 보고 무제한 허용해도 될까? 멸종위기종만 아니면 괜찮을까?

'야생'동물을 반려동물로 키우는 것은 야생의 습성을 가진 동물에게 큰 고통이다. 이것은 야생동물의 반려화를 반대하는 가장 큰 이유이다. 나아가 인간과 자연에도 많은 문제가 될 수 있다. 대표적인 문제는 생태계 교란과 인수공통전염병 발생이다. 야생동물은 개나 고양이와 달리 습성과 관리 방법이 그다지 알려져 있지 않아 사육의 어려움 때문에 유기되는 경우가 많으며, 이는 생태계 교란으로 이어질 수 있다. 라쿤은 우리나라 전국에서 생태계 교란을 일으키고 있는 것으로 알려져 경계의 대상이 되었다.[106]

전문가들은 야생동물이 보유한 병원체에 대한 정보가 부족해 예상치 못한 질병이 발생하는 등 공중보건에 위험이 야기될 수 있다고 경고하기도 한다.[107] 어떤 질병을 매개할 수 있는지 파악되지 않은 상태에서 야생동물을 들이는 것은 무방비로 질병을 받아들이는 것과 같다. 특히 코로나19를 계기로 감염병에 대한 경계심이 높아져 이에 대한 우려가 매우 크다.

개인이 야생동물을 집 안에서 키우는 것은 단편적으로 보면 남에게 직접적인 피해를 주지 않으므로 큰 문제가 없다고 생각할 수 있다. 야생동물을 좋은 사육 환경에서 잘 키우고 있다고 생각하는 사람들의 입장에서는 국가가 이를 규제하는 것이 과도한 제한이라고 주장할 수도 있다. 개나 고양이처럼 동물보호법에서 정한 극히 한정된 동물만 키우도록 강요하는 것은 개인의 자유에 대한 침해라는 주장도 충분히 가능하다.

하지만 보편적이고 공익적인 관점에서 보면, 야생동물을 키울 자유를 제한하는 것은 지극히 정당하다. 단순한 호기심으로 또는 남들과 다르게 보이고 싶은 마음에 희귀 야생동물을 키우는 경우가 많고, 이러한 행동에는 반려동물을 장난감이나 인형으로 취급하는 태도가 적잖이 깔려 있다. 물론 야생동물을 진심으로 사랑하고 존중하는 경우도 있겠지만, 설령 그러하더라도 야생동물을 꼭 집에서 키워야 하는 이유나 목적이 무엇인지, 그것을 통해 얻는 이익 내지 만족감이 여러 공익적 이유를 앞서는 정도인지는 재고할 필요가 있다. 개인의 자유만 강조하면서 야생동물을 반려화는 것은 무책임한 행동일 수 있다.

멸종위기종이 아닌 야생동물은
어떻게 보호할까?

야생생물법(야생생물 보호 및 관리에 관한 법률) 제1조는 "야생 생물과 그 서식 환경을 체계적으로 보호·관리함으로써 야생생 물의 멸종을 예방하고, 생물의 다양성을 증진시켜 생태계의 균 형을 유지함과 아울러 사람과 야생생물이 공존하는 건전한 자 연환경을 확보함을 목적으로 한다"고 법의 목적을 규정하고 있다. 그래서 이 법은 야생생물을 함부로 포획하거나 거래, 사 육하는 것을 제한하고 있다.

다만 현재의 야생생물법에는 많은 허점이 있어 수차례 문 제점이 지적된 바 있다. 실제로 그런 허점을 이용하여 부적절 한 영업을 한 사람들도 많았다. 최근에 이러한 문제점을 보완 하여 야생생물법이 개정되었으므로 이를 간략히 소개하려고 한다.

기존의 이 법에서는 야생생물을 '멸종위기 야생생물'과 '멸 종위기 야생생물 외의 야생생물'로 구분했다. '멸종위기 야생 생물'에 대해서는 법령에서 정한 사유로 허가를 받은 경우 이

외에는 포획과 수출입, 보관, 유통을 모두 금지했다. 따라서 '멸
종위기 야생생물'은 일반인이 개인적인 거래나 사육을 해서는
안 됐다. 반면 '멸종위기종이 아닌 야생생물'은 불법 포획이나
무허가 수출입만 금지할 뿐, 정식 수출입한 야생생물의 거래나
사육에 대해 별도로 규제하는 바가 없었다. 즉 멸종위기 야생
생물로 지정되지 않은 수많은 야생생물은 거래를 하거나 키우
는 것이 불법이 아니었으며, 이를 제한하거나 통제할 수도 없
었다.

여기에 더해 멸종위기종이 아닌 일반 야생동물은 개나 고
양이 같은 일반 반려동물보다 오히려 거래가 쉽다는 허점도 있
었다. 개나 고양이 같은 '반려동물'을 판매하기 위해서는 동물
보호법령에 따라 기준에 맞는 시설과 인력을 갖추어야 한다.
동물판매업으로 등록되지 않은 사업자가 무분별하게 반려동
물을 판매하는 것은 불법이다.

반면, 야생동물은 '반려동물'이 아니어서 동물보호법령의
영업 신고 규정 등이 적용되지 않으므로 기준에 맞는 시설을
갖추지 않은 일반인이 마음대로 거래하더라도 문제가 되지 않
았다(동물보호법 제69조는 '반려동물'과 관련된 영업을 하려는 자는 농림
축산식품부령으로 정하는 기준에 맞는 시설과 인력을 갖추어야 한다고 정
하고 있고, 동물보호법 시행규칙 제3조는 반려동물이란 개, 고양이, 토끼,
페럿, 기니피그, 햄스터를 말한다고 밝히고 있다).

사실 앞서 본 박씨의 사건에서도 그가 사육하던 동물이 국
제적 멸종위기종인 '멕시코도롱뇽'과 '설카타거북'이었기 때문

에 문제가 됐다. 만약 멸종위기종이 아닌 일반 야생동물이었다면 (정식 수출입한 동물이었다는 전제하에) 허가나 등록 없이 사육을 하더라도 특별히 문제가 되지 않았을 것이다. 즉 '멸종위기종이 아닌 야생동물'은 동물보호법이 보호하는 반려동물이 아니고 야생생물법이 주로 보호하는 멸종위기종 야생동물도 아니어서 이들의 관리와 보호에는 입법적 공백이 있었다.

그런데 다행히 이러한 문제를 해소하기 위해 최근 야생생물법이 개정되었다. 2025년 12월부터 시행되는 야생생물법에서는 '지정관리 야생동물'이라는 개념이 도입되어 관리 대상에서 제외되었던 '멸종위기종이 아닌 야생동물'도 관리 대상으로 추가되었다. 그에 따라 '지정관리 야생동물'의 양도, 양수, 영업 등에 관한 새로운 규제가 생겼다.

다만 법 개정으로 야생동물 보호가 더 강화될 수 있을지, 야생동물의 무분별한 사육이나 반려화에 제동을 걸 수 있을지는 조금 더 지켜볼 필요가 있다. 법이 존재한다고 해서 모든 게 해결되는 것은 아니기 때문이다. 사실 개정 전 야생생물법에서 강력하게 보호했던 '멸종위기 야생동물'조차 불법 포획이 많이 이루어졌고, 밀반입하여 판매하거나 가정집에서 암암리에 번식해 팔기도 했다. 규제 테두리 안에 가두려고 하면, 즉 허가 조건이 까다롭고 비용이 들게 되면 오히려 불법이 늘어나는 부작용이 있다. 법의 공백이 메워진 후에는 개정된 법령에 따른 적극적인 단속과 관리가 필요하다.

18장

반려견을 잡아먹으면
동물보호법 위반일까?

(이 장의 내용은 '개의 식용 목적의 사육·도살 및 유통 등 종식에 관한 특별법'['개 식용 금지법']이 제정되기 전 상황에 맞춰 작성했다.)

올드 잉글리시 시프도그 '하트' 사건

2016년 9월 전라북도 익산의 작은 마을에서 떠들썩한 일이 발생했다. 마을 노인들이 인근 주민의 반려견을 불에 구워 먹었다는 것이다. 대체 어떤 사건일까?

채씨는 '하트'라는 이름의 10살 된 올드 잉글리시 시프도그(Old English Sheepdog)를 키우는 견주였다. 올드 잉글리시 시프도그는 삽살개처럼 긴 털을 가진 25킬로그램이 넘는 대형견이다. 하트 역시 덩치는 꽤 컸지만 겁이 많고 매우 순했다.

어느 날 채씨는 대청소를 하고 나서 밤늦은 시각에 마당에서 쓰레기를 태우고 있었다. 그런데 갑자기 '펑' 하는 큰 소리가 났다. 태우던 것 중에 조그만 폭발성 물질이 섞여 있었던 모양이다. 그런데 큰 소리에 깜짝 놀란 하트가 집 밖으로 뛰쳐나갔다. 채씨는 곧바로 쫓아갔지만 하트가 너무 빨리 달아나서 따라잡을 수 없었다. 채씨는 겁이 많은 하트가 멀리는 못 갔을 것이니 어디에 숨어 있다가 진정되면 곧 돌아올 것이라 생각했다.

그런데 한참이 지나도 하트가 돌아오지 않았다. 채씨는 걱정이 되어 관할 파출소에 실종(분실) 신고를 하고 찾아나섰다. 실종 전단과 현수막을 만들어 마을 곳곳에 붙였다. 지나가는 사람들을 일일이 붙잡고 하트를 봤는지 물어보았다. 혹시나 하는 마음에 개 잡는 곳, 보신탕집도 모두 가봤다. 이웃 마을들까지 이곳저곳을 차로 돌아다니며 하트를 찾았다. 하지만 하트는 보이지 않았다.

며칠 뒤 채씨는 전단을 돌리며 수소문하던 중 한 할머니로부터 "근처 다리 밑에서 이런 덩치 큰 개가 쓰러져 있는 것을 봤다"는 제보를 받았다. 그곳은 채씨가 거주하는 집에서 약 4킬로미터 정도 떨어진 지점이었다.

채씨는 서둘러 그곳으로 가보았으나 하트는 보이지 않았다. 그곳을 중심으로 채씨는 다시 주변 마을을 방문해 사람들에게 물어보며 하트의 행방을 수소문했다. 그러다가 다른 목격자들을 만나 "하트가 머리 부분에 피를 흘리면서 누워 있었다", "몽둥이와 포대를 든 남자 셋이 하트 주변을 배회했다"는 등의 이야기를 들었다. 하트가 아직 살아 있는 것 같아 안심했으나 몽둥이를 든 남자들이 주변을 배회했다는 말이 마음에 걸려 불안했다. 채씨는 하트를 목격한 버스 기사의 회사 차량 블랙박스 영상을 확보한 다음 경찰에 전달하여 공유했다.

경찰은 블랙박스와 CCTV의 녹화된 영상을 보며 하트를 찾기 시작했다. CCTV를 돌려보던 중 남성 4명이 어느 도로에서 하트를 끌고가는 광경이 포착됐다. 경찰은 이들의 신원을 확인해서 불러다가 조사했으며, "도로에 있던 하트를 1톤 트럭에 실어 마을회관으로 옮겼고, 그곳에서 불에 구워 먹었다"는 진술을 받아냈다. 안타깝게도 하트는 이미 죽었다. 그것도 사람들에게 잡아먹혔으니, 채씨는 엄청난 충격을 받았다.

채씨는 그 남성 4명을 동물보호법 위반과 점유이탈물횡령죄[108]로 고소했다. 채씨와 경찰은 이들이 둔기로 하트를 때려죽인 것으로 보았다. 도로에 있던 하트를 잡아 트럭으로 마을회관까지 옮겼고, 불로 구워서 먹기 전에 하트를 때려 완전히 죽인 것으로 추정했다. 도로에서 하트를 잡기 위해 몽둥이로 때리거나 마을회관에서 하트를 잡아먹기 전에 때리는 학대 행위를 했다고 본 것이다. 이들이 하트가 살아 있을 때부터 주변을 서성거렸다는 목격자의 진술이 있었고, 살아 있는 하트가 마지막으로 목격된 시각과 범행 시각의 차이가 근소했기 때문이다.

동물보호법에서는 "목을 매다는 등의 잔인한 방법으로 죽음에 이르게 하는 행위", "도구·약물 등 물리적·화학적 방법을 사용하여 상해를 입히는 행위", "살아 있는 상태에서 동물의 신체를 손상하는 행위" 등을 모두 학대 행위로 보고 있다.[109] 만약 길거리에 누워 있는 하트를 몽둥이로 때려서 제압한 후 트럭에 실었다면, 또는 마을회관에서 하트를 때려죽인 다음 구워 먹었다면 이는 동물보호법에서 규정하는 동물 학대 행위에 해당한다.

경찰은 이들이 남의 반려견을 가져갔으므로 점유이탈물횡령죄도 적용했다. 우리나라 법에서 반려동물은 물건이고, 집 나간 반려견은 점유이탈물이다. 과거에는 실종된 개가 육견업자나 탕제원에 넘겨지는 경우가 많았는데, 관련자들이 경찰에 신고되더라도 대부분 점유이탈물횡령죄로만 처벌받았다.

그런데 피의자인 남성 4명은 자신들이 하트를 죽이지 않았으며 '이미 죽은 개를 가져다가 먹은 것'에 불과하다고 주장했다.

이들이 변호사의 법률 조언을 받아 이같이 주장한 것인지, 본능적으로 그렇게 주장하면 죄가 가벼워질 거라 느낀 것인지, 아니면 이들의 말이 사실인지, 진실은 이들 외에 아무도 알 수 없었다. 만약 이들의 말이 사실이라면 동물보호법 위반은 성립될 수 없었다. 이미 죽은 상태였으니 잔인한 방법으로 죽음에 이르게 한 것이 아니고, 살아 있는 동물의 신체를 손상한 것도 아니기 때문이다.

여기서 점유이탈물횡령죄가 과연 성립하는지 의문이 들 수 있다. 점유이탈물횡령죄는 타인 소유의 재물을 횡령하는 범죄를 말하는데, 사체에 불과하다면 그것은 재물이 아닐 거라 생각할 수 있다. 하지만 형법에서 말하는 재물은 반드시 객관적인 금전적 교환가치를 가질 필요는 없다. 소유주가 '주관적' 가치를 가지는 것으로도 족하다. 따라서 숨진 개도 재물이 될 수 있다. 피의자들의 주장에 따르더라도 점유이탈물횡령죄의 성립에는 문제가 없었다.

어쨌든 수사는 계속되었다. 경찰은 거짓말탐지기 조사를 하고 목격자들과 대질 조사도 했다. 그 과정에서도 피의자들은 살아 있는 개를 잡아먹은 것이 아니라 죽은 개를 구워 먹었다고 일관되게 주장했다. 수사 기관도 이들의 말이 사실인지 아닌지 실체적 진실의 확인이 쉽지 않았을 것이다. 그럼에도 일단 경찰은 피의자들이 살아 있는 개를 잡아먹은 것으로 판단했으며, 동물보호법 위반과 점유이탈물횡령 혐의로 검찰에 송치했다.

몇 개월이 지나 검찰의 처분이 나왔다. 그런데 검찰은 피의자 4명에 대하여 점유이탈물횡령죄만 혐의가 있다고 보고 벌금 30~50만 원을 구하는 약식기소를 했다. 동물보호법 위반은 혐의 없음(증거불충분)으로 불기소 처분을 내렸다.

약식기소란 검사가 공소를 제기하면서 '공판을 열지 않고 피고인에게 약식명령으로 벌금형을 내려달라고 청구하는 것'을 말한다. 법정에 출석하는 재판이 아예 열리지 않고 서면만 보고 심리하므로 (특별히 정식재판을 청구하지 않는 한) 신속히 마무리되는 매우 간소한 절차이다. 이 사건 역시 위 4명에 대한 정식재판이 청구되지 않았고 벌금형으로 종결되었다.

위 처분 결과가 나온 후, 동물을 사랑하는 사람들과 언론, 그리고 견주 채씨가 분노하며 비판의 목소리를 냈다. 소유주가 애타게 찾는 반려견을 잡아먹었는데 고작 벌금 30만 원이 뭐냐, 몽둥이로 때려죽여 구워 먹었는데 동물보호법 위반이 아니라니 무슨 소리냐 등 사람들의 항의가 엄청났다. 수사 기관이 동물 학대 사건을 너무 가볍게 보는 것 아니냐는 의견도 있었고, 우리나라의 형벌이 너무 가볍다는 의견, 나아가 개를 잡아먹는 것은 그 자체로 불법이라는 의견도 있었다.

수사 기관의 입장을 조금만 옹호하자면, 수사 기관이 사건을 가볍게 보고 동물보호법 위반을 그냥 넘어갔을 리는 없다. 피의자들이 하트를 직접 죽였을 것으로 의심은 되지만 이를 직접적으로 입증할 증거가 없었을 것이다. 검사의 처분 결과는 피의자들이 결백하다는 것이 아니라 증거가 불충분하다는 것이다. 비록 수사 기록을 직접 보지 못해 정확히 알 수는 없지만, 추측컨대 영상 증거에 살아 움직이는 개를 때리거나 이동시키는 장면은 없었을 것이다. 살아 있는 것인지 죽은 것인지 알 수 없는, 혹은 오히려 죽은 것처럼 보이는 축 늘어진 개를 끌고 가는 장면만 CCTV에 담겼을 것이다. 강력한 권한을 가진 수사 기관이 심증만으로 기소한다면 그것이 더 위험할 수 있다. 무리하게 기소를 했다가 재판에서 무죄가 나오면 그땐 법원을 탓할 것인가?

반려견을 잡아먹는 것은 혐오스러운 행동이다. 특히 반려견을 키우거나 개를 좋아하는 사람들의 입장에서는 너무나도 야만적인 일이다. 하지만 법 위반 여부는 객관적으로 판단해야 한다. 그것이 수사 기관과 법원의 역할이다. 하트가 이미 죽어 있었다는 피의자 4명의 일치되고 일관된 주장이 사실일 가능성도 있다. '반려견을 잡아먹은 야만인'이라는 생각에 귀를 닫고 있는 것은 아닌지 생각해 볼 필요가 있다.

하지만 법적 판단이 어떠하든 피의자 4명이 '반려견'을 잡아먹은 것은 사실이고 그 자체로 충격적이다. 비난을 피하기 어렵다.

그간 개 식용 찬성론자들의 주된 논거 중 하나는 자신이 먹는 개는 애초에 '식용'이고, 식용견과 반려견은 구분되며, 식용견은 소, 돼지와 다를 바 없다는 것이었다. 그런데 이 사건은 그러한 주장이 성립될 수 없음을 보여주는 것이기도 했다. 이 사건 외에도 누군가의 반려견을 개장수에게 팔아넘기는 일은 흔히 있어 왔고 개 식용 반대론자들은 이 점을 줄곧 지적했다.

개 식용 문제에는 논리적으로만 접근해서는 안 된다. 개 식용 논쟁에서 그저 기술적이고 논리적으로만 싸운다면 개 식용 찬성론자의 주장도 매우 설득력 있고 정치하다. 오히려 '개'에게만 특별한 지위를 부여하는 개 식용 반대론자의 논리가 더 방어하기 어렵다. 무엇보다 가치관이 개입되므로 애초에 한쪽의 주장은 틀리고 다른 한쪽의 주장은 맞다고 결론을 내릴 수 있는 문제가 아니다. 하지만 그러한 가치론적 담론에서 벗어나 개를 먹는 것은 위 사건처럼 누군가(반려견 소유주를 비롯한 개를 사랑하는 사람들)를 매우 불편하게 할 수 있다는 점에서 그것만으로도 문제가 된다.

맞고 틀리고의 문제를 떠나 적어도 남의 가슴을 찢는 피해를 줘서는 안 될 것이다.

전기 쇠꼬챙이로 개를 도살한 사건

최근 개 식용에 관한 가장 큰 관심과 논란을 불러온 사건이 있다. 바로 개 전기 도살 사건이다.

이씨는 2011년경부터 경기도 김포에 위치한 자신의 농장에서 개를 키웠다. 개를 식용으로 사육하는 개농장 운영자였다. 이씨는 연간 30마리 정도의 개를 도살해 판매하면서 생계를 유지했다.

이씨가 갖춘 도축 시설은 간단했다. 개를 묶어놓은 상태에서 전기가 흐르는 쇠꼬챙이를 개의 주둥이에 대어 감전시키는 방법이었다. 이른바 '전살법'이라 불리는 방법이다. 살아 있는 개를 감전시켜 죽이다니, 하면서 잔인한 방법이라고 생각할 수 있지만, 우리가 흔히 먹는 돼지나 닭 등의 동물을 도축하는 데 일반적으로 사용되는 방법이다. 동물을 즉시 실신시켜 고통을 느끼지 못하게 하여 죽이는 방법이다. 전살법은 축산물위생관리법에서 정하는 합법적인 가축 도살 방법 중 하나이다. 단, 전기로 감전시켜 죽인다고 다 전살법은 아니며, 고통을 느끼지 못하면서 죽을 수 있도록 전류량 등 정해진 규격과 방법을 따라야 한다.

2016년 어느 날 이씨는 경찰로부터 조사를 받게 되었다. 동물보호 단체가 개농장 운영자인 이씨가 '잔인한 방법으로 동물을 죽이는 행위'를 하고 있다며 경찰에 고발했기 때문이다. 참고로 이씨의 전살법은 전기를 통과시켜 죽이는 방법이긴 하지만 축산물위생관리법상의 전살법 기준을 충족하지 못했다. 그런데 개는 축산물위생관리법상의 가축이 아니어서 이 법에서 정한 도살 방법 규정을 지키지 않더라도 위반 행위를 규제할 방법이 없다. 다만 도살은 개를 죽이는 행위이므로 '동물보호법' 위반 여부는 문제가 된다. 즉 개에게 고통을 주는 부적절한 방법으로 죽였다면 동물보호법에서 말하는 '잔인한 방법으로 죽이는 행위[110]'에 해당할 수 있다.

수사 끝에 검사는 이씨가 동물보호법을 위반한 것으로 판단하고 약식명령을 청구했다. 이씨가 개를 죽인 방법은 '잔인한 방법으로 동물을 죽이는 행위'에 해당한다고 보았다. 법원은 이씨에게 벌금 10만 원을 선고했다.

이씨는 억울했다. 전살법은 가축을 도살할 때 일반적으로 사용하는 방법인데 '잔인한 방법으로 동물을 죽이는 행위'라고 하니 받아들일 수 없었다. 몇 년째 업으로 해온 일인데 이제 개를 어떻게 죽이라는 것인지, 납득할 수 없었다.

이 싸움은 겉으로 보기에는 겨우 벌금 10만 원에 대한 불복이었지만, 이씨 개인의 작은 싸움이 아니었다. 육견 산업 종사자와 동물 보호 단체 간의 싸움, 개 식용 찬성론자와 반대론자 간의 논쟁이기도 했다. 이씨는 정식재판을 청구했고 다툼이 이어졌다.

법정에서 치열한 공방이 오갔다. 전기가 흐르는 쇠꼬챙이로 감전시켜 죽이는 이른바 전살법이 '잔인한 방법'인지가 쟁점이 되었다. 약 3개월의 재판 끝에 1심 법원은 이씨에게 무죄를 선고했다. 법원은 개가 식용으로 이용되고 있는 우리나라의 현실을 설명하면서, 전살법이 일반 축산물의 도살 방법으로 사용되고 있기 때문에 개에 대해서도 전살법이 잔인한 방법이라고 보기 어렵다고 판단했다.

재판부는 "'축산물위생관리법에서 가축으로 규정한 동물'과 개는 모두 동물보호법이 적용되는 동물(고통을 느낄 수 있는 신경체계가 발달한 척추동물)이다. 현실적으로 개가 식용을 목적으로 이용되고 있는 우리나라의 상황에서 위 둘을 본질적으로 다른 것이라고 보기는 어렵다. 동물보호법 및 같은 법 시행규칙에서 정한 도살 방법(특히 전살법)을 이용하여 개를 도축하는 경우에도 특별한 사정이 없는 한 동물보호법의 '잔인한 방법으로 죽이는 행위'에 해당하지 않는다고 해석하는 것이 타당하다."고 밝혔다.

검사는 이에 항소했다. 이씨의 전살법은 축산물위생관리법의 전살법과 달랐기 때문이다. 전기로 죽인다고 모두 (문제없는) 전살법은 아니라는 논리이다. 검사는 이씨의 전살법은 축산물위생관리법에 따른 전살법의 방법과 절차를 준수하지 않았으므로 개에게 큰 고통을 주는 '잔인한 방법'에 해당한다고 주장했다.

하지만 항소심 재판부도 다르지 않았다. 항소심 역시 이씨가 무죄라고 보았다. 이씨의 전살법이 축산물위생관리법의 준수 사항을 충족하지 못해 더 큰 고통을 주고 있다는 검사의 주장을 인정할 증거가 없었기 때문이다. 또 이씨의 도살법이 '잔인한 방법'이라면 '잔인하지 않은 방법'이 따로 있어야 할 텐데, 그러한 도축 방법이 있다는 점을 인정할 증거가 없다고 했다.

검사는 또 불복하여 상고했다. 약식기소 사건이 대법원까지 가는 경우는 드물다. 하지만 이 사건은 더 이상 벌금 10만 원짜리 단순한 사건이 아니었다. 수많은 동물 보호 단체와 육견업자, 언론 등이 관심을 갖는 '개 식용 문화'에 대한 다툼이었다.

그리고 대법원에서 결과가 뒤집혔다. 대법원에서 파기환송이 되는 경우도 드물다. 하급심 법원의 판결이든 대법원의 판결이든 모두 판사들의 판단이고, 상고심에서 결과가 바뀐다는 것은 다른 동료 판사의 결론을 부정하는 것이라서, 판사들 사이에서도 생각이 다르다는 것을 의미하기 때문이다. 그만큼 장고 끝에 내린 판단이었을 것이다.

대법원이 원심을 파기한 이유는 원심이 심리를 충분히 하지 않았다고 보았기 때문이다. 쇠꼬챙이에 흐르는 전류의 세기와 통전 시간 등 구체적 내용을 심리하고, 그 방법이 국민 정서에 미치는 영향, 사회의 인식 등을 종합적으로 고려하여 판단해야 하는데, 원심은 다른 식용 가축에게 전살법을 사용한다는 이유로 너무 쉽게 '잔인한 방법'이 아니라고 단정해 버렸다는 것이다.

원심은 피고인이 개 도살에 사용한 쇠꼬챙이에 흐른 전류의 세기, 개가 감전 후 기절하거나 죽는 데 소요된 시간, 도축 장소의 환경 등 전기를 이용한 도살 방법의 구체적인 행태, 그로 인해 개에게 나타난 체내·외의 증상 등을 모두 심리해야 했다. 아울러 이 사건의 도살 방법을 허용하는 것이 동물 생명 존중 등 국민 정서에 미칠 영향, 사회 통념상 개에 대한 인식 등을 종합적으로 고려하여 피고인의 행위를 '잔인한 방법으로 죽이는 행위'로 볼 수 있는지 판단해야 했다.

하지만 원심은 앞서 본 이유만 들어 이 사건의 도살 방법이 '잔인한 방법'에 해당하지 않는다고 단정해 공소 사실을 무죄로 판단했다. 이러한 원심 판결에는 잔인한 방법의 판단 기준(구 동물보호법 제46조 제1항의 구성요건 해당성)에 대한 법리를 오해하여 필요한 심리를 다하지 않은 부족함이 있었다. 다시 말해, 쇠꼬챙이에 전류를 흘려 죽이는 방법이 '잔인한 방법'인지에 관하여 단순히 사전적, 법기술적으로 해석할 것이 아니라 해당 사건을 들여다보고 '개'라는 특수성도 고려해야 했다. 개 식용 문화에 대한 판단이나 사회적 분위기를 고려하지 않을 수 없는 사건이었기 때문이다.

제1, 2심은 죄형법정주의(형벌 법규는 문언에 따라 엄격하게 적용되어야 한다는 원칙), 유추해석 금지 원칙(형벌 법규의 의미를 피고인에게 불리한 방향으로 해석할 수 없다는 원칙. 죄형법정주의에서 파생되었다) 등 형벌 법규 해석의 원칙에 따라 엄격하게 사건을 판단했다. 공판에서 '잔인한 방법'인지에 대하여 입증이 충분하지 못했다면, 무죄가 되는 것이 타당하다.

한편, '개 도살'이라는 사건 자체에 대한 진지한 고민이 부족했다는 아쉬움도 있다. 전살이라는 이유만으로 정말 '잔인한 방법'인지 아닌지 깊이 생각해보지 않은 것은 아닐까? 특히 대법원이 지적한 대로 국민 정서나 사회적 인식을 고려하지 않고, 법원에 제출된 기록과 법문에만 매몰되었던 것은 아닐까?

파기환송심에서는 이씨의 도살 방법이 '잔인한 방법'이 맞는지에 대해 다시 법적 공방이 이어졌다. 대법원의 판결 취지는 전살법 준수 여부가 아니라 구체적인 도살 방법과 국민 정서, 사회 통념을 고려하여 이씨의 방법이 '잔인한 방법'인지 다시 판단하라는 것이었기 때문이다(무죄 판결이 대법원에서 파기환송될 경우 그 취지상 유죄로 바뀔 가능성이 매우 높긴 하다).

파기환송심에서는 수의과대학 교수가 소견서를 제출하고 직접 재판에도 출석하여 증언했다. 바람직한 전살법은 동물을 '무의식 상태에 빠뜨린 후' 감전사시키는 것인데, 이씨의 방법이 그러한 방법인지 판단하기 위해서였다. 전문가의 소견에서는, 이씨가 무의식 상태에 이르기에 부족한 전류를 통전시켰고, 그에 따라 무의식 상태가 되지 못한 개에게 극심한 고통을 주었을 것이라고 보았다. 이씨의 전살법은 개에게 고통을 주는 '잔인한 방법'이라는 검사의 주장에 힘을 실어주었다. 법원 역시 이러한 의견 등을 종합하여 이 씨의 도살 방법은 '잔인한 방법'에 해당한다고 보았다. 이 판결은 재상고심(대법원)에서 최종 확정되었다(벌금 100만 원의 선고유예).

검사가 약식기소한 벌금 10만 원짜리 사건이 정식재판 청구 후 1심-2심(항소심)-3심(상고심)-2심(파기환송심)-3심(재상고심)으로 이어지는 기나긴 소송이 되었다. 동물보호법을 위반하여 개를 '잔인한 방법'으로 죽인 것인지 여부가 아니라, 개가 식용 목적으로 이용되는 관습과 개를 사람에 준하는 존재로 여기는 현실 사이의 갈등이 배경이 된 사건이었다. 또 벌금 몇 푼을 내느냐 마느냐의 문제가 아니라 개 도살을 현재와 같이 계속해도 되느냐 마느냐의 문제였다.

이 판결이 개 도살을 금지하는 근거가 된다거나 전기로 개를 죽이는 것이 모두 불법이라고 단정하는 근거가 될 수는 없다. 예컨대, 전기 도살의 방식을 축산물위생관리법이 정하는 수준으로 개선하여 개가 고통을 느끼지 못하도록 무의식 상태로 만든 후 죽이는 방법을 사용한다면 동물보호법 위반이 아닐 수 있다. 하지만 개에 대한 동시대 사회의 인식을 종합적으로 고려하여 판단하면 동물보호법 위반이 될 수도 있다. 요지는 위 판결만으로 개 도살이 불법이라고 함부로 단정할 수 없다는 것이다(위 판결 이후에 도살 방법이 개선됐는지 모르겠지만 개농장주들의 전살법 도살은 계속됐다).

2022년 기준으로, 이씨와 같이 식용 목적의 개를 키우는 개농장이 전국에 1,100여 곳이나 있고, 52만 마리의 개가 식용으로 길러지고 있다고 한다. 농가당 평균 450마리이다. 개고기 음식점 수도 1,666개나 된다고 하니 개 식용 인구가 아직 상당한 듯하다.[111] 다른 통계를 보면 요즘 우리나라 사람들 다수는 개 식용에 부정적인 듯한데, 그럼에도 많은 수요가 지속된다는 것은 아이러니하다.

개 식용에 반대하는 사람들 중에는 위와 같이 불명확하고 불확실한 법에 기댈 것이 아니라 '개 식용 금지법'을 따로 만들어야 한다고 주장하는 이들도 많다. 위 판결 이후에도 전살법에 의한 도살이 지속되고 있고(동물보호법 위반) 식품 공전에 포함되지 않은 개고기를 계속 판매하는데도(식품위생법 위반) 단속이 거의 이루어지지 않고 있기 때문이다.

최근 1년간 개고기를 먹은 적이 있다는 비율도 2015년 27퍼센트에서 2022년 8퍼센트로 현저하게 줄어들었다(고령층을 제외하면 그 비율은 훨씬 낮다).[112] 위 대법원 판결에서 알 수 있듯이 법원의 판결 역시 개 식용에 부정적인 쪽으로 자연스럽게 변화하고 있다. 개 식용의 종식은 시대적 흐름으로 보인다. 이대로 가면 머지않아 개 식용 문화가 사라질 것이다. 그런 면에서 '개 식용 금지법'을 별도로 만드는 것이 굳이 필요하지 않다고 생각할 수 있다. 문화와 관습이 자연스럽게 변화할 일이지 법으로 해결할 일은 아니라는 주장도 충분히 일리 있다.

하지만 입법은 사회의 변화를 더 강하게 이끌어내는 도구로 사용되기도 한다. 예컨대 2015년 김영란법(부정청탁 및 금품 등 수수의 금지에 관한 법률)이 만들어질 당시 우리나라 공직 사회는 이미 과거에 비해 많이 청렴해졌고 그러한 방향으로 나아가고 있었다. 그럼에도 김영란법의 제정은 청탁과 뇌물에 대한 경각심을 높임으로써 사회의 긍정적 변화를 더욱 가속화했다. 개 식용 금지법도 마찬가지다. 이미 개 식용의 종식을 향해 가고 있다고는 하지만, 반려인이 1300만 명이 넘는 시대에 개를 잔인한 방법으로 죽여서 아무렇지 않게 먹는 문화가 여전히 공존하고 있다는 것은 사회적 모순일 수 있다. 변화의 속도를 높일 필요가 있다.

육견업자의 입장에서는 이러한 입법에 반발할 수 있겠지만 수십 년째 벌어지고 있는 논쟁이다. 만약 법의 시행으로 육견업을 지속할 수 없게 된다면 그것은 동시대의 인식이고 국민의 정서라고 볼 수밖에 없다. 물론 정부도 육견업자에 대한 업종 전환 기회 제공이나 보상을 함께 해나가야 할 것이다.

개고기 판매는 불법,
섭취는 합법?

위와 같은 사건들을 두고 '개고기를 먹는 것은 그 자체가 불법 아니냐'는 의견도 있다. '올드 잉글리시 시프도그 하트 사건'에서 개를 먹은 행위 자체로 피의자 4명을 처벌할 수는 없었을까? 사실 많은 사람들이 불편해한 것은 개를 먹었다는 사실 그 자체였는데 말이다.

하지만 개고기를 먹는 행위는 동물보호법 위반이 아니다. 앞의 사건들과 같이 개고기를 먹기 위해 개를 죽이는 과정에서 동물보호법 위반이 일어날 수는 있어도 이미 죽은 개의 고기를 먹는 행위 자체는 동물보호법 위반이라고 볼 수 없다.

다만, 식품 관련 법령 위반 문제는 있을 수 있다. 조금 길고 지루할 수 있겠지만, 개고기를 먹는 것이 불법인지 아닌지 판단하려면 우리가 먹는 '고기'와 관련있는 법령들을 살펴볼 필요가 있다. 한편에서는 관련 법령들을 근거로 '개고기를 먹는 것은 합법이다'라고 주장하고, 다른 한편에서는 똑같은 법령들을 근거로 '개고기를 먹는 것은 불법이다'라고 말하고 있기 때문이다.

개는 '축산법'에 '가축'으로 규정되어 있다. 쉽게 짐작할 수 있는 소, 닭, 돼지 등 약 50종의 동물이 여기에 속한다.[113] 축산법에 가축으로 규정되어 있다는 것은 무엇을 의미할까? 먹어도 된다는 것을 의미할까?

축산법 제1조는 "이 법은 가축의 개량·증식, 축산 환경 개선, 축산업의 구조 개선, 가축과 축산물의 수급 조절·가격 안정 및 유통 개선 등에 관한 사항을 규정하여 축산업을 발전시키고 축산 농가의 소득을 증대시키며 축산물을 안정적으로 공급하는 데 이바지하는 것을 목적으로 한다"고 밝히고 있다. 이 조항을 근거로 간략하게 추론해 보면, 가축이란 축산 농가가 축산물을 공급하고 소득을 얻을 수 있도록 하는 동물로 볼 수 있다.

여기서 '축산물'이란 단순히 고기만 의미하는 게 아니라 젖, 알, 꿀, 화분 등도 모두 포함하는 개념이다.[114] 축산 농가가 소득을 얻을 수 있도록 하는 동물 중에는 식용이 아닌 것들도 있다. 법령을 살펴보면 가축으로 정한 동물에 고기가 목적이 아닌 동물인 꿀벌과 지렁이, 반딧불이 등이 포함되어 있고, 카나리아, 앵무새, 공작새 같은 관상용 조류도 있다. 즉 축산법상의 가축은 식용만을 전제하는 것이 아니다. 축산법에서 가축으로 규정하고 있는지와 식용이 가능한지는 서로 직접적인 관련이 없는 문제로 보인다.

따라서 '개는 축산법상 가축이므로 먹어도 된다'는 주장은 옳지 않다. 먹으면 안 된다는 것도 당연히 아니다. 축산법은 개 식용의 합법 여부를 판단할 수 있는 기준이 될 수 없다. 개고기를 먹는 것 혹은 파는 것을 금지하거나 처벌할 수 있는 근거도 될 수 없다.

식육과 관련된 부분은 '축산물위생관리법'을 봐야 한다. 이 법은 식육에 초점을 두고 가축의 위생을 관리하기 위한 법이다. 식품의약품안전처 축산물위생심의위원회의 조사·심의를 받거나 식품의약품안전처장이 정하는 기준에 따라 엄격한 규제를 받도록 정하고 있다.

축산물위생관리법에서의 '가축'과 '축산물'의 정의는 축산법에서의 그것들과 조금 다르다. 이 법에서의 가축은 "식용을 목적으로 하는 동물"[115]이라고 명시하고 있고, 축산물 역시 "식육, 포장육, 원유, 식용란, 식육가공품, 유가공품, 알가공품"[116]으로 규정하고 있다. 축산법에서 가축이었던 꿀벌이나 앵무새 등은 이 법에서 빠져 있고, 개 역시 축산물위생관리법상 가축에 포함되어 있지 않다. 축산물위생관리법상의 가축은 소, 말, 양, 닭 등 10여 종이다.

개가 축산물위생관리법상 가축에 포함되어 있지 않다는 것은 무엇을 의미할까? 축산물위생관리법상 가축으로 포함된 10여 종의 동물만 합법적으로 도살하고 유통하여 먹을 수 있고 개를 포함한 다른 동물은 먹을 수 없다는 뜻일까? 아니면 축산물위생관리법은 식용으로 소비량이 많은 특정 동물들에 대해 보다 엄격한 기준을 정한 것에 불과하고 개를 비롯한 다른 동물들도 먹어도 된다는 의미일까?

　여기서 다툼이 생긴다. 개 식용 반대론자들은 전자의 입장에서 '개가 축산물위생관리법상 가축으로 규정되어 있지 않다는 것은 그 자체로 개가 식용이 목적이 아니라는 것을 의미하고 개가 축산물위생관리법에서 제외된 이상 개를 합법적으로 도살·유통할 근거가 존재하지 않는다'고 주장한다. 반면, 개 식용 찬성론자들은 후자의 입장에서 '개도 식용으로 이용 가능하되, 개는 축산물위생관리법의 적용을 받지 않기 때문에 이 법에서 정하는 사육, 도살, 처리, 유통 등과 관련된 기준이나 규율을 적용받지 않고 자신들의 기준에 따라 도살, 유통할 수 있다'고 주장한다.

　축산법과 축산물위생관리법의 법 체계상 개는 식용을 목적으로 하지 않음을 전제하는 것이 분명해 보인다. 하지만 그 자체로 개 식용을 금지하고 있다고 보기는 어렵다. 설령 축산물위생관리법이 해당 법에서 정한 가축만 먹도록 하기 위한 목적이었다 하더라도, 그 밖의 동물을 도축해 유통하는 것에 대해서는 금지 규정 내지 처벌 규정이 없다. 즉 해석의 다툼으로 인한 실익이 별로 없다. 축산물위생관리법은 개 식용 찬성의 근거로도, 반대의 근거로도 적절하지 않다.

　마지막으로 '식품위생법'을 살펴봐야 한다. 식품위생법은 식품의약품안전처장이 "식품 또는 식품첨가물의 기준과 규격", "기구 및 용기·포장의 기준과 규격"을 명시한 식품 공전을 작성·보급해야 한다고 규정하고 있다.[117] 이 조항에 따라 만

들어진 '식품 공전'을 살펴보면, 총칙의 '식품 원료 분류'에서 축산물 중 식육류는 "소고기, 돼지고기, 양고기…… (중략) …… 메추리고기 등"으로 규정하여 개고기가 제외되어 있다. '식품에 사용할 수 있는 원료'의 목록에도 개고기는 포함되어 있지 않다.[118]

여기서도 동일한 문제가 발생한다. 개고기가 축산물위생관리법상 가축에 포함되어 있지 않듯이, 식품위생법상 식품 원료로도 지정되어 있지 않다. 그런데 그 의미가 조금 다르다. 앞서 축산물위생관리법상 '가축이나 축산물로 지정되지 않은 것'이 '식용을 금지하는 것'으로 보기가 애매하다고 했는데, 식품위생법에서는 식품위생법상 식품 원료로 지정되지 않은 재료는 곧 식품 원료로 사용할 수 없음을 의미한다.

식품위생법에는 식품 원료에 대한 판단 기준이 들어 있을 뿐만 아니라 식품 원료의 한시적 기준 및 규격 인정 신청 등 식품 원료로 인정받기 위한 절차도 있다.[119] 또 정의 조항에서 식품을 '모든 음식'으로 규정하고 있으므로[120] 이 법에서 정하는 각종 기준이나 위해 평가 규정, 벌칙 같은 제재 규정 등은 식품 원료에 포함되어 있는지 여부에 관계없이 '모든 음식'에 적용된다. 식품의약품안전처는 명시적으로 고시한 원료만 '식품에 사용할 수 있는 원료'로 허용하고 나머지는 일괄적으로 금지하는 (안전성 심사 후 등재되어야 사용 가능하다) 포지티브 리스트 시스템으로 관리한다.[121] 이러한 점들에 비추어 보면, 식품 원료로 규정되어 있지 않은 개고기를 식품 원료로 사용하는 것은 식품위생법에 반한다고 볼 수 있다.

식품위생법을 위반하면, 즉 식품위생법에 따라 정해진 기준·규격에 맞지 않는 식품을 판매하면 형사 처벌(5년 이하의 징역 또는 5천만 원 이하의 벌금) 대상에 해당한다. 따라서 개고기를 규제하는 근거가 될 수 있다. 하지만 이 법은 식품위생법을 위반하여 '판매'한 자를 벌하는 규정이다. 그냥 사 먹기만 한 사람 또는 위의 '하트' 사건에서와 같이 직접 잡아먹은 사람들을 벌할 수 있는 규정은 아니다.

설명이 너무 길었는데, 요약하면 개고기를 '판매'하는 것은 '불법'이 맞지만, 개고기를 먹는 행위 자체를 불법이라고 보거나 처벌할 근거는 없다.

(아래는 '개 식용 금지법' 제정에 맞춰 추가한 내용이다.)

2024년 1월 9일 국회에서 '개의 식용 목적의 사육·도살 및 유통 등 종식에 관한 특별법'(일명 '개 식용 금지법')이 통과되었다. 식용 목적으로 개를 사육하거나, 도살·유통하는 행위, 개를 원료로 조리·가공한 식품을 판매하는 행위 등이 금지된다. 만약 위 금지 규정을 위반할 경우 '3년 이하의 징역 또는 3천만 원 이하의 벌금'(식용 목적의 개 도살의 경우)이나 '2년 이하의 징역 또는 2천만 원 이하의 벌금'(식용 목적의 개 사육, 유통, 판매 등의 경우)에 처한다.

이로써 그동안 개 식용이 불법인지 아닌지, 그 근거가 무엇인지를 두고 다소 모호했던 규정이 분명해졌다. 이제 개고기를 판매할 경우 축산 관련 법령을 무리하게 해석해 적용하거나 식품위생법을 끌어들이지 않더라도 이 '개 식용 금지법'에 따라 처벌이 가능하다(이 법은 공포 후 6개월이 경과한 날부터 시행되지만 금지 및 처벌 규정은 공포 후 3년이 경과한 날부터 시행된다.)

하지만 이 법 제정 이후에도 여전히 개고기 '판매'만이 불법이고, 개고기 '섭취'는 불법이라고 보기 어렵다. 이 법은 개 사육 농장이나 개고기 식당을 없애 식용견이나 개를 원료로 한 식품의 상업적 유통 사슬을 끊는 것에 초점을 두고 있다. 유통과 판매가 차단되면 개 식용 문화가 사라질 수 있다고 보는 것이다. 개인의 개고기 섭취에 대한 금지 조항이나 처벌 규정은 따로 없다.

이 법은 식용 목적으로 개를 도살할 수 없다고 하고 있으므로 원칙적으로 개고기를 먹을 수 있는 방법이 없기는 하다. 예컨대 개인이 시골 마당에서 키우던 개를 도살하여 먹는 것도 금지된다.

하지만 현실적으로 이와 같이 개인적인 도살이 이루어지는 경우까지 단속하기는 쉽지 않을 것이다. 개인이 키우던 개를 임의로 도살하여 먹는 것은 기존의 동물보호법 위반으로도 처벌이 가능했다. 하지만 동물보호법 위반으로 고발되거나 단속되는 경우는 매우 드물었다. 이 법이 시행되더라도 이런 문제는 마찬가지일 수 있다(궁극적으로 개인의 인식과 문화가 바뀌어야 해결될 문제이고, 다행히 그런 방향으로 나아가고 있다).

그럼에도 대부분의 개고기 소비가 육견업자를 통해 이루어 진다는 점, 유통 자체가 차단되면 일반 소비자의 개고기 섭취가 사실상 어려워진다는 점, 개 식용 산업 자체를 폐지하는 내용의 법 제정이 지니는 의미나 상징성 등을 고려하면 '개 식용 금지법'은 개 식용 문화를 종식시키는 데 결정적인 역할을 할 것이 분명하다.

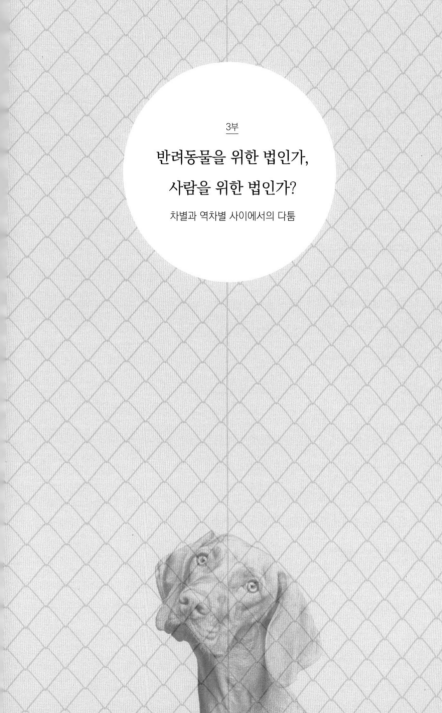

3부

반려동물을 위한 법인가,
사람을 위한 법인가?

차별과 역차별 사이에서의 다툼

동물 학대는 인간 학대와 같다.

단지 희생자가 다를 뿐이다.

알퐁소 드 라마르틴(프랑스 시인)

우리는 다른 동물들을 노예로 삼아

털과 깃털을 지닌 그 먼 친척들을 너무나 가혹하게 대했기에,

만약 그들이 종교를 만들 수 있었다면

분명코 악마를 인간의 형상으로 묘사했을 것이다.

윌리엄 잉(미국 극작가)

번식소나 펫숍에서 동물을 구입하지 않고

동물 보호소의 사랑스러운 고양이나 개에게

우리의 마음과 집을 열어 준다면

유기동물의 악순환을 끊고 생명을 구할 수 있다.

에이미 잭슨(영국 배우)

19장

어떤 행위가
동물 학대일까?

작두로 반려견 꼬리를 자른 사건

2016년 4월 천안에 사는 김씨는 집에 있던 작두를 이용하여 자신이 기르는 반려견 3마리의 꼬리를 잘랐다. 이른바 '자가 단미 (斷尾)' 시술을 한 것이다. 그런데 얼마 후 김씨는 이 단미 때문에 동물보호법 위반으로 약식기소되었다. 김씨의 단미 행위가 동물보호법에서 규제하는 "도구·약물을 사용하여 상해를 입히는 행위[122]"에 해당했기 때문이다.

김씨는 정식재판을 청구하여 위법 여부를 다투었다. 김씨는 단미 행위가 반려견의 건강한 성장을 돕기 위한 것이었을 뿐, 학대 성향의 발현이 아니라고 주장했다. 또한 단미는 질병의 예방이나 치료 등 건강을 위한 것이므로 위법한 행위가 아니라고 항변했다.

자신의 고향인 안동에는 꼬리가 짧거나 없는 개들이 많아 반려견의 꼬리를 자르는 것이 위법인 줄 몰랐다고도 했다. 법적으로 표현하자면 "단미가 죄가 되지 않는 것으로 오인했고, 그 오인에는 정당한 이유가 있다"고 주장하였다.

형법에서는 이러한 주장을 '법률의 착오'라고 한다. 형법에서는 "자기의 행위가 법령에 의하여 죄가 되지 아니하는 것으로 오인한 행위는 그 오인에 정당한 이유가 있는 때에 한하여 벌하지 아니한다"[123]고 규정하고 있다. 실제로, 상담한 담당 공무원의 (잘못된) 회신이나 답변을 믿고 위법한 행위를 했다가 법률의 착오에 해당하는 예가 종종 있다. 이런 경우에는 처벌받지 않는다. '그러한 법을 몰랐다'는 '법률의 부지'와는 다르므로 주의해야 한다. 법률의 부지는 법률의 착오에 해당하지 않는다. 법을 몰랐어도 처벌을 받는다.

하지만 법원은 위와 같은 김씨의 주장을 모두 받아들이지 않았다. 법원은 "동물보호법은 도구·약물을 사용하여 상해를 입히는 학대 행위를 금지하고 있을 뿐, 그 행위가 학대 성향의 발현일 것을 요구하고 있지 않다. 따라서 학대죄 성립에 필요한 주관적 요소는 학대 행위의 고의가 있으면 충분하다"고 판시했다. 쉽게 말해 자신의 행위가 동물에게 불필요한 고통을 준다는 것을 알면서 했다면 그것으로 이미 죄가 성립하고, 학대 성향이 있어 그러한 행위를 한 경우에만 죄가 성립하는 것은 아니라는 이야기이다.

또한 법원은 꼬리를 자르는 것이 건강한 성장을 돕는다는 주장에 대해서도 수의학적 근거가 있다고 보기 어렵다고 하면서 배척

했다. 특히 수의학적 처치에 의하지 않고 자신의 작두로 꼬리를 거칠게 자른 점은 학대 행위의 고의를 인정하기에 충분하다고 판단했다.

아울러 자신의 행위가 위법인지 파악하려는 진지한 노력을 하였는지 알 수 없다면서 '법률의 착오'에 해당한다는 김씨의 주장도 받아들이지 않았다. 법원은 김씨의 주장을 모두 배척하고, 동물보호법 위반 행위를 유죄로 인정했다. 다만 김씨가 장애 3급의 장애인이고, 범행 이후에 반려견을 건강하게 길러낸 점 등을 참작하여 벌금 30만 원을 선고했다.[124]

사실 김씨처럼 어떤 행위가 동물 학대에 해당하는지 잘 모르는 경우가 많다. 김씨는 집에 있는 작두로 꼬리를 잘랐으니 상식에 비추어도 동물 학대로 판단될 것 같긴 한데, 예를 들어 고무줄 같은 것으로 꼬리를 꽁꽁 묶어 괴사시켜 끊어지게 하는 방법은 어떨까? 이것은 견주들이 직접 하는 '자가 단미'로 꽤 알려진 방법이다. 반려견이 생후 몇 주 미만일 때는 신경이 형성되기 전이어서 이 방법을 사용하더라도 고통을 못 느낀다는 이야기가 있었다(현재는 사실이 아닌 것으로 밝혀졌다). 인터넷의 아마존이나 이베이에서 이 방법을 위한 '자가 단미 키트'를 판매하기도 했다. 이 방법을 사용한 사람들은 자신의 행위가 동물 학대라고 생각했을까?

이외에도 동물 학대인지 여부가 불분명하거나 알기 어려운 경우가 많다. 우리가 감정적으로 인식하는 동물 학대의 개념과 동물보호법이 규정하는 동물 학대의 개념은 다르다. 따라서 동물보호법상 학대 행위가 무엇인지 명확하게 알아둘 필요가 있다.

동물보호법에서는 동물 학대에 관하여 "동물을 대상으로 정당한 사유 없이 불필요하거나 피할 수 있는 신체적 고통과 스트레스를 주는 행위 및 굶주림, 질병 등에 대하여 적절한 조치를 게을리하거나 방치하는 행위"[125]라고 정의하고 있다. 아울러 "목을 매다는 등의 잔인한 방법으로 죽음에 이르게 하는 행위", "도구·약물 등 물리적·화학적 방법을 사용하여 상해를 입히는 행위", "살아 있는 상태에서 동물의 신체를 손상하는 행위" 등 구체적인 동물 학대 행위의 유형을 밝히고 있다.[126]

동물 학대 행위는 동물보호법에 의해 형사 처벌되므로 죄형법정주의[127]에 따라 구체적이고 명확한 행위 유형이 규정되어야 한다. "불필요하거나 피할 수 있는 신체적 고통과 스트레스를 주는 행위" 같은 일반적, 추상적 개념만으로는 처벌이 어렵기 때문에 위에 열거된 것과 같은 구체적인 동물 학대 유형에 해당하는 경우에 처벌하게 된다(포괄적 처벌 조항을 둘 수도 있지만 동물에 대한 국민의 인식 차이가 상당히 큰 현 상황에서는 지금의 열거 방식이 적절하다).

그런데 모든 학대 행위의 유형을 법으로 정할 수 있는 것도 아니고, 학대 행위인지 여부가 애매한 경우도 많다. 또 사람마다 기준이나 인식이 다를 수 있지만, 반려동물인지 비반려동물인지에 따라 기준이 달라질 수는 없다. 이에 따라 법적으로 동물 학대 행위인지 여부를 두고 논쟁이 되는 부분들이 적지 않다.

대표적인 것이 바로 김씨의 사례와 같이 개의 꼬리를 자르는 수술(단미)이나 귀를 자르는 수술(단이)이다. 성대 제거 수술, 중성화 수술 등도 마찬가지다. "동물을 대상으로 불필요하거나 피할 수 있는 신체적 고통과 스트레스를 주는 행위"라는 학대의 개념에 비추어 보면 이것들은 분명 학대 행위로 보인다. 하지만 이 행위들은 동물보호법에서 정하는 학대 행위의 유형에 포함되지 않는다. 동물보호법에서는 "거세, 뿔 없애기, 꼬리 자르기 등 동물에 대한 외과적 수술을 하는 사람은 수의학적 방법에 따라야 한다[128]"고 하여, 거세나 단미를 수의학적 방법으로 한다면 오히려 이를 허용하는 것으로 해석된다.

중성화 수술 역시 인간의 편의 때문에 동물의 신체를 훼손하고 억지로 본성을 막는 것 아니냐는 비판을 받는다. 학대 행위로 보기에 충분하다. 독일에서는 중성화 수술이 법으로 금지되어 있다. 엄밀히 말하면, 중성화 수술만 금지된 것이 아니라 신체 부위를 절단하거나 훼손하는 것이 모두 금지되므로 중성화 수술도 할 수 없다. 예외적으로, 통제되지 않은 번식을 방지하기 위한 경우 등에만 수의사의 판단 아래 중성화 수술이 가능하다[129]. 하지만 우리나라에서는 중성화 수술을 했다가 동물 학대로 처벌된 사례가 없다. 오히려 자궁에 발생하는 질병 등을 예방하기 위해 많은 수의사들이 중성화 수술을 권장하고 있다.

심정적으로는 위 수술들이 동물 학대에 해당하는 것으로 생각될 수 있지만, 법적으로는 죄형법정주의에 따라 동물 학대 행위로 볼 수 없고 처벌하지도 않는다. 단, 위에서 말한 바와 같이 동물보호법에 따라 성대 제거 수술이나 단미, 단이 수술 등은 모두 수의학적 방법에 따라 이루어져야 한다. 김씨 역시 수의학적 방법에 따라 단미를 했다면 처벌받지 않았을 것이다.

결이 조금 다른 논의지만, 동물보호법에서 학대 행위 유형을 규정하고 있음에도 해석상 어떤 행위까지 포함해야 하는지 불분명한 경우가 있다. 예컨대, 앞서 언급한 "잔인한 방법으로 죽음에 이르게 하는 행위"의 의미가 그러하다. 개농장을 운영하는 사람이 전기가 흐르는 쇠꼬챙이로 개를 감전시켜 도축하는 것이 "잔인한 방법으로 개를 죽음에 이르게 한 것"인지 쟁점이 된 사례가 대표적이다.[130] 이 사건의 제1, 2심과 대법원의 판단이 달랐던 것처럼, 잔인하다는 것은 주관적, 상대적 평가이므로 그 해석이 쉽지 않다. 따라서 동물 학대인지 여부에 대한 판단이 명쾌하지 않다.

이처럼 개인이 느끼는 학대의 개념과 법이 규정하는 학대의 개념이 다르고, 법에 규정되어 있더라도 해석상 그 범위를 정확하게 한정하기 어려운 경우가 많기 때문에, 법이 아무리 개정되고 보완되더라도 온전히 법에 의해 모든 학대 행위를 처벌하고 예방하기는 어려울 것이다. 학대의 개념 자체가 시대에 따라 얼마든지 변화할 수 있기 때문에 더욱 그러하다.

중요한 것은 동물 학대에 대한 국민 인식의 수렴 혹은 공감대 형성이다. 예를 들어, 성폭력 범죄의 경우 최근 '성적 수치심'의 의미가 확장되고 '성인지 감수성'이라는 개념도 등장했다. 과거에는 그냥 넘어가던 일이 지금은 크게 문제가 되는 경우가 많다. 지금은 어느 신체 부위든, 의도가 어떻든 함부로 만지면 큰 범죄가 될 수 있다는 점에 대해 모두가 인식을 같이하고 있다. 다시 말해 국민 인식의 변화가 처벌의 대상과 범위를 결정하고 있다.

동물 학대도 마찬가지다. 동물의 지위에 대한 인식이 개선되어 동물 학대 범죄에 대한 경각심이 커지면, 자연스레 동물 학대의 범위 해석과 처벌도 현재와 다른 관점에서 이루어지고 국민적 공감대가 형성될 것이다. 당장의 법 개정이나 보완도 중요하지만 이와 같은 근본적 변화가 동물의 생명과 안전, 복지를 보장하는 길이 될 것이다.

꼬리를 자르면
정말 반려견의 건강에
도움이 될까?

앞의 사건에서 김씨의 주장, 즉 단미(斷尾)를 하면 반려견의 건강에 도움이 된다는 말은 정말 근거가 있을까? 이에 대한 다양한 견해와 논란이 있다. 단순히 미용 때문이 아니라 성장이나 건강을 위해 단미가 필요하다는 주장도 있다. 예컨대, 특정 견종은 구조적으로 배변 시 오물이 묻기 쉬워 꼬리를 잘라주는 것이 위생상 더 좋다고도 한다.

하지만 위생을 위해 단미가 필요하다는 주장들은 모두 추측일 뿐, 그것을 뒷받침하는 수의학적 연구는 없는 듯하다. 그 주장이 일부 사실이라 하더라도 그로 인해 얻는 득보다 실이 훨씬 크다는 것이 전문가들의 견해이다. 단미나 단이(斷耳)의 위험성은 수의학적으로 어느 정도 증명되었다. 단미, 단이로 인한 감염이나 신경종 등의 발생 위험이 있고, 어린 시기라 하더라도 신체를 절단하는 고통이 상당하여 그 자체로 매우 부적절하며, 성견이 된 이후에도 부정적 영향을 미칠 위험이 있다고 지적한다.[131]

세계적인 추세 역시 단미의 필요성을 부정하고 있다. 유럽에서는 1987년 '반려동물 보호를 위한 유럽 협약'[132]을 체결하면서 단미와 단이 금지를 법제화했다. 독일, 스위스, 노르웨이, 스웨덴 등지에서는 일부 특수한 경우를 제외하고는 단미와 단이를 금지하고 있다.[133] 위 국가들은 대부분 '증상에 따라 수의학적으로 필요한 경우'에만 예외를 두고 있다. 즉 건강을 위해 필요하다면 어떠한 증상에 대한 처치로써 이루어지면 될 일이다. 현재 대부분의 단미, 단이 수술은 미용 목적으로 이루어지고 있고, 이는 동물에게 불필요한 고통과 스트레스를 주는 것이 분명하다.

반려견 단미는 오래전부터 시술되어 왔다. 여러 가지 유래설이 있는데, 로마 시대 목장에서 이용되던 목양견에서 비롯되었다고도 한다. 물리기 쉬운 꼬리를 잘라 늑대로부터 보호하고, 목장의 다른 가축들에게 꼬리가 밟히지 않도록 잘라버렸다는 것이다. 집을 지키던 경비견은 더 용맹해 보이도록 귀를 자른 것으로 알려져 있다. 중세 시대에는 일하는 개에 대해 세금을 부과하지 않았기 때문에 일하는 개라는 표식으로 단미를 했다고 한다.

현대에 들어서는 도그쇼(견종 표준과 외모가 가장 비슷한 반려견을 선발하는 대회)에서 특정 견종의 꼬리 길이가 심사 기준에 포함되면서 단미가 더욱 늘어났다. 유래가 무엇이든 목양이나 세금과 무관한 현재까지도 단미와 단이를 쉽게 하는 이유는 겉으로 보이는 모습, 즉 미용 때문이다.

요컨대, 수의학적 연구나 문화적 배경, 역사 등에 비추어보더라도 단미가 위생이나 건강한 성장을 위해 반드시 필요하다는 사람들의 주장은 설득력이 떨어진다. 현재 이루어지는 단미와 단이는 대부분 미용 목적이고, 이는 인간의 욕심 때문에 동물에게 불필요한 고통을 가하는 행위로서 동물 학대의 범위에 포함되는 것으로 보아야 한다.

　　현행법상 단미와 단이는 수의학적 방법을 따른다면 동물 학대로 보기 어렵다. 따라서 이 부분에 대한 법 개정이 필요해 보인다. 불필요한 고통을 주는 미용 목적의 단미와 단이는 금지되어야 한다.

폐업한 펫숍의 반려견 방치 사건

2019년 6월 트위터, 페이스북 등 SNS에 서울시 강북구 우이동의 한 펫숍에서 동물을 방치하고 있다는 글과 사진이 올라왔다.

글쓴이는 우연히 지나가다 이 펫숍을 봤는데 "쓰리잡 힘들어 죽겠다, 장가나 가야겠다", "폐업 정리, 50% 할인"이라는 문구가 적힌 입간판이 세워져 있었고, 불이 켜져 있기에 주인이 있는 줄 알았더니 안에 아무도 없었다고 했다. 밥그릇, 물그릇도 텅텅 비어 있었고, 반려견들은 배가 고파 자기 배변을 먹거나 먼지를 먹고 있었다며 최소 몇 주 이상 방치된 것 같다고 했다. 이를 본 어느 행인이 펫숍 주인한테 전화했더니 자기는 동물 애호가라며 오히려 욕을 퍼붓고 끊어버렸다며, 반려견들을 구출하고 싶으니 도와달라고 호소했다. 그러면서 관리가 전혀 되지 않은 듯 털이 빠지거나 뼈만 앙상하게 남은 반려견의 사진도 함께 올렸고, 많은 사람들이 사진을 보고 더욱 안타까워했다.

얼마 후 이 소식을 전해 들은 한 동물 보호 단체가 돈을 주고 분양받는 형식으로 8마리의 반려견을 모두 구조했다. 반려견들을 동물병원으로 보내 치료한 후 펫숍 주인이 처벌받도록 할 예정이었던 이 단체는 실제로 반려견들을 구조한 후 펫숍 업주를 동물보호법 위반으로 고소했다.[134]

그런데 이 과정에 한 가지 의아한 점이 있다. 동물 보호 단체가 반려견들을 매입하는 방식으로 구조했기 때문이다. 아무도 없는 펫숍 안에서 반려견들이 죽어가고 있는데 그냥 문을 따고 들어가 구조하는 것은 안 될까? 내가 만약 그러한 상황을 목격한다면 어떻게 해야 할까?

반려견들이 물과 사료를 공급받지 못해 죽음에 이른다면 이는 동물 학대에 해당한다. 경찰에 신고하여 긴급 피난 조치를 요청할 수 있다. 이 경우 경찰관은 지자체 동물 보호 담당관의 판단 아래 긴급 조치를 취할 수 있다. 즉 반려견들을 구조하여 학대자로부터 격리할 수 있다.

그러나 이는 매뉴얼일 뿐 실제로 이렇게 처리되는 경우는 많지 않다. 동물 학대 사건은 아직까지 수사 기관의 업무에서 상대적으로 중요도가 낮다. 안일하게 대응하는 경우도 적지 않다. 학대 행위 목격 시 긴급 조치가 가능하다고 하지만 학대 행위인지 명백하지 않을 수 있고(위 사건에서도 업주는 반려견들을 방치한 것이 아니라고 적극적으로 대응했다), 같은 맥락에서 긴급 조치가 필요한 상황인지에 대한 다툼이 있을 수 있다. 따라서 수사 기관도 조심스러울 수밖에 없다. 현행법상 동물을 학대한 사람이라고 해서 학대한 반려동물의 소유권을 박탈당하는 것은 아니다. 그 동물들은 여전히 그의 재산이다.

따라서 학대당하는 듯한 반려견들을 함부로 구조했다가는 오히려 주거침입죄나 절도죄로 고소당할 수 있다. 나중에 무혐의 처분을 받거나 무죄 판결이 날 수 있다고 하더라도 그러한 과정 자체가 스트레스일 수 있다. 이러한 위험 때문에 학대당하는 동물을 보더라도 적극적인 구조나 신고를 꺼리는 경우가 많다. 위 사안에서도 업주가 학대가 아니라고 주장하는 데다 추후 다툼이 생길 수 있는 상황에서 동물 보호 단체는 일단 무사히 신속하게 구조하는 것이 우선이므로 반려견들을 매입하는 방식을 취한 것으로 보인다.

이제 동물 보호 단체가 고소한 사건이 어떻게 진행되었는지 살펴보자. 펫숍 업주는 수사 과정에서 자신이 반려견들을 학대하지 않았다는 입장을 방어하려고 적극적으로 다투었다. 펫숍 업주는 털이 빠지는 피부병을 앓는 개가 있었던 것은 사실이지만 이미 동물병원에서 진단을 받아 약물 치료를 하고 있었다고 했다. 또한 해당 반려견뿐만 아니라 다른 반려견들도 꾸준히 진료와 관리를 받아왔다고 주장했다. 즉 반려견들을 방치하고 학대한 사실이 전혀 없다고 강변했다.

수사 기관은 어떻게 판단했을까? 수사 기관은 조사 끝에 펫숍 업주가 반려견들이 진료를 받게 하는 등 필요한 조치를 꾸준히 취해 왔다는 사실을 인정했다. 펫숍에서 주로 이용한 동물병원에 관련 진료 기록이 존재했고, 해당 동물병원의 수의사도 "꾸준히 병원을 이용했고, 반려견들의 상태가 관리를 잘했다고 볼 수는 없지만 학대라고 할 수도 없었다"라고 진술했기 때문이다.

사육 공간의 상태를 근거로 학대 여부를 판단하여 처벌할 수도 없었다. 폐업한 후라서 객관적으로 사육장 상태를 확인할 수 없었다. 결국 수사 기관은 펫숍 업주가 고의적으로 반려견들을 학대했다고 보기는 힘들다고 판단하여 펫숍 업주에 대해 불기소 처분(혐의 없음)을 했다.

결론적으로 펫숍 업주의 행위가 동물 학대가 아니라는 것이어서 수사 기관의 처분을 두고 많은 논란이 일었다. 위 사건으로부터 불과 1년 전 천안의 한 펫숍에서 있었던 유사 사건에서는 업주가 징역 8월에 집행유예 2년을 선고받았다. 천안 펫숍 사건의 경우 무려 78마리의 반려견을 펫숍에 방치하여 죽음에 이르게 했고, 동물병원에 데려가 제대로 치료를 해준 적도 없었다. 이 사건과는 사실관계에 큰 차이가 있기는 하지만, 두 사건 모두 반려견을 방치한 행위는 동일하므로 위 사건에서 수사 기관이 불기소 처분을 한 것을 이해할 수 없다는 비판도 있었다.

그러나 수사 기관을 비난할 일은 아니다. 천안 펫숍 사건과는 사실관계가 크게 다르고, 사건의 경위와 결과, 현출된 증거도 상이하다. 따라서 왜 똑같은 방치 행위임에도 이 사건에서는 동물 학대로 처벌하지 않느냐고 쉽게 이야기할 수 없다.

한편, 이 사건에 한정하지 않고 동물 학대 사건 전체를 볼 때, 근본적으로 '방치' 행위를 학대로 인정하여 처벌하기란 어렵다. 주변에서 가장 빈번하게 발생할 수 있는 학대가 '동물을 방치하는 행위'이긴 하지만 그것을 어디까지 학대로 볼 수 있는지는 판단이 쉽지 않다.

법적으로 어떤 방치 행위를 동물 학대로 보아 처벌할 수 있을까? 동물보호법에서는 "고의로 사료 또는 물을 주지 아니하여 동물을 죽음에 이르게 하는 행위"를 학대 행위로 규정하고 있다. 따라서 죽음에까지 이르지 않은 경우, 예컨대 방치되던 동물이 제3자에게 발견되어 영양을 공급받거나 치료를 받아 회복된 경우에는 죽지 않았으므로 동물 학대에 해당하지 않는다.[135]

동물보호법에서는 "반려동물에게 최소한의 사육 공간 제공 등

농림축산식품부령으로 정하는 사육·관리 의무를 위반하여 상해를 입히거나 질병을 유발하는 행위"[136]도 동물 학대로 규정하고 있고, 동물보호법 시행규칙에서는 반려동물에게 질병이 생기면 신속히 수의학적 처치를 제공할 의무, 음식과 깨끗한 물을 공급할 의무 등을 규정하고 있다.[137] 하지만 위 시행규칙은 애초에 애니멀 호더(animal hoarder, 동물을 모으기만 하면서 돌보지 않고 방치하는 사람)를 처벌하기 위하여 만들어진 규정이다. 따라서 일반 가정에서 일어나는 방치는 이 조항을 적용해 처벌하는 것이 현실적으로 어렵다.

방치 행위가 학대인 것은 분명하다. 하지만 어느 정도까지의 방치를 법적 학대 행위로 보아야 하는지는 명확하지 않다. 예컨대 며칠 정도 불규칙하게 일시적으로 방치하는 경우, 잦은 빈도로 장시간 방치하는 경우, 최소한의 물과 음식만 주는 경우, 그 외 '사실상 방치'하는 경우 등에는 감정적으로는 학대로 판단되지만 동물보호법에서 정하는 범죄 구성요건을 갖추지 못해 처벌이 어렵다.

무엇보다 반려동물 방치 행위는 (다른 학대 행위도 마찬가지지만) 그 사실을 파악하기가 어려워 처벌이 쉽지 않다. 반려동물은 말을 할 수 없다. 게다가 반려동물이 방치되다가 굶어죽거나 질병에 걸려 죽으면 종량제 쓰레기봉투에 담아 생활폐기물로 처리하면 그만이다. 그러면 아무도 알 수 없다. 따라서 방치에 의한 학대는 누군가에게 발견되어 처벌로 이어지기가 쉽지 않다.

위 동물보호법의 사육, 관리 의무 위반으로 문제가 되는 예는 대부분 펫숍이나 애견 카페 등지에서 업주가 동물을 방치하는 경우 혹은 애니멀 호더의 경우이다. 일반 가정에서 반려견이나 반려묘를 한두 마리 키우다가 방치하여 죽이는 학대 행위는 발견하기가 어려울뿐더러 학대 행위를 증명하기도 어렵다. 위 사안에서는 그나마 길거리에 위치한 펫숍이었기 때문에 다행히 지나가던 사람들이 학대 현장을 발견하였을 뿐이다.

범죄 사실이 인정되려면 합리적 의심이 없는 정도의 증명에 이르러야 한다.[138] 따라서 동물 학대일지 모른다는 심증만으로는 부족하고, 명백한 증거가 필요하다. 아동 학대는 피해 아동의 진술 등이 유력한 증거가 될 수 있는데, 동물 학대는 그러한 피해자 진술이 불가능하기 때문에 학대를 증명하기가 훨씬 어렵다.

이러한 근본적인 장벽 때문에 수사 기관의 노력과 엄한 처벌만으로 동물 학대 문제를 해결하는 것에는 한계가 있다. 집에서 방치되고 있는 동물을 어떻게 찾아내고, 범죄를 어떻게 증명하여 보호자를 처벌할 수 있겠는가?

아동 학대를 참고하자면, '정인이 사건' 같은 아동 학대 사건이 터질 때마다 해결 방안으로 가장 강조되는 것이 예방과 관심(신고)이다. 수사 기관의 수사와 사법 기관의 처벌에만 기대는 것에는 한계가 있기 때문이다. 동물 학대 역시 다르지 않다. 동물 학대 문제를 가볍게 여기지 않고 주변의 반려동물에 관심을 갖는 태도가 중요하다. 동물 학대는 우리 주변에서 너무나도 자주, 쉽게 일어나고 있다. 인간을 향한 범죄가 끊이지 않는 것처럼 동물 학대 범죄 역시 계속되고 있다. 주변의 동물이 방치되고 있지 않은지, 학대를 받고 있는 것은 아닌지, 모두의 적극적인 관심이 있어야 할 것이다. 이를 통해 학대를 '예방'하는 것이 최선의 해법이다.

20장

동물을 학대하면
어떤 처벌을 받을까?

동물판 N번 방 사건

2020년 온 국민의 공분을 샀던 'N번 방 사건'을 기억할 것이다. 텔레그램 메신저를 통해 성착취물을 거래, 유포한 사건이다. 당시 N번 방(조주빈의 경우 '박사방'이지만 편의상 모두 N번 방 사건이라고 부른다) 운영자 조주빈은 김길태처럼 강간·살인을 하거나 조두순처럼 극악한 아동 성폭행을 저지르지 않았음에도 이례적으로 신상이 공개되었다. 2021년에는 대법원에서 징역 42년 형이 확정되었다. 매우 무거운 판결이다. 끔찍한 성범죄에 대한 국민의 분노, 우리 시대의 법 감정이 어떠한지 잘 알 수 있는 사건이다.

그런데 이듬해인 2021년 이른바 '동물판 N번 방 사건'이 일어났다. '고어전문방'이라는 이름의 카카오톡 오픈 채팅방에서 동물을 학대하는 영상과 사진을 공유한 사건이다. 채팅방 참가자들은 칼, 활 등 각종 도구를 이용해 길고양이 같은 동물들을 고통스럽게 하거나 잔혹하게 죽였다. 그들은 칼로 동물의 살을 도려내거나 뼈와 관절을 드러낸 사진, 머리와 신체 일부를 토막 낸 사진 등 잔인한 영상과 사진을 서로 주고받으며 즐겼다. 자신의 경험담이나 죽이는 기술, 심지어 총포 면허를 받는 법까지 공유했으며, 참가자들끼리 잔혹 행위를 부추기기도 했다. 잔혹한 영상과 사진을 보면서 서로 칭찬하거나 즐거워하는 대화 내용 역시 충격적이었다.

"익사시키는 거 대리만족되네요.", "ㅋㅋ 저도 고통스러워하는 거 보는 거 좋아해요.", "개꿀잼일 거 같네요.", "관절 깨끗이 나온 거 좋다.", "총은 펑 쏘면 그냥 툭 쓰러지는데 활은 쏘면 표적에 꽂히는 소리도 나고 바로 안 죽고 폐에 피가 차서 숨 못 쉴 때까지 소리지르면서 뛰어다니는데 쫓아가는 재미도 있고.", "(철창에 갇힌 고양이 사진을 보여주며) 이 고양이 결국 저 안에서 새까맣게 타버렸다궁.", "(고양이는 맛이 어떠냐는 질문에) 버렸어요. 한 입 먹고. 그냥 닭 삶아먹었어요.ㅋㅋㅋㅋ"[139]

이 사건은 성착취 영상을 공유하며 여성들의 인권을 짓밟았던 'N번 방 사건'과 유사하여 '동물판 N번 방 사건'으로 알려졌다. 이 사건 역시 수십만의 국민 청원 참여와 많은 언론 보도가 있었다. 하지만 사건의 잔혹성에 비해 지속적인 큰 관심을 받거나 국민적 분노로 이어지지는 못했다. 주도자 역시 조주빈만큼 무거운 처벌을 받지는 않았다.

이 사건은 해당 채팅방에 있던 익명의 참가자가 동물 보호 단체에 제보하면서 알려졌다. 국민 청원 게시판에 '고양이를 잔혹하게 학대하고 먹는 단체 오픈 카톡방 "*****"을 수사하고 처벌하여 주십시오'라는 청원 글이 올라와 많은 주목을 받았다.

동물 보호 단체는 제보자로부터 수집한 자료를 근거로 동물보호법 및 야생생물법 위반 혐의로 채팅방 운영자와 참가자들을 고발했다. 경찰은 채팅방 참가자 80여 명에 대한 수사를 진행하여 직접적으로 동물 학대에 가담한 3명을 찾아냈다. 채팅방을 개설한 방장 조씨와 행동대장 이씨, 그리고 동물 학대에 가담한 미성년자 1명이었다(채팅방 참가자 80여 명 중 대부분은 미성년자라고 한다). 이후 미성년자 1명은 소년 보호 사건으로 처리되었고, 방장 조씨와 주도자 이씨는 기소 의견으로 검찰에 송치되었다.

방장 조씨는 동물 학대 행위를 촬영한 사진 또는 영상물을 전시, 전달, 게재하였다는 이유로 송치되었으며,[140] 법원에서 벌금 300만 원의 형이 확정되었다. 잔혹한 동물 학대 채팅방을 만들어 운영한 사람에게 고작 벌금 300만 원이 뭐냐고 하겠지만, 동물 학대 영상을 공유한 위 범죄 행위는 원래 벌금 300만 원이 가장 높은 형이다. 법정 최고형을 받은 셈이다.

사람들의 관심은 채팅방 주도자인 행동대장 이씨에게 쏠렸다. 이씨는 영상 공유뿐만 아니라 직접 잔혹한 학대 행위를 한 자이기 때문이다.

1심 재판에서 이씨의 변소 요지는 "수렵 면허를 가지고 있어 고통없이 죽이는 방법을 사용했기 때문에 잔인한 방법이 아니었다. 합법적인 도살 행위였다. 학대의 고의가 없었다"는 것이었다.

하지만 동물이 고통받는 것을 낄낄거리며 즐기는 이씨의 영상과 메시지가 너무나 명백한 증거로 존재하여 이씨의 주장은 인정되기 어려울 것으로 예상되었다.

검찰은 위 채팅방 주도자 이씨에 대해 징역 3년을 구형했다(구형은 검사가 판사에게 '피고인에게 징역 3년을 선고해 달라'고 요구하는 것에 불과하다. 통상 판결은 구형량보다 적게 나온다). 징역 3년 역시 동물 학대에 대해 검사가 구할 수 있는 법정 최고형이다.

선고 결과가 어떻게 나왔을까? 재판부는 동물을 잔인한 방법으로 죽이지 않았다는 이씨의 주장을 받아들이지 않았다. 이씨의 모든 범죄 사실을 유죄로 인정했다. 문제는 형량이었다. 법원은 이씨에게 징역 4월, 벌금 100만 원, 집행유예 2년을 선고했다. 집행유예는 죄는 인정되지만 형의 집행을 유예하는 것을 말한다. 이씨는 징역살이와 벌금을 모두 피하게 되었다.

재판부는 "죄책이 가볍지 않고 피고인의 평소 대화 내용까지 더하여 볼 때 피고인은 생명체에 대한 존중 의식이 미약하였던 것으로 보인다"고 하면서도 "피고인이 자신의 잘못을 시인하면서 범행 이후 동물 보호를 위한 활동을 하는 등 노력하는 모습을 보이는 점, 피고인의 가족들이 피고인이 건전한 사회인으로 거듭날 수 있도록 노력할 것을 다짐하고 있는 점, 피고인의 나이가 어리고 형사 처분을 받은 적 없는 초범인 점 등에 비추어볼 때 피고인에게 기회를 부여하는 것이 타당하다"고 판시했다. 아직 나이가 어린 초범이기 때문에 선처해 준 것이다(선고 후 검찰은 바로 항소했으며, 2023년 10월 항소심에서 징역 8월[벌금 200만 원]의 실형이 선고됐다).

이들이 모인 '고어전문방'에서는 처음부터 자신들이 처벌받지 않을 것이라면서 시민들과 수사 기관을 조롱하기도 했다. 이들은 동물을 학대하더라도 무겁게 처벌받지 않으리라는 것을 잘 알고 있었다. 또 사진과 영상이 저장 기간이 지나 삭제되어 과거의 범행이 더 알려지지 않은 게 웃기다면서 동물 보호 단체나 언론을 비웃는 대화도 나누었다. 이러한 조롱과 비웃음이 있었음에도 이들의 기대나 예상대로 가벼운 처벌이 나온 것은 유감스러운 일이다.

과거에 어느 동물 학대 사건에 대한 하급심에서는 이런 판결 이유가 있었다.

"동물 학대 행위는 사회에서 가장 지위가 낮은 존재에 대한 혐오 내지 차별적 행동으로 볼 수 있다. 그러한 혐오 내지 차별적 행동을 용인하거나 그 위법성을 낮게 평가한다는 것은 우리 사회가 그 밖의 사회적 소수자들에 대한 혐오 내지 차별적 행동, 폭력적 행동까지도 간과하거나 심각성을 인식하지 못한다는 것을 보여주는 방증이 될 수도 있다.[141]"

이 사건의 재판부는 동물 학대를 결코 가볍게 평가하거나 처벌해서는 안 된다는 점을 강조하고 있다. 동물을 학대하는 것은 생명체에 대한 경시 행위로서 더욱 엄격히 죄책을 물어야 한다는 취지이다.

반면 '동물판 N번 방 사건'에 대한 제1심 판결에서는 동물 학대의 의미와 심각성이 제대로 평가되지 못한 것이 아닌가 하는 아쉬움이 있다. 특히 피고인이 반성하고 있고 범행 이후 동물 보호를 위한 활동을 했다는 것이 적절한 양형 이유인지 다시 생각하게 된다. 이씨는 아마도 반성문을 수차례 작성하고, 동물 보호를 위한 봉사 활동을 몇 번 한 후 그 보고서나 활동 내역서를 제출했을 것이다. 당연히 변호인의 코치도 있었을 것이다. 그리고 이 자료들은 피고인이 '진지한 반성'을 하고 있다는 사정으로 판단되어 유리하게 작용했을 것이다.

이것은 이 사건에만 한정된 문제가 아니다. 반성문, 기부, 봉사 활동 등은 형을 감면받기 위한 대표적인 방법들이다. 아동음란물 다크웹 '웰컴 투 비디오' 운영자 손씨도 무려 500장의 반성문을 제출했고, 법원은 손씨가 진지한 반성을 하고 있다는 사정도 양형 이유로 참작하여 감형해 주었다(손씨는 징역 1년 6월 형을 받았다).

아마 형사 사건 변호인들은 유죄가 예상되는 피고인에게 예외 없이 이 자료들을 준비하라고 할 것이다. 요즘에는 돈을 주면 반성문을 대필해 주는 곳도 있다. 그럼에도 반성문이나 봉사 활동 자료가 쉽게 감형의 근거가 되는 것은 지극히 형식적이고 부적절하다. 물론 반성을 하는 자와 반성을 하지 않는 자를 동일하게 취급할 수는 없지만, 진지한 반성을 하는지는 보다 엄격하게 판단해야 할 것이다. 대부분의 판사들은 반성문을 모두 읽어 보고 정말 반성의 기미가 있는지 확인한 후 양형에 참작한다고 한다. 하지만 판사가 읽어야 하는 사건 기록이 상당한데 반성문까지 꼼꼼하게 읽기는 쉽지 않을 것이다. 전문가들이 반성문을 대필해 주기도 하는 상황에서 글로만 이를 판단하는 것은 절대 쉬운 일이 아니다. 이 사건에서도 이씨가 과연 진지하게 반성하고 참회하며 동물 봉사 활동을 했을지 의문이다.

조주빈이 받은 형량 42년은 변호사가 보기에도 이례적으로 높은 편이다. 죄질이 매우 나쁘다고는 생각했지만 42년 형을 예상하지는 못했다. 검찰과 법원은 디지털 성착취 범죄를 엄단하기 위해 이들에게 단체조직죄를 적용하여 처벌했다. 사법부의 무관용 의지가 보이는 부분이다.

행동대장 이씨의 죄질이 조주빈과 동일하다고 볼 수는 없다. 보호법익도 다르고 법정형도 엄연히 다르다. 하지만 그 상징성은 유사하다. 약자와 생명체에 대한 심각한 경시라는 점, 카카오톡이나 텔레그램 같은 메신저를 통해 부적절한 콘텐츠를 전파시켰다는 점은 동일하다. 특히 온라인에서 부적절한 사진과 영상을 확산시키는 것은 그 파급력과 영향력을 감안하여 더욱 경계해야 한다. 그러려면 사법부가 '디지털 동물 학대 범죄'에 대해 강력한 경고 메시지를 전달할 필요가 있다.

아울러 고어전문방에 대한 수사와 처벌이 있었음에도, 이 고어전문방이 텔레그램으로 옮아가 제2, 제3의 고어전문방이 만들어져 운영되고 있다는 점은 우리에게 시사하는 바가 크다.[142] 보도에 따르면, 여전히 다른 동물 학대방이 은밀하게 운영되고 있으며, 이씨가 있던 동물 학대 채팅방의 참가자들과 새로 운영되는 채팅방의 참가자들이 사실상 같다고 한다. 고어전문방의 주도자들이 처벌받았음에도 그 방에 있던 다른 이들에게 어떠한 경고 메시지도 전달되지 못한 셈이다. 디지털 동물 학대 범죄에 대해서도 'N번방 사건'과 같이 사법부의 엄중한 경고가 필요한 시점이다.

동물을 학대하는 자는
사람에게도 범죄를 저지를까?

2006년부터 약 3년간 부녀자 10명을 살해한 강호순은 개
농장을 운영했다. 시베리안 허스키를 안고 웃으며 찍은 강호순
의 사진은 유명하다(강호순은 자신의 이미지 메이킹을 위해 이 사진을
찍었다고 하며, 사진을 찍고 나서 바로 개를 잡아먹었다고 한다). 강호순
은 개농장을 운영하면서 개를 혹한에 방치하거나 굶겨 죽이기
도 했고, 도살할 때 잔혹한 방식으로 죽였다고 한다. 프로파일
러와의 면담에서 강호순은 "개를 많이 죽이다 보니 살인도 아
무렇지 않게 하게 됐고, 살인 욕구를 자제할 수 없었다"고 진술
했다.

2003년부터 2004년까지 여성과 노인 20여 명을 살해한 유
영철은 칼로 개를 찔러 보며 '살인 실험'을 한 것으로 알려져
있다. 그 과정에서 칼보다는 둔기를 이용하는 것이 더 효과적
인 살해 방법임을 깨달았다고 한다. 유영철은 실제 범행에서도
둔기를 사용했다.

2008년 잔혹한 아동 성범죄를 저지른 조두순 역시 수사 과

정에서 "(술에 취해 들어와서) 개를 벽에 집어 던져 죽인 적이 두 번 있다", "그중 한 마리는 눈을 빗자루 몽둥이로 찔렀다"고 진술한 바 있다.

유사한 외국의 사례도 많다. 2018년 미국 플로리다주 고등학교 총기 난사 사건의 범인 니컬러스 제이컵 크루스는 범행 이전에 다람쥐나 토끼 같은 동물에게 총격을 가한 적이 있다고 진술했다.[143] 2017년 미국 텍사스의 한 교회에서 총기를 난사해 26명을 살해한 데빈 패트릭 켈리는 과거에 동물을 죽여 기소당한 적이 있었다.[144]

그렇다면 동물학대범은 나중에 강력 범죄를 저지르는 것일까? 동물 학대와 강력 범죄 사이에 상관관계가 있을까?

결론부터 말하면, 동물을 학대한다고 해서 반드시 사람을 상대로 강력 범죄를 저지를 것이라 단정할 수는 없지만, 다른 범죄를 저지를 가능성이 일반인보다 대체로 더 높다고 할 수 있다.

미국의 매사추세츠동물학대예방협회(MSPCA)와 노스이스턴 대학교가 연구한 '동물 학대와 여타 범죄'에 관한 보고서[145]를 보면, 동물 학대와 여타 범죄 간의 상당한 연관성이 발견된다. 연구 대상 표본을 기준으로, 동물 학대를 저지른 사람의 약 70퍼센트가 폭행, 재산 범죄, 마약 같은 여타 범죄를 저질렀다. 동물 학대가 여타 범죄에 앞서 일어나진 않았다. 동물 학대 역시 수많은 반사회적 행동 중 하나로 나타났다. 즉 여타 일반 범죄 전과가 있는 사람이 나중에 동물 학대를 하는 경우가 있는가 하면, 동물 학대 전과가 있는 사람이 나중에 여타 일반 범죄를 저지르기도 했다. 그 순서에는 아무런 연관성이 없었다. 다만 동물 학대를 저지르는 사람은 대부분 반사회적 성향을 보일 뿐만 아니라 다른 범죄를 저지를 가능성도 높다는 사실이 통계적으로 밝혀졌다.

국내에도 비슷한 연구가 있다. 「폭력성 범죄의 예측 가능성에 관한 연구」[146]에 따르면, 어린 시절에 겪은 좌절의 고통을 해소하기 위한 이상행동으로 방화와 동물 학대가 나타날 수 있고, 이는 폭력성 범죄의 강력한 예측 요소로 보인다. 따라서 동물 학대 전력이 있는 청소년은 특별히 집중적인 관리가 필요하다고 본다.

같은 이유로 미국 연방수사국(FBI)은 2016년부터 동물 학대 범죄에 대해서도 방화, 절도, 살인 등의 중범죄와 같이 미국 전역에서 범죄 데이터를 수집하여 활용하고 있다. 동물 학대 범죄가 다른 범죄로 이어질 가능성을 우려하는 것이다.[147]

'동물판 N번 방 사건'의 채팅방 대화 내용을 보면 굳이 학문적 연구나 전문 기관의 검증 없이도 동물 학대가 다른 범죄로 이어질 수 있다는 우려를 충분히 이해할 수 있다. '동물판 N번 방 사건'을 들여다보면, 처음에는 길고양이나 고라니 같은 동물에 대한 학대 사진을 공유하는 채팅방으로 시작했다. 그러다 채팅방 활동이 지속되면서 학대 수위가 점점 높아졌을 뿐만 아니라, 이슬람 무장 단체 IS의 참수 영상 등 사람을 소재로한 잔혹한 영상과 사진도 공유했다. 칼로 자신의 팔을 그어 피를 흘리는 자해 사진을 올리는 사람도 있었고, 다른 참가자에게 자해를 요구하기도 했다. 심지어 "전 드릴로 사람 한번 손등이나 발등 관통해 보고 싶네요"와 같이 타인을 가해하고 싶다는 메시지도 올렸다. 점점 대상이 사람으로 옮아갔다. 물론 말로만 한 것일 뿐 정말 사람에 대한 가해로 이어진 것은 아니고 이어질 것이라 장담할 수도 없다. 하지만 이들의 대화에서 드러난 억압된 욕구나 공격성, 반사회성은 결코 가볍게 넘길 수준이 아니었다.

거듭 이야기하지만, 동물을 좋아하지 않는 사람도 있고 그들 역시 존중받아야 한다. 변호사라는 직업의 특성상 동물을 좋아하지 않는 사람의 편에 서서 옹호해야 할 때도 있다. 하지만 동물을 좋아하지 않는 사람이라고 해서 동물 학대를 일삼거나, 그러한 행위를 방조하거나 용인하지 않는다. 동물 학대는 동물 호불호와는 연관성이 거의 없는 문제이다. 동물의 생명을 존중해야 한다는 것에 대해 (정도나 기준이 다를 수는 있지만) 동물을 싫어하든 좋아하든 모두가 동의할 수 있다.

잔혹한 동물 학대를 서슴지 않고 저지르는 사람이 사회적으로 정상이라고 할 수는 없다. 미국처럼 우리나라도 동물을 학대하는 사람에 대한 국가적 관리가 필요한 것은 아닌지 생각해 볼 필요가 있다.

경의선 길고양이 자두 사건

2019년 7월 13일 서울시 마포구의 경의선 숲길에서 고양이 한 마리가 잔인하게 죽임을 당한 사건이 일어났다.

범인은 일정한 직업 없이 고시원에서 혼자 생활하던 40대 남성 정씨였다. 정씨는 평소 산책길인 경의선 숲길에 고양이가 너무 많아 불만이었다. 고양이가 갑자기 튀어나와 자신을 놀라게 했을 뿐만 아니라, 사람들이 통행로를 막아가면서 고양이에게 사료를 주는 것도 불편했다.

급기야 정씨는 고양이를 해치기로 마음먹었다. 고양이에게 먹일 목적으로 세제 섞은 사료를 준비한 후 고양이를 찾아나섰다. 얼마 지나지 않아 정씨는 경의선 숲길에 위치한 어느 식당의 테라스에서 고양이를 발견했다. 이 고양이는 식당 주인이 돌보던 길고양이 중 한 마리인 '자두'였다.

정씨는 자두에게 미리 준비한 세제 섞은 사료와 물을 주었으나 자두가 정씨를 경계하면서 사료를 먹지 않고 도망가려 했다. 그러자 정씨는 도망가려는 자두의 꼬리를 재빨리 잡아챈 뒤 자두를 땅바닥과 테라스 벽에 내리치고 머리를 짓밟아 죽였다. 그러고는 사체를 바로 옆 수풀에 버리고 가버렸다. 이러한 정씨의 범행 과정은 식당에 설치된 CCTV에 모두 녹화되었고, 해당 영상은 뉴스에 공개되어 많은 사람들에게 충격을 주었다. 이것이 바로 언론에 많이 보도된 일명 '경의선 길고양이 자두 사건'이다.

정씨는 CCTV에 모든 범죄 행위가 녹화되었기 때문에 빠르게 검거되었다. 검찰은 정씨를 동물보호법 위반과 재물손괴죄[148][149] 혐의로 기소하였고, 곧 재판이 진행되었다.

여기서 동물보호법 위반과 재물손괴죄는 법적으로 '상상적 경합'에 해당한다. 이 개념을 알아야 정씨의 주장을 이해할 수 있기 때문에 간략히 설명하겠다. '상상적 경합'이란 하나의 행위가 수 종류의 죄에 해당하는 경우를 말한다. 고양이를 죽인 하나의 행위가 동물보호법 위반이기도 하고 손괴죄이기도 하다. 상상적 경합은 하나의 행위에 의한 것이므로 여러 종류의 죄 중 가장 무거운 죄로만 처벌받는다. 이 사건에서는 당시 적용 법령 기준으로 동물보호법 위반이 '2년 이하의 징역 또는 2천만 원 이하의 벌금'이었고, 재물손괴죄가 '3년 이하의 징역 또는 700만 원 이하의 벌금'이었다. 만약 둘 다 유죄로 인정될 경우 정씨는 둘 중 더 무거운 손괴죄에 대한 형량, 즉 '3년 이하의 징역 또는 700만 원 이하의 벌금'을 기준으로 처벌받게 된다.

정씨는 재판에서 범행 사실을 인정했다. CCTV에 모든 장면이 녹화되었으니 인정할 수밖에 없었을 것이다. 하지만 정씨는 계속 "죽은 고양이가 피해자의 소유라고 보기 어렵고, 소유주 없는 길고양이로 생각했기 때문에 재물손괴의 고의가 없었다"는 점을 두고 다투었다. 범죄 행위를 했는지 여부가 아니라 피해 동물에게 소유주가 있는지가 주요 쟁점이 되었다. 재판이 왜 그렇게 흘러가게 되었을까?

사실 법원은 소유주가 없는 일반적인 길고양이 학대 사건에서 피고인에게 상대적으로 경미한 형을 선고하는 경향이 있다. 들고양이를 포획하여 철제 우리에 가둔 뒤 불에 달군 쇠꼬챙이로 찌르고 끓는 물을 붓는 등 가혹 행위를 하고 그 과정을 촬영하여 유튜브와 온라인 채팅방에 게시한 피고인에게 실형이 아닌 징역 4월에 집행유예 2년, 벌금 300만 원을 선고한 사례가 있다.[150] 죽은 동물에게 소유주가 있다면 소유주가 느낀 정신적 고통도 양형에 반영이 되는데 소유주 없는 길고양이라면 피해가 줄어든다.

그런데 정씨는 위와 같은 양형적 고려보다는 손괴죄에 대한 형이 더 무겁기 때문에 손괴죄 무죄를 주장했을 가능성이 매우 높다. 앞서 간략히 설명한 바와 같이, 두 죄는 '상상적 경합' 관계에 있기 때문이다. 둘 다 유죄로 인정될 경우 더 무거운 재물손괴죄 규정에 따라 형이 적용된다. 따라서 재물손괴죄가 무죄로 인정되면 동물학대죄에 따라 처벌받으므로 실형 가능성이 낮아질 수 있다. 특히 당시까지 동물을 학대하여 동물보호법 위반으로 처벌받은 사례 중 실형이 없었기 때문에 더욱 그러했다.

그러나 재판부는 위 고양이가 피해자의 소유이고, 정씨에게 재물손괴에 대한 미필적 인식이 있었다고 판단하여 정씨의 주장을 받아들이지 않았다. 동물보호법 위반과 재물손괴죄 모두 유죄로 인정하여 재물손괴죄 처벌 규정에 따라 징역 6월을 선고했다.

동물을 학대하여 죽인 경우의 처벌이 일반 재물의 효용을 해한 경우의 처벌보다 가벼워서, 동물을 학대하여 죽인 것은 인정하면서도 재물손괴는 아니라고 주장한 것은 참 아이러니하다. 동물을 '물건'으로 보더라도 동물 학대에 대한 처벌 규정은 더 특수한 물건의 효용을 해한 특별 규정의 성격을 갖는다고 볼 수 있는데 말이다. 현재는 동물보호법이 개정되어 동물 학대에 대한 처벌 역시 '3년 이하의 징역 또는 3천만 원 이하의 벌금'으로 상향되었기 때문에 이러한 문제가 사라졌다. 하지만 소유주가 없을 경우 그것이 여전히 양형 판단에 영향을 미칠 수 있다.

이 사건은 동물학대범에 대하여 거의 최초의 실형(징역 6월)이 선고된 사건이어서 큰 관심을 받았다.[151] 꽤 오래전부터 수많은 동물 학대 사건을 뉴스로 접해 왔는데 이제야 실형 판결이 처음 나왔다는 것은 놀라울 따름이다. 최근 들어 동물 학대에 대한 국민적 관심과 사회적 공분이 커지면서 법원이 과거보다 비교적 엄중하게 판단하고 있고, 위와 같이 실형도 간혹 선고되고 있다. 하지만 아직도 대부분은 집행유예나 벌금형에 그치고 있다.

이에 대해 동물 학대 범죄 처벌이 너무 약한 것 아니냐, 법을 개정해야 하는 것 아니냐는 지적도 있다. 과연 우리나라의 동물 학대 처벌은 너무 관대한 것일까? '3년 이하의 징역 또는 3천만 원 이하의 벌금(상해 수준의 학대는 2년 이하의 징역 또는 2천만 원 이하의 벌금)'이라는 형량이 너무 가벼운 것일까? 동물 학대 처벌에 관한 법을 더 강화하여 처벌 수위를 높여야 할까?

다른 나라와 비교해 볼 때 우리나라 동물보호법에 규정된 위의 형량은 그다지 낮은 수준이 아니다. 동물 학대에 엄격한 나라로 알려진 독일 역시 3년 이하의 징역 또는 벌금으로 우리와 큰 차이가 없다.[152]

다른 죄와 비교해 보더라도 마찬가지다. 사람에 대한 학대를 규율하는 형법상 학대죄(제273조)는 '2년 이하의 징역 또는 500만 원 이하의 벌금'에 처하고 있고, 아동복지법상 학대죄는 '5년 이하의 징역 또는 5천만 원 이하의 벌금'에 처한다고 정하고 있다. 특히 우리나라 법에서 아동은 매우 강력하게 보호하고 있다는 점(아동에 대한 성범죄 역시 형이 매우 중하다)과 동물과 인간의 차이 반영이 어느 정도 필요하다는 점 등을 고려하면 현재의 동물 학대에 대한 처벌 규정은 결코 낮은 수준이 아니다.

동물학대범에 대한 처벌이 가볍게 느껴지는 것은 법 규정 때문이 아니라 실제 처벌 수위 때문이다. 수많은 동물 학대 판결을 분석해 보면, '너무 잔혹하다' 싶은 생각이 드는 경우라도 집행유예 정도에 그친 경우가 많다. 일반적인 학대는 예외 없이 벌금형이다. 간혹 실형도 있었으나 동물 학대로만 실형을 받은 예는 없고 상해든 폭행이든 다른 범죄와 함께 판단을 받아 최종적으로 실형이 선고됐다. 즉 지금 필요한 것은 처벌 규정을 상향하는 게 아니라, 현재의 법 아래에서 실제 처벌을 무겁게 내리는 것이다. 다행히 사람들의 인식이 변하고 있고, 법원 역시 동물 학대 범죄의 심각성을 인지해 실형을 선고하는 추세로 가고 있는 듯하다. 이러한 변화는 앞으로도 계속 이어질 것이다.

엄중한 처벌과 더불어 재발 방지와 예방, 동물학대범 교화도 반드시 필요하다. 미국의 몇몇 주에는 우리나라의 성범죄자 신상공개제도와 같이 동물학대범의 얼굴과 주소를 공개하는 제도가 있다. 다만 우리나라에서 지금 신상공개제도를 동물 학대 범죄에까지 확대 적용하는 것은 위헌적 요소가 있고 상당한 논란을 불러일으킬 수 있어 신중할 필요가 있다. 재발 방지나 예방을 위한 다른 방안도 반드시 고민해 봐야 할 것이다.

최근 동물보호법 개정으로 2024년부터는 동물학대범에게도 성범죄자처럼 형벌과 함께 재범 예방에 필요한 수강 명령이나 치료 프로그램 이수 명령을 병과할 수 있는 제도적 장치가 마련되었다. 동물 학대를 예방하려면 무거운 처벌 못지않게 이들에 대한 관리도 꼭 필요하다.

동물 학대 처벌에
일관성이 없다?

　동물 학대를 한 사람들에 관한 언론 기사에 달린 댓글이나 온라인 커뮤니티의 글을 보면, 동물학대범에 대한 처벌이 약하다는 비판과 함께 '처벌에 일관성이 없다'는 비판도 있다. 이러한 주장은 과연 사실일까?

　결론부터 말하면, 대체로 사실이다. 다만 이는 상대적으로 느끼는 개념이라 사람에 따라 다르게 생각할 수 있다. 정확하게는, '일관성이 없다고 생각할 수 있다'가 맞다. 비슷한 유형의 학대 행위임에도 법원에 따라 처벌 수준에 대한 판단이 다른 경우가 많다.

　그 이유를 두고, 동물 학대 사건은 양형 기준이 마련되어 있지 않기 때문이라는 주장도 있다. 하지만 양형 기준의 부재보다는 수사 기관이나 법관의 동물에 대한 인식이나 정서가 크게 차이 나기 때문이다.

　양형 기준이란 법관이 형을 정함에 있어 참고하는 하나의 기준을 말한다. 법관은 '법정형'(각 범죄에 대응하여 법률에 규정되어 있는 형벌. 앞서 본 동물보호법 조문 '3년 이하의 징역 또는 3천만 원 이하의 벌금'은 법정형이다) 내에서 법률에 규정된 바에 따라 '처단형'(정해진 형의 가중, 감경 사유에 따라 결정하는 형벌. 예를 들어 심신미약의 경우 형을 감경할 수 있다)을 정한다. 처단형의 범위 내에서 구체적으로 형을 양정하여 '선고형'을 정하게 되는데, 양형 기준이란 이 선고형을 결정하는 데 참조되는 기준을 말한다. 예를 들면 범행의 동기나 수단, 반성 여부 등을 기준으로 선고형을 결정한다. 즉 판사가 아무런 기준도 없이 자의적 판단으로 형을 늘리고 줄이는 것이 아니라 위 양형 기준에 따라 형량 범위를 결정하는 것이다. 살인, 뇌물, 성범죄 등 대부분의 범죄는 양형 기준이 있어 이에 따라 형이 결정되는데 동물 학대는 양형에 대한 기준이 없다.

명시적 양형 기준이 없더라도 양형 기준이 범죄마다 특별히 큰 차이가 나는 것은 아니고, 기존의 형법상 유사한 죄의 양형 기준을 참고하여 처리할 수 있기 때문에 이것이 형량의 일관성에 중대한 영향을 미친다고 보지는 않는다. 양형 기준이 있는 일반 다른 범죄들 역시 처벌의 일관성에 관한 비판이 있는 것을 보면 더욱 그러하다.

앞에서 언급한 것처럼 처벌에 일관성이 없다고 느끼는 이유는 최근 들어 동물의 지위가 급격하게 향상되고 동물에 대한 인식 수준이 너무나도 빠르게 변화했기 때문이다. 기성세대와 젊은 세대, 반려인과 비반려인, 동물에 관심이 있는 사람과 없는 사람, 이들 사이의 동물에 대한 인식 차이가 커진 것이 큰 영향을 미치고 있다. 구형을 하는 검사나 판결을 하는 법관 모두 인간이기 때문에 자신의 사상과 가치관에서 자유로울 수 없다. 판결을 받아들이는 사람 역시 자신이 가진 가치관에 따라 동물학대범에 대한 처벌이 적절하다고 느낄 수도 있고 너무 가볍다고 느낄 수도 있다.

이러한 인식의 간극에서 기인하는 문제는 제도로 해결할 수 있는 것이 아니라서 사회적 인식의 자연스러운 변화로 해결되어야 한다. 다행히 사회적 인식은 동물 학대를 더 엄중하게 처벌해야 한다는 방향으로 일관되게 나아가고 있다.

21장

반려견이 타인을 물면
견주는 어떤 책임을 져야 할까?

배우 김민교 씨의 반려견이 일으킨 개물림 사고

소방청 통계 자료에 따르면, 최근 5년간(2016~2020년) 개물림 사고 환자 이송 건수가 약 11,000건이라고 한다. 이 수치는 공식 통계에 잡힌 환자 이송 건수이고, 경미한 개물림 사고까지 합하면 환자 수가 훨씬 더 많을 것이다. 언론이나 포털 사이트에도 반려견이 사람을 물어서 죽거나 다치게 했다는 기사나 글이 많이 보인다. 유명 연예인의 반려견이 이웃 주민을 물어 큰 이슈가 된 사건들도 있었다. 2020년에는 배우 김민교 씨의 반려견이 이웃의 80대 여성을 물어 사망하게 한 안타까운 사고가 있었다.

김씨는 경기도 광주에 있는 집에서 대형견 3마리(러프콜리 1마리, 벨기에 그로넨달 1마리, 그 사이에서 태어난 혼종 1마리)를 견사 안에 목줄

없이 풀어 놓고 키웠다. 견종을 보면, 러프콜리는 목양견으로 몸무게가 25~35킬로그램인 대형견이고, 벨기에 그로넨달 역시 목양견으로 몸무게가 25~30킬로그램인 흑발의 대형견이다.

어느 날 러프콜리 1마리와 혼종 1마리가 갑자기 견사 울타리를 뛰어넘어 뒤편 텃밭에서 나물을 캐고 있던 84세의 이웃 여성에게 달려들어 허벅지와 양팔을 물어뜯었다. 고령의 피해자는 달려드는 개에게 속수무책으로 당할 수밖에 없었고 큰 중상을 입었다. 바로 병원으로 옮겨져 치료를 받았지만 두 달 뒤 대퇴동맥 손상에 의한 폐색전증으로 사망하였다.

개를 사육하는 견주에게는 개에게 목줄을 하거나 개가 탈출할 수 없는 충분한 높이의 울타리를 설치하는 등 개가 행인에게 위해를 가하지 않도록 위험 발생을 미연에 방지하여야 할 주의 의무가 있다. 견주가 이러한 주의 의무를 다하지 않아서 사람이 다치거나 죽을 경우 견주에게는 과실치사상의 죄가 인정될 수 있다.

이 사고견(가해견)들의 견주인 김씨 역시 과실치사 혐의로 재판을 받게 되었고, 유죄가 인정되어 금고 8월에 집행유예 2년을 선고받았다. 김씨와 검사 모두 항소하지 않아 그대로 확정되었다.

재판부는 판결문에서 김씨가 키우던 개가 과거에도 동네 이웃을 문 적이 있어 사람을 해치지 않도록 각별히 유의하여 견사를 관리할 주의 의무가 있었음에도 김씨가 이를 위반하였다고 보았다. 특히 사람이 사망하였다는 점에서 죄책이 가볍지 않다고 보았다. 다만 김씨가 범행을 자백하고 깊이 반성하였다는 점, 피해자 유가족과 원만하게 합의하였다는 점, 재발 방지를 위해 개를 훈련소에

위탁하여 관리하고 있는 점 등을 유리한 정상으로 보아 위와 같은 형을 선고했다.[153]

이처럼 견주에게는 자신의 개가 다른 사람을 물거나 해치지 않도록 방지해야 할 주의 의무가 있고 이를 위반하면 무거운 형사상 책임을 져야 할 수 있다. 특히 대형견을 키울 경우 입마개를 씌우거나 목줄을 달아서 다른 사람을 공격하지 않도록 철저하게 통제해야 한다. 김씨처럼 개를 견사에서 키우는 경우라면 울타리의 높이나 철망의 견고함에 문제가 없는지 확인하여 개가 밖으로 나가지 못하도록 주의해야 한다. 개 교정 프로그램 영상들을 보면 견사 밖의 사람들에게 공격적인 행동을 보이는 개에게는 시야가 차단되는 담장을 설치하도록 한다.

배우 김민교 씨는 동물 관련 예능 프로그램에 자주 출연해서 반려견에 대한 애정을 과시했고, 평소에 반려견 관리나 훈련에 신경을 쓴 것으로 알려져 있었다. 러프콜리나 벨기에 그로넨달은 비교적 순한 편이어서 흔히 사납다고 생각하는 (핏불 테리어나 로트와일러 같은) 맹견도 아니다. 그런데도 돌발적으로 일어난 사고에 큰 책임을 져야 했으니 당혹스럽고 안타까울 수 있다.

하지만 우리는 사망한 피해자와 가족을 잃은 유족의 입장에서 먼저 생각할 수밖에 없고, 김씨는 처벌과 비난을 피할 수 없다. 김씨가 정말 최선의 의무를 다했는지, 사고를 예방할 수 없었는지의 관점에서 보면 그렇지 않기 때문이다. 자신의 개가 과거에 이웃을 문 적이 있기 때문에 개에게 공격성이 있다는 사실을 김씨도 알았을 것이므로 더욱 주의를 기울였어야 했다.

보다 근본적인 관점에서 보면, 공격적인 성향을 보인 대형견을 여러 마리 키우면서 어떠한 의무를 다해야 하는지에 대한 제대로 된 매뉴얼이나 교육을 접하지 못한 것 같아 아쉽기도 하다. 최근 대형견을 키우는 인구가 늘고 있지만 대형견의 위험성이 얼마나 큰지, 견주가 어떤 태도를 지녀야 하는지 모르는 사람들이 많고, 심지어 반려견을 통제하지 못하는 견주도 적지 않다. 그런 점에서 대형견을 키우는 견주를 대상으로 하는 의무 교육이나 사육 시설·장비 기준의 구체화가 반드시 필요해 보인다.

통상 개물림 사고는 김씨의 사례와 같이 피해자가 사망에 이르는 예는 흔치 않고 상해를 당하는 경우가 많다. 즉 과실치상에 해당하는 사례가 많은데, 과실치상은 반의사불벌죄(피해자가 가해자의 처벌을 원하지 않으면 형사 처벌할 수 없는 범죄)이기 때문에 피해자와 합의하여 피해자가 처벌 불원 의사를 밝히면 처벌받지 않는다. 과실치상 사건은 피해자와 합의하여 불기소 처분(공소권 없음)이나 공소 기각으로 마무리되는 예가 많다. 유죄 선고를 받더라도 과실치상은 과실에 의한 것이어서 대체로 벌금형 정도에 그친다. 그래서 개물림 사고가 더 가볍게 여겨지기도 한다.

하지만 최근 개물림 사고가 반복되면서 견주에 대한 처벌이 너무 약하다는 여론이 있어서인지 엄중히 처벌하는 사례가 늘고 있다. 각박한 사회 분위기 탓에 합의가 쉽지 않은 경우도 많다. 따라서 견주들은 개물림 사고를 결코 안일하게 여겨서는 안 된다. 개물림 사고에 대한 경각심을 항상 높게 유지해야 한다.

개물림 사고에는
어떤 법이 적용될까?

반려견을 키우는 사람들은 자신의 반려견이 타인을 공격해 상해 사고가 발생할 경우 견주인 자신에게 책임이 있다는 것은 안다. 하지만 구체적으로 어떤 기준을 근거로 책임을 지는지, 어느 정도의 책임을 지는지는 정확히 알지 못한다. 견주는 민사상 손해배상을 해주어야 할 뿐만 아니라 앞의 사례와 같이 형사 처벌까지 받을 수도 있는데, '우리 개는 절대 안 물어요'라고 하면서 너무 안일하게 생각하거나 방심하는 경우가 많다. 심지어 '우리 개는 물어도 안 아파요'라고 하면서 대수롭지 않게 생각하는 사람도 있다. 하지만 개물림 사고는 그저 가벼운 실수나 해프닝 정도로 넘길 수 있는 문제가 아니다.

반려견이 타인을 물어 다치거나 죽게 할 경우 견주에게 적용될 수 있는 법령을 구체적으로 살펴보자. 먼저, 형법의 과실치사상죄 혹은 중과실치사상죄가 적용될 수 있다(형사 책임).[154] 과실치상의 경우 '500만 원 이하의 벌금, 구류 또는 과료'에 처하고, 과실치사의 경우 '2년 이하의 금고 또는 700만 원 이하의 벌금'에 처한다. 중과실치사상의 경우 '5년 이하의 금고 또는 2천만 원 이하의 벌금'으로 더 중하게 처벌한다.

여기에 더해 목줄 등 안전 조치를 하지 않거나, 맹견의 소유주가 맹견 관리에 관한 준수 사항을 위반하여 사람을 다치게 하거나 사망에 이르게 하는 경우에 대해서는 동물보호법에서 조금 더 엄중하게 형사 책임을 정하고 있다. 사람을 상해에 이르게 하면 '2년 이하의 징역 또는 2천만 원 이하의 벌금'에 처하고, 사망에 이르게 하면 '3년 이하의 징역 또는 3천만 원 이하의 벌금'에 처한다.[155]

맹견이 아니거나 직접적인 피해를 입히지 않더라도 관리를 소홀히 하여 개가 함부로 돌아다닌 경우에는 경범죄 처벌법에 의해 처벌될 수 있다.[156] 반려견 리트리버의 목줄을 놓쳐 개가 다른 사람 쪽으로 달려든 사건에서 직접적인 피해가 발생하진 않았지만 견주가 경범죄 처벌법 위반으로 벌금 5만 원을 선고받은 사례도 있다.[157]

이러한 사건, 사고가 일어날 경우 위와 같은 형사상 책임과 함께 민법에 따른 손해배상 책임도 지게 된다(민사상 책임).[158] 사고견의 견주는 피해자에게 기왕의 치료비와 향후의 치료비, 일실이익(사고가 없었더라면 얻을 수 있었으리라 예측되는 이익), 정신적 피해에 대한 위자료 등을 지급해야 한다.

한편, 자신의 반려견이 타인의 반려견을 공격하는 경우도 자주 있다. 이런 경우에 공격한 개의 견주는 어떤 법적 책임을 지게 될까? 현행법에서는 반려견을 물건으로 취급하고 있다.

따라서 자신의 반려견이 타인의 반려견을 물어 다치거나 죽게 하면 타인의 재물의 효용을 해한 것이므로 '손괴죄'가 문제가 된다.

그런데 개물림 사고는 견주가 고의로 저지르는 것이 아니라 부주의로 일어나는 사고이기 때문에 '과실범'에 해당한다. 과실범은 범죄를 저지를 목적이 없는 상태에서 일어나므로 법률에 특별한 규정이 있는 경우에만 처벌하는데,[159] 손괴죄에 대해서는 과실범을 처벌하지 않는다(사람의 경우에는 손괴죄가 아니라 상해죄에 해당하며, 과실로 상해하더라도 과실치상죄라는 특별한 처벌 규정이 있어 이에 따라 처벌된다). 동물보호법 역시 '사람'을 다치게 하거나 사망에 이르게 하는 경우에 대한 처벌 조항만 두고 있어 '타인의 반려견'을 공격하는 경우에는 동물보호법에 따라 처벌하지 않는다. 단지 경범죄 처벌법 위반만 적용될 수 있다.

다시 말해, 견주의 부주의로 반려견이 타인의 반려견을 공격하여 상해를 입히거나 죽게 하더라도 견주는 (경범죄 처벌법 위반 외에는) 별다른 형사 처벌을 받지 않는다. 다만, 민사상 손해배상 책임은 사람을 공격한 경우와 동일한 법리가 적용되어 피해 견주에 대한 배상 책임을 지게 된다. 따라서 자신의 반려동물이 타인의 반려동물을 공격할 수 있다는 것에도 항상 주의를 기울여야 한다.

요컨대, 반려견 관리를 소홀히 해서 또는 우발적으로 자신의 반려견이 다른 사람을 물어 다치게 하는 경우에 견주는 법에 따라 무거운 책임을 질 수 있으므로 깊은 주의가 요망된다.

따라서 '우리 개는 절대 물지 않는다'는 안일한 생각이나 과한 자신감은 버리고 언제든 사고가 일어날 수 있다는 경계심을 갖고 적절한 통제를 해야 한다.

22장

인명 사고를 일으킨 개는
안락사시켜야 할까?

남양주 개물림 사망 사건

2021년 5월 22일 경기도 남양주시에서 50대 여성이 개에게 물려 사망하는 안타까운 일이 일어났다.

이 여성은 오후 3시쯤 야산 쪽으로 산책을 가던 길이었다. 작은 흙길을 따라 혼자 천천히 올라가고 있는데 갑자기 어디에선가 덩치 큰 개 한 마리가 달려와 여성을 공격했다. 몸길이 1.5미터에 몸무게가 25킬로그램이 넘는 대형견이었다. 여성은 개를 보고 다급하게 반대 방향으로 내려왔으나 개가 여성의 팔 부위를 물며 덮쳤고, 여성은 중심을 잡지 못해 넘어지고 말았다.

여성이 쓰러지자 개는 더 격렬하게 공격했다. 개는 여성의 뒷목 부분을 물고 놓아주지 않았고, 여성은 개를 떼어내기 위해 발버

둥을 쳤다. 그 상황에서 벗어나기 위해 말 그대로 사투를 벌였다. 그러나 여성 혼자의 힘으로는 개를 제압하거나 떼어내기에 역부족이었다.

그렇게 3분 정도가 지난 뒤 개는 어디론가 사라졌고 여성의 온몸은 피범벅이 되었다. 여성은 피를 흘리면서 약 20미터 아래에 있는 공장 앞까지 겨우 기어온 뒤 다시 푹 쓰러졌다. 개와 사투하는 장면부터 언덕 아래 공장 앞까지 기어와 쓰러지는 장면까지, 언론에 공개된 CCTV 사고 영상은 보는 사람을 너무나 무섭고 가슴 아프게 했다.

공장 앞에 쓰러져 있는 여성을 잠시 후 공장 직원이 발견해 119에 신고했고, 곧 병원으로 옮겨졌다. 하지만 여성은 끝내 목숨을 잃고 말았다. 누군가의 엄마이고 아내였던 여성은 어느 평화로운 봄날 오후에 평소와 다름없이 산책을 하다가 불의의 사고로 안타깝게 세상을 떠나고 말았다.

개에게 물린 상처는 단순한 열상이 아니었다. 개의 치악력은 매우 강해서 이빨이 파고드는 상처의 깊이가 깊다. 일반 상처보다 감염률도 월등히 높다. 여성의 경우 목을 공격당해 출혈량이 많았으니 극도로 위험한 상태였을 것이다.

신고를 받고 출동한 119 대원들은 여성을 문 개를 바로 포획했다. 일반적인 개물림 사고라면 사고견의 견주를 찾아내서 처벌하고, 개에게 적절한 조치를 취하고, 견주가 유족에게 사과와 손해배상을 하는 식으로 사건이 수습되고 마무리됐을 것이다.

그런데 이 사건은 조금 달랐다. 사고 발생 이후 오히려 더 큰 논란과 다툼이 일었다.

먼저, 사고견의 견주를 찾지 못했다. 유기견일 가능성도 있었다. 그런데 사고 현장 인근에 불법 개농장이 있었다. 정황상 사고견은 그 개농장에서 탈출한 개일 가능성이 높았다. 경찰은 당연히 개농장 운영자인 박씨부터 찾아갔다. 그러나 박씨는 사고견이 자신의 개가 아니라며 강력히 부인했다. 정말 우연히 개농장이 근처에 있었을 뿐 야산을 돌아다니던 들개였을까?

경찰은 박씨를 향한 의심의 끈을 놓지 않고 조사를 계속했다. 박씨도 계속 혐의를 부인했다. 인식칩이 등록되어 있지 않은 이상 사고견이 특정인의 개라는 것을 입증하기는 쉽지 않다. 사람처럼 유전자 검사를 해보거나 지문 확인을 할 수도 없기 때문이다. 수차례 거짓말탐지기 조사도 실시했지만 별 소득이 없었다. 경찰은 동물 행동 분석가 등 전문가의 도움을 받아 박씨와 사고견의 친밀도 반응을 살피기도 했다. 국내 최초로 진행된 조사 방법이라고 한다. 사고견이 박씨를 따르는 듯한 모습을 보였으나 박씨는 사고견이 가끔 개농장에 오면 밥을 챙겨줘서 생긴 반응에 불과하다고 반박했다. 이 역시 명백한 증거로 채택되기에 부족했다.

그러던 중 경찰은 결정적인 사실을 알아냈다. 유기견 보호소의 입양 이력 등 관련 자료를 살피던 중 사고견과 매우 유사한 모습의 개가 지역 주민인 남성에게 입양됐다가 개농장 운영자인 박씨에게 넘어간 사실을 확인했다. 실제로 박씨는 해당 남성으로부터 개 50여 마리를 넘겨받아 사육해 왔으며, 사고견도 그 남성이 준 개일 가능성이 높아 보였다.

경찰은 결정적인 증거도 입수했다. 박씨가 사고 직후 그 남성에게 전화를 걸어 "혹시 경찰에서 연락이 오면 당신이 준 개는 병들어 죽었고, 사체는 태웠다고 진술해라. 내 개농장 모습이 담긴 차량 블랙박스를 버려라"라고 지시한 통화 내역이 있었다. 박씨는 새 블랙박스 구입 비용을 남성에게 전달하기도 했다.

경찰은 이러한 정황과 증거를 정리하여 업무상과실치사뿐만 아니라 증거인멸교사의 혐의까지(여기에 더해 개물림 사건과 별개로 박씨가 불법으로 개농장을 운영하면서 저지른 수의사법 위반이나 폐기물관리법 위반 등의 혐의도 추가되었다) 포함하여 사건을 검찰에 송치했다. 경찰은 박씨가 증거 인멸을 시도한 정황이 있어 구속 영장도 신청했으나, 법원은 입양 이력과 최초 입양자의 진술 외에 증거가 부족하다며 영장 청구를 기각했다.

이후 검찰이 보강 수사를 진행한 끝에 박씨를 구속 기소했다. 제1심에서 박씨는 징역 1년을 선고받았다. 법정에서도 박씨는 "내가 입양한 개가 아니다. 모르는 개다."라고 하며 일관되게 무죄를 주장했다. 그러나 재판부는 박씨가 사고견의 견주가 맞다고 판단하고, 모든 혐의를 유죄로 인정했다.

역시나 재판에서는 박씨가 개농장에서 사육한 '사고견과 유사하게 생긴 개'가 사고견과 동일한 개인지가 쟁점이 되었다. 다행히 박씨가 개농장에서 사육한 개를 찍은 사진이 유기견 보호소에 남아 있어서 검찰이 전문가에게 사진 속 개와 사고견이 일치하는지 여부에 대한 판단을 의뢰하였다. 그 결과 개의 머리 형태, 비문(코 지문) 구조, 수염의 패턴, 귀 모양 등이 일치하는 것으로 드러났고, 박씨가 사육하던 유사한 모습의 개가 사고견이라는 사실이 밝혀졌다. 박씨는 견주로서의 책임을 피할 수 없었다. 재판부는 박씨가 과실범이고 고의가 없어 보인다고 하면서도 잘못을 숨기고 증거를 인멸하는 등 죄질이 나쁘고 피해자 유족에게 용서받지도 못했다면서 실형을 선고했다.

징역 1년 선고에 대해 박씨는 억울하다며, 검찰은 형이 너무 가볍다며 양측 모두 항소했으나, 박씨와 검찰의 항소가 모두 받아들여지지 않아 징역 1년 형이 그대로 유지되었다.

이처럼 이 사건은 사고를 책임져야 할 견주를 찾는 것부터 논란이 되었다. 재판을 통해 박씨가 견주임을 확인하기까지 사고일로부터 2년의 시간이 걸렸다. 유족 입장에서는 너무나도 힘든 시간이었을 것이다. 그런데 이 사건이 논란이 된 다른 이유도 있었다. 사고견을 어떻게 해야 하는지를 두고 상당한 갈등이 일었다.

사고 당시 남양주시는 안락사가 불가피하다는 몇몇 동물 행동 분석가의 의견과 유가족의 요구에 따라 사고견을 안락사시키려고 했다. 하지만 동물 보호 단체들의 반대가 만만치 않았다. 또한 이들 사이에서뿐만 아니라 온라인에서도 '사고견 안락사' 조치가 적절한지를 두고 일종의 대리전쟁이 있었다.

"개의 성향은 변하지 않는다. 안락사시켜야 한다"는 의견과 "개에 의한 인명 사고는 견주의 잘못이다. 교정 가능성이 없는지 검토해 봐야 한다"는 의견이 서로 팽팽하게 대립했다. 특히 '개통령'으로 알려진 강형욱이 방송에서 이 사건에 대해, "제가 책임있는 직책에 있는 사람이라면 개를 이렇게 만들면 안락사시킬 것이라고 강하게 표현할 것 같다"고 언급하고 나서, 그의 인지도와 영향력 때문에 사고견 안락사 논란이 더욱 커졌다.

강형욱은 과거에도 폭스테리어가 이웃에 사는 3세 아이를 문사고(2019년 6월경)에 대해서도, 해당 반려견이 어렸을 때부터 교육을 잘 받았다면 모르지만 이미 문제를 일으킨 전력이 많다며 안락사시키는 것이 옳다고 말해 논란의 중심에 선 적이 있다. 강형욱은 사고견의 교화 가능성이나 사고 전력 또는 결정권자에 따라 안락사를 시켜야 할 수 있다고 말한 것임에도, 앞뒤 문맥 고려없이 강형욱은 안락사 찬성론자다라는 말이 확산되기도 했다.

위의 남양주 개물림 사망 사건의 경우, 사건 직후부터 동물 보호 단체가 개입해 사고견을 보호하고자 했는데, 이것 때문에 부정적인 시선이 유독 더 많았던 것 같다. 개 때문에 사람이 죽었는데 사람보다 개를 더 신경쓰냐며 욕하는 사람들도 있었다. 또 사고견을 사설 보호소에서 보호하는 데 한 달에 40만 원이라는 비용이 소요되고 있다는 사실이 전해지면서 '살인견'을 보호하는 데 세금이 낭비되고 있으니 빨리 안락사시켜야 한다는 주장이 거셌다. 안락사를 주장하는 사람들의 논리 중 하나가 그것이다. 사람을 죽인 개는 보호할 가치가 없다. 개를 방어하는 것은 살인자를 방어하는 것과 다르지 않다.

이렇게 생각하면 안락사는 형벌과 유사한 개념으로 보인다. 형벌의 목적은 크게 '응보'와 '예방(교화)'이라고 한다. 이런 주장을 하는 사람들에게는 안락사가 사람을 해한 동물에 대한 '응보'의 개념을 지닌다. 개에 대한 사형 선고인 셈이다. 사람과 달리 자유를 박탈하는 형으로는 제대로 된 응보가 될 수 없다. 사형만이 적정한 형이다.

　반면, 위 사건에서의 동물 보호 단체와 같이 안락사를 반대하는 사람들은 형벌 관점에서 보면 '예방' 내지 '교화'에 중점을 두고 있다. 개의 위험성에 대한 면밀한 판단없이 감정적으로 안락사시키는 것을 경계하고자 한다. 이들 역시 당연히 망인에 대한 애도가 우선이었을 것이다. 다만, 사람의 경우 현행범이라고 재판없이 바로 처벌하지 않듯이 개의 경우에도 곧바로 안락사시킬 것이 아니라 위험성을 살펴보자는 입장이다.

　이렇듯 개를 안락사시켜야 하는지에 대한 찬반 논쟁은 동물을 사랑하느냐, 사랑하지 않느냐 혹은 동물의 생명을 존중하느냐, 존중하지 않느냐의 문제와 동일선상에서 봐서는 안 된다. 동물을 누구보다 사랑하는 동물훈련사 강형욱도 안락사를 사고견에 대한 조치 방법 중 하나로 꼽고 있다. 안락사 제도는 동물 생명 경시와는 다른 문제로 보아야 한다.

　아무리 동물을 사랑하고 생명을 존중한다 하더라도 인간이 동물보다 우선순위가 높을 수밖에 없다. 동물 복지의 선진국으로 인식되는 미국이나 독일에도 개물림 사고를 일으킨 개를 안락사시키는 규정이 있다. 일정 요건 하에서는 가해자(견주)가 직접 안락사를 청구할 권리도 있다. 개 안락사 문제는 개물림 사고로부터 사람이 안전하기 위한 방안을 모색하는 차원에서 바라보아야 한다.

　단, 안락사를 인정한다면 어떤 조건 하에서 인정해야 하는지에 대한 분명한 기준이 필요하다. 무분별한 동물 희생을 바라는 사람은 없다. 사람이 재판받을 권리를 헌법에 의해 보장받듯이, 사람을 해한 개 역시 재판에 준하는 절차를 통해 판단받을 권리가 보장되어야 한다.

개물림 사고견은
압수된 위험한 증거물?

현 시점 기준(개정 동물보호법 시행 전)으로 우리나라에서 국가 혹은 지자체, 예컨대 수사 기관이 임의로 판단하여 개를 안락사시킬 수 있을까? 앞의 남양주 개물림 사건에서도 수사 기관이 사고견을 안락사시킬 수 있는 법적 근거가 있는지를 두고 논란이 있었다.

현행법에서는 개가 사람을 공격해 상해를 입히거나 사망에 이르게 하면, 그 개는 '범죄에 사용된 물건'에 해당하고, '증거물'로서의 의미를 지닌다. 따라서 경찰은 그 개를 포획한 후 압수할 수 있다.

형사소송법은 "범행 중 또는 범행 직후의 범죄 장소에서 긴급을 요하여 법원 판사의 영장을 받을 수 없는 때에는 영장 없이 압수, 수색 또는 검증을 할 수 있다. 이 경우에는 사후에 지체없이 영장을 받아야 한다"[160]고 규정하고 있기 때문에, 경찰이 개물림 사고 장소에서 개를 포획하였다면 우선 압수한 뒤 즉시 법원에 사후 압수 영장을 신청하면 된다.

또 형사소송법은 "위험 발생의 염려가 있는 압수물은 폐기할 수 있다"[161]고 정하고 있다. 따라서 개가 '위험 발생의 염려가 있는 압수물'에 해당한다면 검사가 폐기 처분(안락사)할 수도 있다. 개물림 사고에서 사고견을 안락사시킬 수 있는 근거가 바로 이 조항이다. 개를 "위험 발생의 염려가 있는 압수물"로 보면 살처분할 수 있기 때문이다.

　그런데 위 형사소송법 조항은 일반적인 압수물의 폐기에 대한 규정이기 때문에 이를 근거로 사고견을 안락사시키기에는 곤란한 점이 있다. 헌법재판소는 위 법률 조항에서 말하는 '위험 발생의 염려가 있는 압수물'을 매우 엄격하게 해석한다. 헌법재판소는 "압수물은 증거가 될 물건이 대부분이고 피압수자의 재산권 등 기본권과도 밀접한 관련이 있으며, 특히 이 조항에 의한 압수물 폐기 처분에 있어서는 이해관계인에의 통지 규정이 적용되지 아니하는 등 이 조항으로 인하여 피압수자의 기본권에 중대한 제약을 가져오므로, 이 조항에서 의미하는 압수물은 이를 엄격히 해석할 필요가 있다. 즉 제130조 제2항에서 규정하고 있는 위험 발생의 염려가 있는 압수물이란 폭발물, 유독 물질 등 사람의 생명, 신체, 건강, 재산에 위해를 줄 수 있는 물건으로서 보관 자체가 대단히 위험하여 종국판결이 선고될 때까지 보관하기 매우 곤란한 압수물을 의미하는 것으로 해석하여야 한다"고 판단하고 있다. 설령 압수물에 대한 소유권 포기가 있었다 하더라도 압수물 폐기의 요건과 무관하게 임의로 압수물을 폐기하는 것은 헌법에 위배된다고 판단한다.[162]

정리하면, 위 형사소송법 조항을 근거로 사고견을 살처분할 수는 있지만, 사고견이 공판에서 증거로서 역할을 하지 않을 것이 예상되고, 개의 위험성이 매우 크다는 사정(예컨대 보관 중에도 위협적인 행동을 하거나 다른 사람을 공격하는 등 위해를 끼치는 경우)이 있는 등 엄격한 압수물 폐기 요건을 갖추어야 살처분이 가능하다.

다만 이러한 엄격한 폐기 요건은 압수물이 증거로서의 역할을 해야 하기 때문에 존재하는 것이므로, 재판이 확정된 후라면 사고견이 더 이상 증거물로서의 가치가 없어 위의 엄격한 요건이 적용되지 않을 것이다. 또한 사고견은 범죄 행위에 제공된 물건이어서 몰수의 대상이며,[163] 검찰압수물사무규칙에서는 "위험물" 혹은 "파괴 또는 폐기해야 할 상당한 이유가 있는 물건"은 폐기 처분해야 한다고 정하고 있다.[164] 따라서 재판 이후에는 재판 이전과 달리 상대적으로 완화된 기준으로 사고견을 폐기 처분할 수 있을 것이다.

한편, 사고견 안락사 여부를 형사소송법상 압수물 폐기 규정을 근거로 판단하는 것은 그 자체가 바람직한 접근이 아닐 수도 있다. 반려인이 늘어남에 따라 개물림 사고도 증가하고 있는 만큼 별도의 제도적 근거가 필요하다.

최근에 동물보호법이 개정되어 2024년부터는 맹견사육허가제가 도입되고, 시·도지사가 맹견 사육으로 공공 안전에 위험이 발생할 우려가 크다고 판단하는 경우 맹견사육허가를 거부하고 안락사시킬 수 있는 조항이 만들어졌다.[165] 여기서 '맹견'

은 도사견, 핏불테리어 등 동물보호법 시행규칙에 규정된 맹견만 의미하는 것이 아니다. 다른 품종의 개도 기질 평가를 통해 맹견으로 지정될 수 있다. 이에 따라 앞으로는 맹견 사육에 따르는 의무와 책임이 더욱 강화될 것으로 보인다.

개정된 동물보호법은 미국의 '위험한 개 법(Dangerous Dog Law)'과 유사하다. 미국은 이미 많은 주와 도시에서 '위험한 개 법'을 제정·시행하고 있다. '위험한 개'로 판단된 이후 해당 개가 사람을 공격하면, 견주에게 형법상의 책임을 물을 뿐만 아니라 사고견을 잡아 안락사시킬 수 있다.

캘리포니아주의 사례를 살펴보면, 과거에 사람을 물었던 개가 "잠재적으로 위험하고 포악한 개"의 범주에 해당하는지 판단한 후 이에 해당할 경우 목록에 등록하고, 견주에게 특정한 의무(허가증 발급, 예방주사, 아이들이 접촉할 수 없도록 조치, 튼튼한 목줄 착용 등)를 부과한다. 만약 이 법이 정한 절차에 따라 포악한 개로 지정되었음에도 통제에서 벗어나 다시 개물림 사고를 일으키면 해당 개는 피해자의 의사에 따라 안락사시킬 수 있다. 뉴욕주 역시 마찬가지다. '위험한 개 법'을 근거로 개물림을 규제하기 위한 조항을 두고 있으며, 법원이 안락사시키거나 영구히 구금하도록 명할 수 있다. 또한 뉴욕시 보건국장은 사람을 사망에 이르게 하거나 심각한 상해를 입히는 개를 인도적으로 안락사시키도록 명령할 수 있다.

23장

나의 반려견을 공격하는
타인의 반려견은 죽여도 될까?

자신의 진돗개를 공격하는 이웃의 맹견을 기계톱으로 죽인 사건

2013년 3월 경기도 안성시에 사는 김씨는 자신이 운영하는 찜질방에서 사용할 장작을 기계톱(엔진톱)으로 자르고 있었다. 그런데 어디선가 개가 싸우는 소리가 들려 달려가 보니 이웃 박씨 소유의 로트와일러 2마리가 찜질방 앞까지 와서 자신의 진돗개를 물며 공격하고 있었다. 이를 목격한 김씨는 진돗개로부터 로트와일러들을 떨어뜨려 놓기 위해 들고 있던 기계톱으로 2마리 중 1마리를 내리쳤다. 기계톱에 맞은 개는 죽고 말았다.

검사는 김씨의 행위가 동물보호법에서 정한 '잔인한 방법으로 동물을 죽이는 행위'에 해당한다고 보고 동물보호법 위반죄로 기소했다. 피해견에게 상해를 가함으로써 타인의 재물을 손괴하였다고 하여 손괴죄도 함께 적용해 기소했다. 이에 대해 김씨는 공소사실의 사실관계는 인정하되 자신의 행위가 긴급피난에 해당하여 죄가 되지 않는다고 주장했다. 김씨가 주장한 긴급피난이란 무엇일까? 김씨의 이러한 주장은 인정될 수 있을까?

형법에는 정당방위, 긴급피난이라는 것이 있다. 정당방위는 '현재의 부당한 침해로부터 자기 또는 타인의 법익을 방위하기 위하여 한 행위'는 벌하지 아니한다는 원칙이고, 긴급피난은 '자기 또는 타인의 법익에 대한 현재의 위난을 피하기 위한 행위'는 벌하지 아니한다는 원칙이다.[166][167] 즉 자신의 위험을 피하기 위한 행위는 벌하지 않는다는 것이다. 법문에서 알 수 있듯이 긴급피난은 부당한 침해가 아니어도 위난을 피하기 위한 행위이면 된다. 그래서 긴급피난은 정(正) 대 정(正)의 관계이므로 정당방위보다 더 엄격한 요건이 요구된다는 등의 차이가 있지만, 이는 학문적이고 세부적인 논의이고, 정당방위나 긴급피난 모두 범법을 하였음에도 위법성을 조각한다(범죄가 성립하지 않는다)는 점에서 비슷한 개념이다.

개물림은 견주가 개를 이용하여 의도적으로 공격하는 것이 아니라 일종의 사고로 일어나므로, 이를 회피하는 과정에서 공격하는 개를 다치게 하거나 죽이는 행위는 '긴급피난'에 해당하는지가 문제된다.

긴급피난이란 현재의 위난을 피하기 위한 '상당한 이유 있는 행위'여야 한다. 대법원의 판례에 따르면, '상당한 이유 있는 행위'에 해당하기 위해서는, 첫째, 피난 행위는 위난에 처한 법익을 보호하기 위한 유일한 수단이어야 하고, 둘째, 피해자에게 가장 경미한 손해를 주는 방법을 택하여야 하며, 셋째, 피난 행위에 의하여 보전되는 이익은 이로 인하여 침해되는 이익보다 우월해야 하고, 넷째, 피난 행위는 그 자체가 사회 윤리나 법질서 전체의 정신에 비추어 적합한 수단일 것을 요하는 등의 요건을 갖추어야 한다.[168] 간단히 말하면, 그 행위가 위험에서 벗어나기 위한 유일한 방법으로 어쩔 수 없이 이루어져야 한다는 것이다.

김씨는 피해견이 로트와일러라는 공격성 강한 맹견이고, 입마개 등 아무런 주의 조치가 되어 있지 않은 상태로 자신의 찜질방까지 와서 반려견인 진돗개를 공격했으므로 그와 같은 상황에서는 기계톱을 휘두르는 방법으로 쫓아낼 수밖에 없었다고 주장했다. "처음에는 겁만 주어야겠다는 생각에 들고 있던 기계톱의 앞부분으로 피해견의 몸을 찔러 위협하였으나, 피해견이 꿈적도 하지 않아 결국 작동 스위치를 누른 상태에서 피해견을 살짝 치려고 한 것이 세게 치게 되었다"고 하면서 다른 수단을 이용하기 어려운 부득이한 상황이었다는 점을 강조했다.

제1심 법원은 동물보호법 위반과 재물손괴죄 모두 무죄를 선고했다. 김씨의 긴급피난 주장을 받아들인 것이다. 재판부는 맹견인 로트와일러 2마리가 피고인의 진돗개를 공격하고 있는 데다 피고인까지 공격할 수 있는 급박한 상황이었다면 피고인의 행위는 불안한 상태에서 공포, 당황 등으로 인한 것이고 다른 적법한 행위를 기대하기 어렵다고 하면서, 기계톱으로 로트와일러를 죽인 김씨에게 무죄를 선고했다.

그러자 검사가 이는 긴급피난이 될 수 없다며 항소했는데, 항소심 법원은 검사의 주장을 일부 인정하여 1심과 달리 판단했다. 항소심 법원은 김씨의 긴급피난 주장을 받아들이지 않고 동물보호법은 무죄(잔인한 방법으로 죽이는 행위가 아님), 재물손괴는 유죄(긴급피난에 해당한다고 볼 수 없음)로 각각 판단하여 벌금 30만 원의 선고유예 판결을 내렸다.

항소심 법원은 김씨의 행위가 현재의 위난을 피하기 위한 '상당한 이유 있는 행위'가 아니라고 보았다. 즉 김씨의 행위가 위험을 피하기 위한 유일한 수단이자 최소한의 피해를 주는 수단이어야 하는데 그렇지 않다고 본 것이다. 항소심 법원은 김씨가 몽둥이나 (작동하지 않는 상태의) 기계톱을 휘둘러서 쫓아버리는 방법으로 자신의 진돗개를 보호할 수 있었음에도 굳이 기계톱의 액셀 레버(스로틀 레버)를 당겨 작동하게 한 후 피해견에게 내리쳐 죽게 한 것은 피난 행위의 상당성을 넘은 행위라고 보았다. 또 개들이 김씨를 공격하려 한 상황도 아니었고 김씨의 진돗개의 목줄을 풀어 피하게 할 가능성도 있었다고 하면서 김씨의 행위는 긴급피난에 해당할 수 없다고 판단했다.[169]

대법원은 여기서 더 나아가 재물손괴뿐만 아니라 동물보호법 위반도 유죄로 판단한다는 취지로 원심을 파기하고 환송했다. 즉 김씨의 행위는 긴급피난에 해당하지 않으며, 동물보호법 위반과 재물손괴 모두 유죄라는 최종 판단을 내렸다.[170]

위 사건은 당시 인터넷에서 크게 논란이 되었다. 이는 공포 영화에도 등장했던 '기계톱'이라는 공포스러운 가해 도구 때문이었던 같다. 특히 피투성이로 죽은 피해견의 사진이 모자이크 없이 전파되면서 가해자에 대한 큰 비난이 일었다. 재판에서도 '기계톱'이라는 도구는 긴급피난의 상당성을 기각하는 하나의 근거가 되었으며, 이 사건에서 중요한 고려 요소이다.

그런데 이 사건은 단순히 잔혹함에 초점을 맞추어 볼 것이 아니라 김씨가 어떠한 상황에서, 왜 기계톱으로 죽였는지, 왜 긴급피난이 성립되지 않는지 객관적으로 살펴볼 필요가 있다.

일부 사람들은 덩치가 사람만 한 로트와일러라는 맹견이 공격해 오는데 몽둥이로 쫓아낼 수 있느냐, 진돗개뿐만 아니라 김씨까지 공격할 수 있는 급박한 상황인데 다른 수단을 이용하는 것이 말이 되느냐, 판사가 직접 로트와일러를 몽둥이로 쫓아내게 해봐야 한다는 등 엄청난 비판을 하기도 했다. 앞에서도 말했지만 긴급피난의 상당성은 구체적 상황에 따라 달리 판단될 수 있고 그 기준에 주관적인 부분도 없지 않다. 기계톱이라는 도구를 사용했더라도 재판부가 정말 위험하고 부득이한 상황이었다고 판단했다면 긴급피난이 성립한다고 보았을 수 있다. 1심 판결은 이러한 긴급한 사정을 고려하여 김씨에게 무죄를 선고했다. 판사들 사이에서도 생각이 달랐던 것이다. 즉 상황의 긴급성을 고려하지 않았다며 판결을 비판하는 위 견해들 역시 충분히 수긍할 수 있다.

그러나 사건 기록을 조금만 더 깊이 살펴보면, 이 사건의 경우 긴급피난이 인정되지 않는다고 본 상급법원의 판단이 더 타당해 보인다. 당시의 현장이 매우 위급하거나 위협적인 상황이 아니었던 것으로 보이기 때문이다. 사실관계를 자세히 들여다보면, 진돗개에 대한 로트와일러의 공격은 굳이 기계톱으로 죽이지 않더라도 쫓아낼 수 있는 수준이었던 것으로 보인다. 로트와일러가 김씨 소유의 진돗개뿐만 아니라 김씨까지 공격하여 김씨가 도저히 막아낼 수 없는 긴급하고 위험한 상황이었다면 판결이 달라졌을 수 있다. 김씨가 기계톱을 작동하여 가해견들을 죽였더라도 당시 김씨가 손에 들고 있었던 것이 기계톱뿐이었기 때문에 긴급피난이 인정되었을 가능성이 높다. 하지만 로트와일러는 김씨를 전혀 공격하지 않았다. 이것은 재판 과정에서 김씨도 인정한 사실이다. 단순히 개들을 떨어뜨려 놓기 위해 기계톱을 작동시켜 개를 내려친 것은 긴급피난으로 인정받기 어렵다.

또한 공판 과정에서 드러난 사실관계를 더 살펴보면, 김씨와 박씨는 이 사건이 있기 이전에 이미 서로에게 각각 전치 2주, 3주의 상해를 가하는 수준의 큰 다툼을 수차례 벌였다. 그중에는 위 사건으로 죽은 개들 때문에 발생한 다툼도 있었다. 즉 김씨는 애초에 박씨와 그의 개들에 대한 불만이 큰 상태에서 위 범행을 저지른 것이다. 이러한 경우에는 수단의 과잉 여부를 떠나 '피난 의사' 혹은 '방위 의사' 자체가 인정되기 어려울 수 있다. 애초에 박씨가 키우는 개들이 마음에 들지 않았는데 마침 그 개들이 자신의 개를 공격하자 그 기회에 바로 죽였을 가능성이 있는 것이다.

요컨대, 위 사건에서는 김씨가 단지 '기계톱'으로 개를 잔인하게 죽여서 긴급피난이 인정되지 않았다기보다 당시 김씨의 구체적인 상황이나 사건 경위 등을 고려하면 김씨의 방위 행위를 긴급피난으로 볼 수 없다는 것이다. 긴급피난이나 정당방위 모두 구체적 사안마다 해당 여부가 달라 일률적으로 판단할 수 없다. 어떠한 견종이 공격하였는지에 따라, 개의 공격 정도가 어떠하였는지에 따라, 공격받은 이가 건장한 성인 남성이었는지 아니면 어린이나 여성, 노인이었는지에 따라 판단이 달라질 수도 있다.

앞서 말했듯이 정당방위나 긴급피난은 죄를 저질렀음에도 위법성을 조각하여 죄가 되지 않는 예외적인 경우로, 판단 자체가 쉽지 않을 뿐만 아니라 예상과 달리 인정되지 않는 경우도 많다. 도둑이나 강도를 만나 이들을 방위 목적으로 때렸는데도 정당방위가 인정되지 않아 처벌받는 사람들이 종종 언론에 보도된다.

따라서 개가 자신을 공격한다고 해서 긴급피난이나 정당방위가 성립할 것이라 믿고 개를 과도하게 발로 차거나 도구로 공격하여 심하게 다치거나 죽게 하는 것은 금물이다. 자신이 놀랐다고 하여 감정적으로 과잉 행동을 해서는 안 되고, 개를 쫓아서 공격으로부터 벗어나는 것을 목적으로 해야 한다. 애초에 상황을 회피할 수 있다면 그렇게 하는 것이 최선의 방법이다.

미국에서는 공격해 오는 개를
사살하면 정당방위일까?

    미국은 정당방위를 우리나라보다 관대하게 인정하는 나라이다. 미국 정당방위법의 정식 명칭은 '스탠드 유어 그라운드 법(Stand Your Ground Law)'인데, 굳이 해석하자면 '당신의 영역을 지켜라 법'이다. 위험에 처했다면 도망갈 필요 없이 즉시 총기로 대항할 수 있도록 정하고 있다. 캘리포니아주와 플로리다주를 비롯해 미국의 많은 주에서 이 법을 시행하고 있다. 참고로 일리노이주 등지에서는 '캐슬 독트린(Castle Doctrine)'을 시행하고 있는데, 자신의 집과 같은 사적인 영역을 침범당한 경우에 총기를 사용할 수 있도록 허용한다. 서로 비슷한 개념이지만 '캐슬 독트린'은 사적 영역에서만 적용되고 '스탠드 유어 그라운드 법'은 공적 영역에서도 총기 등으로 자신을 방어하는 것이 정당하다고 보기 때문에 '스탠드 유어 그라운드 법'의 적용 범위가 더 넓다.

    역사적으로 미국은 땅이 넓어 국가의 행정력이 미치지 못하는 곳이 많았기 때문에 자신의 생명과 재산을 지키기 위한 정당방위의 개념이 매우 긴요했다. 이러한 문화적 배경이 현재까지도 이어져 미국 법원은 정당방위를 적용하는 데 매우 적극적인 태도를 보인다.

또한 미국은 동물 복지에 대해 매우 선진적이고 엄격한 나라라서 동물 학대를 세계에서 가장 높은 수준으로 처벌하기도 한다. 동물을 함부로 죽이면 무거운 처벌을 받을 수 있다. 그렇다면 자신의 신체나 재산을 보호하기 위해 타인의 개를 죽일 경우 정당방위가 인정될 수 있을까? 예를 들어, 이웃집 개가 자신의 집을 침범해서 총을 쏴 죽인다면 정당방위(긴급피난)일까, 동물 학대일까?

미국이 정당방위에 관대하다고는 하지만, 정당방위 성립 요건은 우리나라와 비슷하다. 주마다 조금씩 다르지만 정당방위가 성립하려면 상대의 공격에 비례하는 상당한 방법에 의한 것이어야 한다. 즉 과잉 대응이어서는 안 된다. 미국의 동물보호법 역시 '불필요하게' 또는 '정당한 이유 없이' 동물을 죽이거나 다치게 하는 것을 금지한다. 미국에서도 정당방위가 성립하려면 심각한 부상 등의 긴급한 위협을 막기 위해 가해견을 죽이거나 다치게 하는 경우라야 한다.

뉴욕에 사는 한 남성이 자신의 정원으로 들어와 반려견 비글을 공격한 래브라도 리트리버를 총으로 쏴 죽여 동물 학대 혐의로 기소된 사건이 있었다. 그런데 당시 근처에는 어린이들이 몇 명 있었고, 과거에 그 개가 남성의 딸을 문 적도 있었다. 법원은 이러한 상황에서 그가 개를 총으로 사살한 것은 아이들

을 보호하기 위해 합리적인 행동을 한 것이라고 하면서 무죄를 선고했다.[171]

아무리 '스탠드 유어 그라운드 법'이나 '캐슬 독트린'이 있고 그것들이 비교적 관대하게 적용된다 하더라도, 일반적으로 개가 무단 침입하고 있다는 이유만으로 집주인이 개를 죽일 권리가 있는 것은 아니다.

예외가 있기도 하다. 예를 들면 오하이오주의 동물 법령에서는, 토지 소유주가 무단 침입하는 동물을 막거나 자기 땅에서 쫓아내는 과정에서 해당 동물을 죽이거나 다치게 하는 것은 불법이 아니라고 정하고 있다. 그런데 토지 소유주는 침입한 동물이 야기한 피해의 양을 뺀 보상금을 동물 소유주에게 지불해야 한다고 밝히고 있다.[172] 조금 특이한 법이다.

요컨대, 미국에서도 자신의 신체나 재산을 위협하는 개를 함부로 다치게 하거나 죽일 수 있는 것은 아니다. 급박한 위험이 닥치거나 강한 힘을 가진 개가 공격해 올 경우라야 정당방위나 긴급피난이 인정된다. 다만, 미국에서는 총기 사용이 자유로운 편이라 정당방위가 인정될 가능성이 더 높을 수 있다. 예컨대 앞서 본 기계톱 사건의 김씨가 미국에서 기계톱 대신 총으로 로트와일러를 죽였다면 동물 학대가 아니라 긴급피난으로 인정되었을 가능성이 높다. 법령이나 판례의 차이뿐만 아니라 이러한 문화적 차이도 판결에 영향을 미친다.

24장

길고양이가 타인을 물면
캣맘은 어떤 책임을 져야 할까?

캣맘이 돌보던 고양이가 사람을 공격한 사건

2016년 전라북도 전주에서 있었던 사건이다. 옷가게를 운영하던 박씨는 자신의 가게 앞을 찾아오는 길고양이 한 마리를 돌보게 되었다. 비록 정식으로 분양받은 고양이는 아니었지만 4년 가까이 애정을 쏟으며 돌봤다. 길고양이에게 '초코'라는 이름을 지어주고, 가게에 고양이 사료를 사다 놓고 밥도 매일 챙겨주고, 예방접종도 시켜주었다. 길고양이는 옷가게를 자유롭게 드나들었고, 가게 문 안에 새끼를 낳고 키우기까지 했다.

그러던 어느 날, 근처에 사는 이씨가 자신의 반려견 푸들과 함께 옷가게 앞을 걸어가고 있는데 이 고양이가 갑자기 이씨의 푸들에게 달려들었다. 깜짝 놀란 이씨는 자신의 반려견을 보호하기 위해 순간적으로 반려견을 들어서 안았다. 그러자 고양이가 이씨의 다리를 물고 발톱으로 할퀴었고 이씨는 3주간의 치료가 필요한 상처를 입었다.

갑자기 벌어진 사고 때문에 박씨는 과실치상 혐의로 경찰 조사를 받고 형사 재판까지 받게 되었다. 자신이 키우는 개나 고양이가 타인을 해치면 보호자로서의 주의 의무를 다하지 않았다는 이유로 민사상 손해배상 책임을 져야 하는 것은 물론이고 그에 따른 형사 처벌도 받을 수 있다. 반려동물을 키우면서 발생하는 책임 중 하나이다.

그런데 캣맘과 캣맘이 돌보던 길고양이의 관계가 조금 애매했다. 고양이 소유주라고 하기에는 불완전했다. 분명 고양이를 돌보기는 했지만 연속적이지 않았고, 고양이가 캣맘의 완전한 관리나 통제하에 있다고 보기도 어려웠다. 어디서 무엇을 하며 돌아다니다 오는지 모르는 경우도 많았다. 박씨가 고양이를 잘 챙겨주긴 했지만 과연 일반적인 반려동물 소유주와 같은 책임을 져야 하는 것일까?

재판 과정에서도 '박씨가 고양이를 관리하고 있었는지'가 쟁점이 되었다. 박씨는 재판에서 문제의 고양이가 소유주 없는 길고양이이고 자신은 단순히 호의를 베풀었을 뿐이므로 자신에게 주의 의무가 있다고 볼 수 없다고 주장했다.

하지만 재판부는 박씨가 비록 고양이를 처음부터 구입하여 키운 것은 아니지만, 4년 동안 고양이에게 사료를 주었고, 피고인이 운영하는 옷가게에서 살게 하였으며, 예방접종을 시키는 등 관리를 하여 왔으므로 피고인이 관리하는 고양이로 보아야 한다고 판단했다. 따라서 박씨에게는 자신이 관리하는 고양이가 행인을 물거나 할퀴지 않도록 주의할 의무가 있고, 박씨가 관리를 소홀히 하여 고양이가 행인에게 상해를 가했다면 관리를 소홀히 한 책임이 있다고 판단했다. 결국 박씨는 유죄(과실치상)가 인정되어 벌금 150만 원을 선고받았다.[173]

위 사건이 처음 언론을 통해 알려졌을 당시 캣맘을 부정적으로 바라보던 사람들은 박씨를 두고 "저것 봐라, 자기 고양이처럼 행동할 때는 언제고 문제가 생기니 자기 고양이가 아니라고 내뺀다", "즐길 때만 즐기고 책임은 못 지겠단다"라며 박씨를 비난했다. 그러면서 길고양이들이 사고 치면 이제 캣맘이 책임을 지게 되었다며 통쾌해하기도 했다.

표면적으로만 보면 이것은 캣맘에게도 소유주와 같은 주의 의무가 있음을 인정한 사례이다. 하지만 모든 캣맘을 그들이 돌보는 고양이의 실소유주로 본다는 의미는 절대 아니다. 길고양이를 돌봤다고 하더라도 단순히 급식 행위에 그치지 않고 사실상 자신의 고양이처럼 돌보는 수준에 이르렀다고 볼 수 있어야 일반적인 반려동물 소유주와 같은 주의 의무가 있다고 판단한 것이다.

예컨대, 길고양이에게 하루 한두 번 급식 행위만 한 경우, 불규칙적으로 나타나서 그때마다 길고양이를 귀여워해 준 경우라면 캣맘에게 실제 소유주에 버금가는 관리 의무가 있다고 인정하기 어려울 것이다. 가끔씩 밥만 챙겨주는 대부분의 캣맘은 형사상 책임을 져야 하는 소유주로 보기에 무리가 있다. 박씨의 경우 판결문에 나와 있듯이 고양이에게 수년 동안 밥을 챙겨주고 옷가게 안에 살게 하면서 돌봤다. 피해자 이씨는 과거에도 옷가게 안에서 이 고양이를 두어 번 본 적이 있었다. 당시 이씨는 박씨가 고양이를 키우고 있는 것으로 알고 박씨에게 "고양이 키우는데 괜찮냐?"라고 물었더니, 박씨가 특별한 부정 표현 없이 "말썽 안 피우고 조용하다"고 답했다고 한다. 또 박씨는 고양이 사진을 찍어 자신의 카카오톡에 올릴 정도로 각별한 관계에 있었다. 이러한 특별한 사정들이 박씨를 길고양이에게 단순히 호의를 베푼 사람이 아니라 고양이를 관리하는 사람으로 볼 근거가 되었다.

위 사건의 사실관계 전체를 살펴보면, 지극히 당연한 결론이다. 그런데 일부 자극적인 요약 기사나 인터넷 글만 보고 이제 캣맘에 대해서도 소유주와 똑같은 책임을 인정하는구나라고 오해하는 이들이 있다. 모든 판결은 특정한 사실관계를 근거로 판단하여 내리는 결론이므로 그 사실관계에 한정하여 의미가 있다. 함부로 일반화해서는 안 된다.

한편, 위 사건의 피고인 박씨의 입장에서 생각해보면 다소 억울할 수 있다. 유상이든 무상이든 자신이 정식으로 분양받은 반려동물이 아니면 온전히 자신의 소유라고(혹은 자신이 관리자라고) 인정하기가 쉽지 않다. 또 고양이가 외부에서 독립적으로 지내는 시간이 많다 보니 자신이 관리하고 있다고 생각하지 않았을 수 있다. 박씨는 사건 발생 직후 피해자와 함께 병원에 가서 피해자의 요청이 없었음에도 진료비를 대신 지불하기도 했다(이것은 오히려 박씨가 고양이 관리자로서의 책임을 진 행동으로 불리하게 판단되었다). 아무튼 박씨는 나름대로 도의적인 책임까지 다했다. 그럼에도 자신이 민사상 손해배상뿐만 아니라 형사상 책임까지 져야 하는 것(흔히 말하는 전과 기록이 생기는 것)이 너무 과중한 처분으로 느껴졌을 수 있다. 이러한 점들은 충분히 이해가 가고도 남는다.

그런데 앞에서 본 여러 사정들을 감안하면, 박씨는 통상적으로 길고양이를 돌보는 수준이 아니라 자신이 키우는 고양이로 보아도 무방할 만큼 친밀한 관계에 있었다. 무엇보다 박씨는 자신이 고양이와 함께할 때의 좋은 점만 생각했지, 고양이를 돌보거나 기를 때 무거운 책임이 따를 수 있다는 것은 미처 생각하지 못했다. 그렇기 때문에 평소에 자신이 전혀 예상하지 못한 사건이 발생하자 당황하고 큰 어려움을 겪었을 것이다.

캣맘들은 '책임 없는 유희'를 즐긴다는 비난을 많이 받는다. 집에서 키우자면 신경 써야 할 것이 너무 많으니 필요할 때만 밖에서 잠깐씩 만나 정서적 만족을 추구한다는 것이다. 캣맘의 행동은 소유주로서의 의무나 책임은 전혀 지지 않으려는 태도로 보일 수 있다. 그래서 고양이를 입양하거나 분양받아 집에서 키우는 사람들조차 캣맘을 부정적으로 바라보기도 한다. 박씨뿐만 아니라 많은 사람들이 자신의 행동에 책임이 따를 수 있다는 점을 쉽게 간과하고 있다. 이 사건의 의미는 단순히 '캣맘에게도 소유주와 같은 주의 의무가 있다'는 것이 아니라, '자신이 하는 행동에는 책임이 따를 수 있다'는 점을 생각하게 만든다는 데 있다.

길고양이는
주인 없는 물건?

민법에서는 "야생하는 동물은 무주물(주인 없는 물건)이고, 무주의 동산을 소유의 의사로 점유한 자는 그 소유권을 취득한다"고 정하고 있다.[174] 따라서 원칙적으로 길고양이는 누구의 소유도 아니고, 누군가가 길고양이를 소유의 의사로 점유하면 그 사람이 길고양이의 소유주가 될 수 있다. 이때 점유는 직접점유뿐만 아니라 간접점유(남에게 잠시 맡아달라고 한 경우)도 포함된다.

그렇다면 길고양이를 돌보는 캣맘은 길고양이를 소유의 의사로 점유했다고 보고 소유권을 주장할 수 있을까? 예를 들어 캣맘이 길고양이를 구조하여 누군가에게 임시 보호를 맡기는 경우 자신이 그 고양이의 소유주라고 주장할 수 있을까?

실제로 길고양이를 보살펴 온 캣맘 A씨가 임시 보호를 맡겼던 B씨를 상대로 소유권에 기초한 인도 청구를 하여 승소한 사례가 있다. 캣맘 A씨는 B씨에게 고양이 3마리(어미 고양이와 새끼 고양이 2마리)의 임시 보호를 맡겼다. 이후 B씨가 자기 거주지에서 고양이들을 돌봤지만, A씨가 고양이의 진료비와 수술비 수백만 원을 모두 결제했고, 어미 고양이가 죽자 A씨가 자신의 비용으로 장례도 치러주었다. 얼마 후 A씨는 B씨를 상대로 새끼 고양이 2마리의 인도를 청구했는데, B씨가 고양이들의 인도를 거부해 결국 소송에 이르게 되었다.

법원은 이러한 상황에서 고양이에 대한 권리자가 A씨라는 것에 합의하고 B씨가 점유한 것이라고 판단했다. 즉 고양이들이 B씨의 거주지에 있기는 했지만 A씨가 간접점유의 형태로 고양이들을 계속 점유한 것이라고 보았다. 또한 A씨가 제3자에게 입양시킬 의사를 표하거나 임시 보호를 맡기고자 하였더라도 그전까지는 소유의 의사로 점유한 것이라고 판단해 A씨의 손을 들어주었다.[175]

다만, 위에서 보는 바와 같이 A씨의 경우, 고양이들의 임시 보호처를 구하면서 임시 보호 기간에 필요한 물품과 비용을 모두 자신이 부담하겠다고 공고를 냈고 그러한 전제하에 B씨가 돌보도록 했다. 또 A씨는 병원비 등을 모두 내면서 소유주처럼 고양이를 돌봤다. 이러한 사정들을 근거로 A씨의 소유권이 인정되었다.

물론 모든 캣맘에게 길고양이 소유권이 인정된다고 판단할 수는 없다. 놀이터나 주차장 같은 곳에서 사료만 챙겨주는 캣맘의 경우 길고양이들을 소유의 의사로 점유한 것이라고 평가되기 어렵다. 또 단순히 새끼 고양이를 구조하여 특별한 조건 없이 제3자에게 임시 보호나 입양을 보내기만 하는 경우에도 구조자에게 소유권이 인정되기 어려울 것이다.

위 사건에서 법원 역시 A씨가 고양이를 동물병원에 데려가 진료받게 하기 전까지는, A씨가 배타적으로 지배하는 장소가 아닌 택시 회사 마당에 고양이들을 거주시켜 왔고 A씨가 직접 보호하거나 임시 보호처를 구하여 보호하지 않았으므로 점유 한 것이 아니라고 보았다. 간혹 캣맘이 길고양이를 구조해 입 양을 보내면서 마치 소유권이 구조자인 자신에게 있는 것처럼 여러 가지 조건을 걸거나 특별한 요구를 하는 경우가 있는데, 그러기 위해서는 위의 A씨와 같이 소유주로서의 책임도 다해 야 한다. 소유주로 인정받고 싶다면, 앞서 본 박씨의 사례처럼 무거운 책임도 따를 수 있다는 점을 늘 기억해야 한다.

25장

책임비를 받으면
무조건 불법일까?

책임비를 내지 않은 사람을 고소한 사건

2022년 한 온라인 커뮤니티 게시판에 "사기 건으로 경찰에 신고했는데, 제가 처벌받게 생겼어요. 도와주세요"라는 제목의 글이 올라왔다. 글 작성자의 사연은 이러했다.

시골집에 사는 작성자의 아버지가 방충망에 발톱이 끼여 매달려 있던 길고양이를 구조하여 밥을 주었는데, 고양이가 계속 따라와 얼떨결에 돌보게 되었다고 한다. 그런데 고양이가 임신을 한 상태여서, 작성자는 고양이를 더 좋은 환경에서 돌보기 위해 자신의 집으로 데려와 임시 보호를 했다. 고양이는 얼마 후 작성자의 집에서 새끼 6마리를 낳았다.

작성자는 새끼 고양이들을 얼마간 돌보다가 어미 젖을 조금씩 떼기 시작할 때쯤 새끼 고양이들을 분양하기 위해 고양이 분양 사이트에 글을 올렸다. 작성자는 이 글에 "어미 고양이의 중성화 비용으로 사용하겠다"고 하면서 "새끼 고양이들을 데려갈 때 책임비 (고밥비) 5만 원을 주어야 한다"고 기재했다. 작성자 입장에서는 책임비를 받더라도 중성화나 돌봄 비용으로는 부족하지만, 중성화 비용을 분담할 수 있을 정도의 마음을 가진 사람이라면 고양이를 잘 돌봐주지 않을까라는 마음에서 말 그대로 '책임비'로 돈을 받고자 했다.

이후 한 남성으로부터 고양이를 분양받겠다는 연락이 왔다. 이 남성은 책임비를 주는 것에 동의하면서 새끼 고양이 2마리를 분양받았다. 그런데 "현금이 없으니 책임비를 집에 돌아가서 계좌로 입금해 주겠다"고 말하고 가더니 연락이 두절되었다. 작성자는 계속 연락을 해보았으나 연결이 되지 않았다. 그러자 작성자는 10만 원이 큰돈이어서라기보다 고양이들이 걱정되어 고민 끝에 이 남성을 사기죄로 고소했다(게시글에는 고소했다고 나와 있는데 이후 진행 경과를 보면 아마도 정식으로 고소를 한 것이 아니라 단순 신고나 진정을 넣은 것으로 보인다).

얼마 후 경찰서에서 연락이 와 작성자에게 "사건을 계속 진행하면 작성자 분도 유기동물을 포획해 판매했기 때문에 동물보호법 위반으로 처벌받을 수 있다"고 설명했다. 그러면서 "작성자도 피의자 신분으로 조사를 받거나 재판을 받을 수 있으므로 이 과정을 원치 않으면 진정을 취하하는 것이 좋겠다"는 식으로 이야기했다. 이에 작성자는 자신이 어떻게 하는 것이 좋을지 조언을 구한다며 글을 올렸다.

위 글의 작성자처럼 길고양이를 구조하여 입양시킬 때 책임비를 받는 행위가 불법인지 여부를 두고 온라인 커뮤니티에서 뜨거운 논쟁이 일었다. 관련 규정에 다소 애매한 부분이 있기 때문이다. 길고양이를 구조한 후 책임비를 받고 입양시키면 동물보호법 위반일까?

그전에 먼저 책임비라는 것이 무엇인지, 왜 문제가 되는지부터 살펴볼 필요가 있다. 위 작성자처럼 길고양이를 구조한 후 새로운 보호자에게 고양이를 분양하면서 일정한 돈을 받는 경우가 있다. 이 돈을 '책임비' 또는 '고밥비'라고 부른다. 이 돈에 담긴 의미는 첫째, 그냥 입양을 하면 무책임한 사람이 데려갈 수 있으니 책임비를 낼 수 있을 정도로 진지한 입양을 원한다는 것이고, 둘째, 자기가 고양이를 구조하여 치료하고 돌보면서 이러저러한 비용이 들었으니 그 비용을 입양하는 사람이 같이 분담해 달라는 것이다.

하지만 책임비를 받는 사람들 중에는 유기동물을 이용해 영리를 추구하는 사람도 있다. 책임비라는 명목으로 돈을 받아 챙기려는 것이다. 유기동물이 아님에도 유기동물이라고 속이기도 하고, 구조가 필요한 상황이 아님에도 납치하듯 데려와 분양하는 경우도 있다. 이러한 사람들 때문에 책임비를 받고 유기묘를 입양시키는 모든 사람들이 함께 비난받고 있다(캣맘 자체를 혐오하는 사람들은 책임비의 불법 여부나 구체적인 사정과 관계없이 그냥 부정적으로 보기도 한다).

버려진 동물이나 죽어가는 동물, 사고를 당하거나 병에 걸린 동물을 구조해서 치료하기까지는 상당한 시간과 비용이 든다. 정말 금전에 대한 욕심없이 선한 의도로 다친 동물을 구조해서 입양을 보내는 사람이라 하더라도 지속적인 구조 활동이나 돌봄을 위해서는 꽤 큰돈이 필요할 것이다. 그런 점에서 입양자로부터 받는 돈이 온전히 구조 비용으로 고양이를 위해 사용되었거나 사용될 것이라고 전제한다면, 대가성 없이 일정한 돈을 주거나 받는 행위를 일방적으로 비난할 수는 없다.

하지만 개인이 임의로 책임비를 정하고 이를 강제하는 행위는 단순히 도덕적, 양심적으로 바람직한가의 문제가 아니라, 앞서 본 바와 같이 법적으로 문제가 될 수 있다. 위 게시글 사연으로 돌아가서 자세히 살펴보자.

작성자에게 문제가 된 규정은 동물보호법 제8조 제3항이다.[176] 이 조항에서는 "누구든지 다음 각 호(1. 유실·유기동물, 2. 피학대 동물 중 소유주를 알 수 없는 동물)에 해당하는 동물에 대하여 포획하여 판매하거나 죽이는 행위, 판매하거나 죽일 목적으로 포획하는 행위 또는 다음 각 호(위 1, 2와 같다)에 해당하는 동물임을 알면서도 알선·구매하는 행위를 하여서는 아니 된다"라고 규정하고 있다. 그리고 같은 법 제46조 제2항은[177] 위 규정을 위반하여 동물을 학대한 자에 대해 "2년 이하의 징역 또는 2천만 원 이하의 벌금에 처한다"고 밝히고 있다.

즉 동물보호법에서는 유실·유기된 동물을 판매하거나 구매하는 행위를 금지하고 있다. 책임비를 받고 고양이를 전달하는 행위를 '판매', 책임비를 주고 고양이를 데려가는 행위를 '구매'로 본다면 이 법을 위반하는 것이 된다. 따라서 책임비를 받는 것이 고양이를 판매하는 행위인지를 두고 다툼이 있는 것이다(만약 책임비를 받는 행위를 '판매'로 본다면 유기묘를 구조하여 책임비를 받고 입양시키는 자는 무허가·무등록 영업 혐의로도 처벌될 수 있다).

불법이 아니라고 주장하는 쪽의 근거는 다음과 같다. '판매'라 함은 영리를 목적으로 돈을 받는 행위인데, 책임비를 받는 많은 경우는 영리 목적이 아니라는 것이다. 특히 적용 조항인 동물보호법 제8조의 입법 취지는 동물 학대 등으로부터 동물을 보호하려는 것이므로 책임비를 받는 행위는 동물 학대로 평가하기 어렵고, 선의로 고양이를 구조한 자를 오히려 잠재적 동물학대범으로 보는 결과를 낳는다는 입장이다.[178]

반면, 불법이 맞다고 주장하는 쪽의 근거는 법 문언 자체의 해석에 충실하다. 유기동물을 대가를 받고 전달하는 행위는 그 명칭이나 용도가 무엇이든 그 자체로 거래 행위로 볼 수 있다는 것이다. 또한 멀쩡한 고양이를 구조라는 명목으로 포획해 돈을 받고 넘기는 것은 명백한 판매 행위이고 이는 동물 학대로 볼 수 있다는 입장이다(애초에 돈이 될 만한 품종만 구조한다거나 귀여운 새끼 고양이일 때 본인이 돌보다가 성체가 되면 팔아넘긴다는 주장도 있지만 이는 일부에 국한된 사례를 일반화한 비난이므로 보편적 근거로는 적절치 않다). 특히 관련 법 주무 부처인 농림축산식품부에서 책임비를 받고 고양이를 분양하는 행위에 대해 "판매로 볼 수 있다"는 취지로 답변하여 일단 법 위반이 맞다는 쪽에 무게를 실어주었다. 다만, 농림축산식품부는 "동물보호법 위반 여부는 사건 상황, 행위의 양태 등을 종합적으로 고려하여 사법 기관의 판단이 필요한 사안이다"라고 하며 확정적인 결론을 내리지는 않았다.

　법 조항 적용을 두고 위와 같이 많은 논쟁이 있었지만, 이 쟁점이 다루어진 구체적인 법원 판례는 아직 없다. 유기묘를 구조하여 전달하면서 돈을 받았다는 사실만으로 그 목적이나 경위에 대한 고려없이 일률적으로 '판매 행위'로 보아 위 법 조항을 적용해 처벌하기는 쉽지 않을 것으로 보인다.

　이 경우에 참고할 만한 아동 매매 관련 판결이 있다. 당연한 이야기이지만 사람을 매매하는 것은 법으로 금지되어 있다.[179] 또한 아동복지법에서는 아동을 매매하는 행위를 해서는 안 된다고 특별히 규정하여,[180] 아동 매매의 경우에 가중하여 처벌하도록 정하고 있다. 아래 판결은 아동복지법 위반 여부가 문제가 된 사안이다. 입양 당시 아무 대가 관계 없이 돈을 건냈는데 아동 매매로 볼 수 있는지가 쟁점이었다.

　김씨 부부는 2012년 둘째 아이를 낳았는데 생활고로 두 아이를 양육할 능력은 없다고 판단했다. 그래서 미혼모 상담 사이트를 통해 둘째 아이의 입양에 관해 문의했는데, 요건에 해당되지 않는다는 답을 들었다. 이에 김씨의 아내는 한 인터넷 카페에 "경제적으로 힘들어서 아이를 입양 보내고자 한다"는 내용의 글을 작성해 올렸다.

　얼마 뒤 건강상의 이유로 아이를 낳지 못하고 있던 한 부부가 이 글을 읽었다. 이 부부는 김씨 부부에게 연락하여 상의한 끝에 둘째 아이를 입양하기로 했다. 아이를 넘겨받던 날 김씨 부부의 딱한 처지를 알게 된 입양 부부는 근처의 현금 인출기에서 200만 원을 인출해 김씨 부부에게 "큰 아이의 분윳값으로 쓰라"고 하면서 주었는데, 이것이 매매의 대가로 여겨져 재판까지 받게 되었다.

먼저, 이와 같은 입양은 적법한 입양 절차를 밟지 않은 것이어서 불법 입양에 해당한다. 그런데 이 사건은 불법 입양 여부가 핵심이 아니라, 이들의 행위가 아동복지법에서 금지하는 '아동 매매'에 해당한다고 볼 수 있는지가 쟁점이었다. 김씨가 아이를 넘겨주면서 200만 원이라는 돈을 받았기 때문이다.

결론부터 말하자면, 대법원은 아동매매죄가 아니라고 보았다. 재판부는 "아동복지법 제17조 제1호의 아동매매죄는 보수나 대가를 받고 아동을 다른 사람에게 넘기거나 넘겨받음으로써 성립하는 범죄이므로, 위와 같은 사실관계에서라면, 비록 김씨 부부가 둘째 아이에 대하여 적법한 입양 절차를 밟지는 아니하였지만, 김씨 부부가 공모하여 아동을 보수나 대가를 받고 매매한 것이라고 보기는 어렵고, 오히려 김씨 부부는 자신이 낳은 아이를 키울 형편이 되지 않아 입양시킬 의사로 다른 부부에게 인도한 것이고 김씨 부부가 받은 200만 원은 매매의 대가가 아니라고 봄이 상당하다"라고 판단했다.[181] 참고로 1심 법원은 아동매매죄로 벌금 100만 원을, 2심 법원은 집행유예의 형을 선고했는데, 대법원에서 아동매매죄가 아니라는 취지로 원심을 파기하여 환송했다. 이 사건 역시 뜨거운 법정 공방과 재판부의 깊은 고민 끝에 위와 같은 결론이 내려졌을 것으로 보인다.

앞에서 언급한 동물보호법(제8조 제3항) 적용에 대한 논란 역시 위의 고민과 크게 다르지 않다. 돈을 주고받았다고 하여 모두 판매

혹은 구매 행위로 볼 수는 없기 때문이다. 물론 책임비는 고양이를 전달하는 사람이 먼저 돈을 요구한다는 점에서 위 김씨 부부의 사례와 다르다. 분양받는 사람이 구조자에게 자발적으로 돈을 주는 것이 아니다. 따라서 위 사례가 그대로 적용될 수 없다.

하지만 일정 기간 후 고양이가 무사히 지내는 것이 확인되면 책임비를 돌려주는 경우가 있고, 입양을 해간 사람에게 책임비 상당의 고양이 용품이나 사료를 보내주는 경우도 있는 등 '판매'를 목적으로 한다고 보기 어려운 예가 많다. 힘들게 구조해서 입양 보낸 고양이가 학대받을 수 있으므로 안전장치가 필요할 수도 있다. 따라서 돈을 주고받더라도 사안마다 달라서, 책임비를 받는 행위를 모두 판매 행위로 볼 수는 없다. 즉 입양 시 돈을 주고받는 모든 경우에 대해 매매의 대가적 성격을 전제할 수는 없다. 명백히 '판매'를 목적으로 하는 경우에만 위 법 조항을 적용해 처벌하는 것이 옳다. 법원도 구체적인 경위와 배경을 모두 고려하여 법 조항의 적용 여부를 판단할 것으로 보인다.

다만, 현행 법령이 정교하지 못해 법 해석과 적용에 다소 부적절한 부분이 있을 뿐, 책임비를 받는 행위가 법적으로 전혀 문제가 없거나 바람직하다는 것은 아니다. 특히 현행법상 동물은 인간과 달리 등록을 하면 판매가 가능한 '물건'이기 때문에 책임비를 받는 행위가 일단은 판매로 보일 가능성이 매우 높다. 돈을 받고 물건의 소유권을 이전하는 개념이므로 매매와 차이가 없다. 책임비를 돈벌이 수단으로 악용하는 변종 펫숍의 사례도 최근에 많아졌다.[182] 따라서 책임비를 받은 후에 다른 누군가가 신고를 하거나 고소할 경우 경찰 조사를 피할 수 없다. 경제적 이득을 취한 바가 없거나 대가성이 없다면 무혐의 또는 무죄로 잘 마무리될 수 있겠지만, 애초에 가급적 책임비를 받지 않는 것이 바람직하다.

현재 유기동물을 입양하거나 책임비를 받는 행위는 개인들에 의해 다소 무분별하게 이루어지고 있기 때문에 통제가 어렵고 불법적인 경우가 많다. 게다가 입양 대상자 자격 선별 문제나 입양 이후 관리 문제도 흔하게 발생한다. 예를 들면, 유기묘나 유기견을 입양 보내는 사람이 자신에게 어떠한 권한도 없으면서 입양하려는 사람의 경제력 같은 자격을 판단하려고 개인 정보를 과도하게 요구하기도 한다. 심지어 입양 보낸 이후에 지속적으로 연락하여 잘 키우고 있는지 확인하는 경우도 있다. 입양 보낸 동물이 걱정되는 마음은 이해할 수 있지만 개인 간에 도가 지나친 행동이 될 수 있다. 이러한 문제 때문에 현행법 위반 여부에 대한 판단과는 별개로, 개인이 무분별하게 길고양이를 구조하여 돈을 받고 입양시키는 행위에 대한 어느 정도의 제도적 기준과 규제가 필요하다.

특히 현재의 동물보호법에서는 길고양이가 구조 대상이 아니기 때문에[183], 개인이 구조하여 입양시키는 사례가 늘어날 수밖에 없는 것으로 보인다. 이 문제를 개선하기 위한 고민이 동반되어야 할 것이다. 그래야 선의의 구조자들마저 오해와 비난을 받는 현재의 책임비 논란이 해결될 것으로 보인다.

반려묘 등록을 의무화하면
길고양이가 사라질까?

반려동물 유기 문제를 해결할 수 있는 방안 중 하나는 동물 등록 제도이다. 책임비라는 것도 본질적으로 '책임비를 낼 수 있을 정도로 진지하고 책임감 있는 사람'을 찾기 위해 고안된 방안이다. 힘들게 구조하고 치료한 고양이가 학대당하거나 다시 유기될 염려가 있기 때문이다. 따라서 구조한 고양이를 모두 등록할 수 있다면 고양이를 분양받은 사람이 다시 유기할 염려를 줄일 수 있고 책임비 관련 문제도 많이 해결할 수 있다.

현행 동물보호법에서 개는 등록 대상 동물이다. 소유주는 의무적으로 반려견을 등록해야 하고, 등록하지 않으면 과태료를 내야 한다.[184] 하지만 고양이는 등록 대상 동물이 아니다. 고양이 등록은 보호자의 선택 사항이고 등록하지 않아도 아무 불이익이 없다. 시범 사업이 진행되고 있지만 고양이 등록률은 매우 저조하다.

동물 보호 단체인 동물자유연대가 발표한 "2016~2020 유실·유기동물 분석 보고서"에 따르면, 고양이의 유실·유기 건

수는 2016년 약 24,600건, 2017년 약 26,600건, 2018년 약 27,200건, 2019년 약 31,000건, 2020년 약 32,800건으로 매년 증가하고 있다. 최근 반려묘에 대한 관심 증가로 입양이 늘어나면서 고양이 유기도 점점 늘어나고 있다. 사회적 문제가 된 캣맘 관련 문제도 사실은 유기묘 증가에서 비롯되었다. 고양이 보호와 캣맘 문제 해결을 위해서라도 고양이 유기를 예방하기 위한 대책이 절실하다. 그런 면에서 고양이 역시 개와 같이 등록 의무 대상으로 지정할 필요가 있다.

동물 등록이라는 것이 보호자 입장에서는 유실에 대비하는 목적이 크기 때문에 보호자를 잘 따르는 개와 달리 고양이는 동물 등록 필요성이 낮다는 지적도 있다. 또한 개와 달리 고양이는 이미 많은 길고양이가 있기 때문에 길에서 고양이를 발견하더라도 그 고양이가 유기·유실된 고양이인지 길고양이인지 알기 어려워 신고를 기대하기 어렵다. 농림축산식품부 역시 이러한 이유로 제도의 실효성이 낮다며 반려묘 등록에 신중한 입장이라고 한다.

하지만 반려묘 등록 자체만으로도 보호자에게 책임감을 부여하여 유기를 줄이는 효과가 클 것이다. 실효성 문제는 세부적인 제도를 만들고 보완하는 식으로 해결할 수 있다. 예를 들어 반려묘 등록을 일정 기간마다 갱신하거나, 등록된 고양이를 표시하여 길고양이와 구별하는 방법도 생각해 볼 수 있다.

동물을 유기하는 것은 범죄이다. 반려묘 소유주에게도 반려견 견주와 동일한 수준의 책임 의식을 부여할 필요가 있다.

실효성이 없을지 모른다는 이유로 제도 도입에 소극적인 것은 옳지 않다. 결국 고양이를 위해서도 인간을 위해서도 반려묘 등록은 필요해 보인다. 반려묘 등록 의무화에 찬성하는 여론도 과반이 넘는다. 반려묘 양육자 251명 중 82.5퍼센트가 동물 등록 대상을 고양이까지 확대해야 한다는 질문에 '그렇다' 혹은 '매우 그렇다'라고 답변했다.[185] 최근 국회에서도 고양이 등록을 의무화하는 법안이 발의되어 논의되었다. 반려묘 등록 제도가 조속히 시행되기를 기대한다.

26장

반려동물 후원금 사기는
어떤 처벌을 받을까?

후원금 먹튀 '경태 아부지' 사건

2020년 겨울, 한 온라인 커뮤니티에 어느 택배 기사가 강아지를 학대하고 있다는 글이 올라왔다. 글쓴이는 "강아지가 짐칸에서 혼자 벌벌 떨고 있고 상태도 꼬질꼬질했다"며 택배 기사가 강아지를 방치하고 있다고 지적했다.

얼마 후 택배 기사이자 해당 강아지의 보호자인 김씨가 자신을 향한 의혹을 해명하면서 큰 반전이 일어났다. 김씨는 "반려견과 함께하는 택배 기사입니다"라는 제목으로 해명하는 글을 올렸다.

"저의 반려견은 열 살 몰티즈이고 이름은 경태입니다. 2013년 장마철 집 앞 주차장 화단에서 발견된 유기견인데, 온몸의 털이 빠지고 겨우 숨만 붙어 있는 상태였습니다. 심장사상충으로 당장 죽어도 이상하지 않을 그런 상태인 아이였습니다.…… 경태는 과거의 불안한 기억 때문인지 제가 없는 공간에서는 24시간이든 48시간이든 아무것도 먹지 않고 짖고 울기만 합니다. 분리불안 증상을 보이는 경태 때문에 어쩔 수 없이 택배 배송 중에만 탑칸에 넣어두었습니다.[186]"

이를 본 네티즌들은 "경태가 하염없이 기사님만 기다리는 모습에 딸아이도 저도 눈물을 흘렸습니다. 기사님 늘 존경하고 응원합니다. 경태는 이제 우리 모두의 반려견입니다", "진짜 대단합니다. 날 추워지는데 경태랑 조심히 안전운전하길 바랍니다", "경태랑 기사님 행복하게 해주세요"라는 글들을 올리며 김씨를 응원했다. 동물학대범인줄 알았던 김씨가 알고 보니 택배 업무 중에도 유기견인 경태를 보살피는 선량하고 따뜻한 사람이었던 것이다. 그리고 김씨가 강아지를 학대한다는 글을 올린 사람은 평소 여러 트집을 잡으며 택배 기사를 괴롭힌 주민으로 밝혀졌다.

이후 김씨는 '경태 아부지'로 불리며 유명해졌고, 강아지 경태 역시 많은 사람들의 관심과 사랑을 받게 되었다. 택배 회사는 경태를 명예 택배 기사 1호로 임명하였고, 경태가 택배 기사 유니폼을 입고 돌아다니는 사진이 온라인 커뮤니티에 퍼져 많은 이들이 경태를 더욱 귀여워하고 좋아했다.

김씨는 자신과 경태가 유명해지자 인스타그램에 '경태 아부지'라는 계정을 만들어 경태의 일상을 보여주는 사진과 게시물을 올리며 활발히 활동했다. 경태의 인기로 경태 아부지 인스타그램 계정의 팔로워가 무려 22만 5000명에 이르렀다.

김씨는 얼마 후 태희라는 시츄(시츄) 한 마리도 입양했다. 번식장에서 구조된 강아지인데 처음에는 임시 보호를 하다가 나이가 많고 병도 많아 자신이 직접 입양하기로 결정했다고 전했다. 이후 김씨는 경태와 태희를 같이 택배 차량에 태우고 다니면서 근무했다. 김씨는 이들과 함께하는 일상 사진을 찍어 인스타그램에 올리거나 팔로워들과 DM(Direct Message)으로 소통하며 지속적인 인기를 누렸다. 김씨는 동물을 누구보다 사랑하는 좋은 사람으로 보였고, 사람들은 그런 김씨를 응원했다. 경태와 태희도 좋은 보호자를 만나 행복하게 잘살 것 같았다.

하지만 안타깝게도 경태 아부지 김씨의 이야기는 이렇게 계속되지 않았다. 이 아름다운 이야기는 다시 한 번 반전을 일으켰다. 경태 아부지 계정의 엄청난 팔로워 숫자와 열렬한 응원 때문에 욕심이 났던 걸까? 김씨와 그의 여자친구는 팬들의 마음을 이용하기로 마음먹었다. 이들은 경태 아부지 인스타그램에 "저 혼자 몸이라면 어떻게든 살아가겠지만, 아픈 아이가 둘이니 정말 힘이 든다"며 반려견 병원비 때문에 경제적으로 어렵다는 글을 작성해 올렸다. 경태와 태희의 병원비로 사용할 것이라고 하면서 후원을 요청했다. 이들은 두 차례에 걸쳐 후원금을 모집했다. 1차 기부금 모금에 관한 글을 올렸을 때에는 1800만 원에 가까운 돈이, 얼마 후 2차 기부금 모금 글을 올렸을 때에는 무려 6300만여 원의 기부금이 모였다. 김씨는 모금 당시 사람들에게 기부금 내역과 사용처를 투명하게 공개하고 남은 금액은 돌려주거나 기부하겠다고 했다.

뿐만 아니라 김씨와 그의 여자친구는 일부 사람들에게 DM으로 돈을 빌려달라고 요청하기도 했다. 나중에 판결을 통해 밝혀진 바에 따르면, 이들은 6명으로부터 약 6억 원을 빌렸다고 한다. 사람들은 혹시나 경태와 태희가 경제적 이유 때문에 제대로 된 치료를 받지 못할까 봐 염려하며 이들에게 선뜻 돈을 보내주었다.

그런데 기부금 모금이 있고 나서 얼마 후 여러 온라인 커뮤니티에, 경태와 태희를 위해 모금된 기부금이 실제로 강아지들을 위해 사용됐는지 의심스럽다고 하는 글들이 올라왔다. 경태 아부지는 택배 기사 일을 하면서 월급을 계속 받고 있었고, 경태 굿즈 판매로 올린 수익도 상당했기 때문에 병원비로 인해 생활고에 시달릴 이유가 없다는 글도 올라왔다. 또 김씨가 인스타그램에 올린 경태, 태희와의 일상 사진 속에 우연히 김씨의 휴대전화 화면이 찍혔는데, 해당 화면이 도박 사이트인 것 같다는 의혹도 제기되었다. 이에 사람들은 김씨가 도박 빚을 져서 돈이 필요한 것 아니냐며 김씨를 더욱 의심했다. 특히 경태 아부지가 처음에 약속한 것과 달리 후원금 총액, 사용 내역 등을 한 번도 공개한 적이 없어 의혹이 점점 커져만 갔다.

수상함을 느낀 일부 후원자들이 경태와 태희가 다니는 동물병원에 문의했더니, 동물병원 수의사는 경태와 태희의 누적 진료비가 총 270만여 원이고 미납 금액이 없다고 했다. 결국 사람들은 경태 아부지가 강아지들이 아프다고 거짓말을 하여 도박 등 다른 목적으로 사용할 돈을 모금했을 것이라고 강력히 의심할 수밖에 없었다.

얼마 뒤 일부 후원자들이 김씨와 그의 여자친구를 고소했고 국민신문고를 통한 진정이 접수되면서 이들에 대한 경찰 조사가 진행되었다. 경찰 조사 결과, 일부 후원자들의 의심이 사실로 밝혀졌다. 김씨와 그의 여자친구는 경태, 태희와는 상관없이 개인 채무로 경제 사정이 어려웠고, 반려견이 아픈 상황을 경험해 본 피해자들의 동정심을 이용해 돈을 편취했다. 편취 금액이 구체적으로 어디에 사용되었는지는 하나하나 정확하게 공개되지 않았다. 하지만 김씨가 인터넷 도박을 하는 것 같다는 의심이 사실로 밝혀졌으며, 적어도 치료비로 사용되지 않은 것은 분명했다. 카드 빚, 도박 빚 등 여러 가지 개인 용도로 돈을 사용하기 위해 기부금을 모금하고 돈을 빌렸던 것이다.

놀라운 사실은 이뿐만이 아니었다. 유기견으로 알려졌던 경태는 유기견이 아니라 김씨의 여자친구가 키우던 개였다. 김씨가 경태를 키우게 된 것도 여자친구와 동거하면서부터였다. 이 사실에 김씨를 응원했던 많은 사람들이 더 큰 배신감을 느꼈다.

이어진 재판에서 이러한 내용들이 대부분 사실로 인정되었다. 법원은 김씨와 그의 여자친구에 대해 "1천만 원 이상의 기부금을 모으려면 지자체 등 관계 기관에 등록해야 한다"는 기부금품법을 위반한 혐의와, 피해자들을 기망하여 기부를 받거나 차용한 사기 혐의를 모두 유죄로 판단했다. 그래서 김씨에게는 징역 2년을, 여자친구에게는 징역 7년을 선고했다.

법원은 "인간의 선한 마음을 자극하여 동정심을 유발하고 자신들의 경제적 욕망을 채우려 한 것은 그 자체로 범행 수법이 매우 불량한 경우에 해당한다"고 하며 양형 이유(가중 요소)를 설명했다.[187]

(2023년 9월 항소심 재판부는 김씨에게 징역 1년 6월, 여자친구에게 징역 3년을 선고했다. 일부 피해자와 합의하고 피해 금액을 공탁한 점, 동물보호협회에 기부한 점 등을 고려해 감형했다.) 판결문의 지적대로, 어려운 처지에 대해 동정심을 가지는 사람들을 이용하는 이러한 범죄 행위는 죄질이 매우 나쁘다. 이 사안의 피해자들은 강아지들이 혹여 경제적 이유로 치료를 제대로 받지 못할까 봐 진심으로 걱정하며 기꺼이 기부했는데 어떠한 양심의 가책이나 죄책감 없이 이러한 동정심을 이용해 개인의 경제적 이득을 취한 것은 강하게 비난받아 마땅하다.

위의 사건뿐만 아니라 이러한 후원금, 기부금 관련 사건이 많이 생기다 보니 주변의 안타까운 사연을 듣고 기부를 하고 싶다가도 '내가 기부를 하면, 기부한 돈이 제대로 쓰이긴 할까?'라는 의심과 회의에 기부하지 않는 사람이 늘고 있다. 김씨를 후원한 1만 명가량의 사람들은 김씨에게 느낀 배신감과 실망감 때문에 앞으로 다시는 후원하지 않을 수 있다. 이처럼 우리 사회에 미치는 영향까지 생각하면 김씨의 범행은 더더욱 나쁘다.

몇 년 전에는 국내의 한 동물 보호 단체 대표가 후원금을 빼돌려 개인적인 용도로 사용했다가 형사 처벌을 받은 사례도 있다. 이 대표 역시 1억 원에 가까운 후원금을 모금하면서 기부금품법이 요구하는 등록을 하지 않았고, 후원받은 돈의 90퍼센트 이상을 본인 계좌로 이체해 임대차 보증금이나 해외 여행 경비 등 개인적 목적으로 사용했다. 그래서 김씨와 마찬가지로 기부금품법 위반과 사기가 인정되어 징역 1년 6월을 선고받았다.

이와 같은 사건들이 반복되면 결국 사람들이 후원에 대한 신뢰를 잃게 되고, 정직한 자선단체나 죄 없는 동물들이 피해를 입게 된다. 실제로 이러한 사건들 이후에 동물 보호 단체에 대한 후원금과 자원봉사가 줄어들었다고 한다.[188]

최근 증가한 온라인 후원금 모집 행위는 과거보다 훨씬 간편해 졌다. 동물 관련 후원금 모집 채널도 상당히 증가했다. 이것은 곧 후원금을 빼돌려 사적 용도로 사용하거나 애초에 알린 목적대로 사용할 의사 없이 후원금을 모집할 가능성도 높아졌음을 의미한 다. 이러한 변화에 맞춰 이를 예방하기 위한 제도나 시스템의 개선 이 필요하다.

특히 온라인에서 이루어지는 개인의 불법 모금은 규모가 작고 적발이 쉽지 않다. 후원자 입장에서는 자신이 낸 후원금이 어디에 쓰였는지 일일이 물어보고 확인하기가 여의치 않다. 의심스러워 도 번거로워서 그냥 넘어가기 십상이다. 즉 온라인의 모든 모금 행 위를 기존의 법 테두리 안으로 가두기가 현실적으로 어렵다. 따라 서 온라인 모금을 규제하는 별도의 법령이 제정되어야 한다.

현재의 법과 제도 아래에서는 후원자가 신중해야 한다고 말할 수밖에 없다. [반려]동물 후원의 경우 [반려]동물의 모습만 보고 감 정적으로 후원할 것이 아니라 모금자가 말하는 목적이 정당한 것 인지, 합리적 수준의 후원 요구인지 확인해야 한다. 또 소액을 후 원하더라도 사용 내역과 증빙을 요구해야 한다. 후원을 받는 사람 도 마찬가지다. 후원금의 사용 계획과 사용 내역을 스스로 투명하 게 공개하여 사람들로부터 신뢰를 받아야 한다.

온라인 후원금 모금은
기부금품법 위반일까?

앞의 사건에서 경태 아부지 김씨는 자신의 인스타그램에 두 차례에 걸쳐 후원해 달라는 글을 올려 총 8000만여 원의 기부금을 모집했다. 김씨가 밝힌 후원의 목적이 사실이든 거짓이든 적법한 등록 없이 모금한 행위 자체만으로도 기부금품법 위반이 성립된다. 실제로 김씨는 사기죄와 별도로 기부금품법 위반죄도 인정되었다. 최근 온라인에서 개인의 후원금 모금이 활발하게 이루어지고 있는데, 특히 유튜버가 구독자들로부터 후원금을 모으는 경우가 매우 많다. 이런 후원금 모금은 모두 기부금품법 위반 행위일까?

기부금품법을 보면, 기부금품이란 "환영금품, 축하금품, 찬조금품 등 명칭이 어떠하든 반대급부 없이 취득하는 금전이나 물품"이라고 정의하고 있다.[189] 이어서 기부금품의 모집이란 "서신, 광고, 그 밖의 방법으로 기부금품의 출연을 타인에게 의뢰·권유 또는 요구하는 행위를 말한다"고 규정하고 있다.[190] 아울러 "1천만 원 이상의 금액에 해당하는 기부금품을 모집하려는 자는 모집·사용계획서를 작성하여 대통령령으로 정하는 바에 따라 행정안전부장관 또는 특별시장·광역시장·도지사·특별자치도지사에게 등록하여야 한다"고 정하고 있다.[191] 그리고 이러한 모집 등록을 할 수 있는 목적을 자선사업, 비영리 사업 등으로 한정하고 있다.[192]

한편, 기부금품법에서는 기부금품이 아닌 것들도 정하고 있는데, 간략히 설명하면 "단체의 소속원이나 구성원으로부터 모은 금품"은 예외로 한다.[193] 판례를 보더라도 구성원 대상의 모금은 등록 없이 하더라도 적법한 것으로 인정받고 있고,[194] 구성원이 아닌 불특정 다수를 대상으로 하는 미등록 모금은 위법한 행위로 판단받는다.[195]

요컨대, 명칭이 무엇이든 원칙적으로 불특정 다수로부터 1000만 원 이상의 금품(기부금)을 받으려면 법에 따라 등록한 후 모집해야 한다. 불특정 다수로부터 모집한 기부금이 어떻게 사용되는지 관리할 필요가 있기 때문에 법적으로 '등록'을 요구하는 것이다.

그런데 1000만 원 미만의 기부금을 받는 경우나 소속원·구성원으로부터 기부금을 받을 때에는 등록이 필요없다. 모집 행위 없이 '자발적 기부'를 하는 경우 역시 마찬가지다. 이러한 경우들은 기부금품법상 기부에 해당하지 않는 기부, 즉 일반 증여에 해당한다. 다시 말해 후원의 방법이나 정도에 따라 기부금품법이 적용될 수도 있고 적용되지 않을 수도 있다.

예를 들어 유튜버가 자신의 회원(구독자)을 상대로 "회원 여러분, ***을 위하여 후원을 부탁드립니다"라고 한다면, 이는 불특정 다수가 아닌 회원으로 한정하여 후원금을 모집하는 것이므로 기부금품법의 적용을 받지 않는다. 등록 없이 모집 행위를 하더라도 문제가 되지 않는다. 또 "여러분 999만 원이 모일 때까지 1,000원 릴레이 후원을 부탁드리겠습니다"라고 한다면, 이 역시 1000만 원 이상이 아니기 때문에 미등록 모집을 하더라도 기부금품법 위반이 아니다.

반면, 등록 절차 없이 불특정 다수인 모든 시청자에게 후원 계좌를 공개하고 후원을 요청하면 기부금품법 위반으로 처벌받을 수 있다.

이처럼 기부금품법 위반인지 아닌지는 후원의 방법이나 금액, 구체적 내용 등을 사안마다 면밀히 검토해 봐야 알 수 있다. 통상 온라인에서 이루어지는 후원은 모집 효과를 극대화하기 위해 시청자 전체를 상대로 하는 경우가 많으므로 대부분은 기부금품법 적용 대상이라고 보아야 한다. 즉 온라인에서 이루어지는 개인 후원 요청은 기부금품법을 위반하는 경우가 많다. 그러한 후원금 모집 행위는 기부금품법이라는 것이 있는지조차 알지 못해 특별한 고민 없이 이루어지는 것으로 보인다.

현실적으로 그들을 모두 적발하여 처벌하기도 쉽지 않다. 현재의 기부금품법은 제정·개정 당시 '온라인 개인 후원'이라는 것을 전혀 예정하지 않았기 때문이다. 따라서 온라인 후원이라는 새로운 후원 경향에 맞춰 이를 감시하고 관리할 수 있는 새로운 규정이 필요하다.

반려동물과 더불어
반려식물을 생각하며

　식물생리학자인 스테파노 만쿠소의 『매혹하는 식물의 뇌』라는 책의 첫 문장은 "신(神)이 가장 먼저 창조한 생물은 식물이었다"로 시작한다. 동물뿐만 아니라 식물 역시 생명을 지닌 '생물'이다. 약 5억 년 전 최초의 생명체들은 둘 중 하나를 선택해야 했는데, 하나는 고착생활이고 다른 하나는 이동생활이었다. 이때 전자를 선택한 생명체는 식물로 진화했고, 후자를 선택한 생물은 동물로 진화했다고 한다. 5억 년 전의 초기 선택이 식물과 동물의 생활방식과 진화 방향을 결정하였을 뿐, 어느 것이 더 우월한 것은 아니라는 견해도 있다.[196]

　최근에는 '반려식물'이라는 개념도 생겨났다. 식물을 반려동물과 마찬가지로 애착을 갖고 교감을 나누면서 키우는 것이다. 젊은 세대들 사이에서는 '식집사(식물과 집사의 합성어)'라는 신조어가 생겨

날 정도로 반려식물과 상당한 유대감을 형성하고 있는 이들도 많다. 주변의 한 지인은 5년 넘게 키우던 식물이 죽자 마치 친구를 잃은 것처럼 공허하고 슬픈 감정이 들었다고 한다. 아무것도 없던 흙에서 새싹이 나와 자라는 걸 보면서 생명의 경이로움을 느꼈다는 친구도 있다.

이처럼 식물은 분명 무생물인 일반 물건과 다르다. 그렇다면 식물 역시 법적으로 일반 물건과 다르게 취급해야 하는 것은 아닐까? 지금까지 반려동물과 관련하여 살펴본 앞의 수많은 논점과 고민이 반려식물에도 똑같이 적용될 수 있는 것은 아닐까?

물론 당장 식물에 대해서까지 이러한 고민을 하는 것이 적절한지는 의문이다. 동물의 법적 지위에 관한 다툼도 아직 많고 해법이 불완전한데 식물의 지위나 권리를 적극적으로 언급하기에는 다소 성급한 감이 있다. 반려식물이라는 말을 전혀 들어보지 못한 사람도 있고, 식물에 반려라는 말을 붙인 단어 자체를 냉소적으로 바라보는 사람도 있다. 움직이지 못하고 감정도 없고 아무 반응도 하지 못하는 것처럼 보이는 식물이 무생물에 가깝다고 생각하는 사람도 많다.

만약 식물에게도 특별한 지위를 인정해 준다면, 강한 거부감을 보이는 사람이 그렇지 않은 사람보다 훨씬 많을 것이다. 예를 들어 식물을 제대로 키우지 못하거나 유기하여 함부로 죽일 경우 식물 학대로 처벌받는 법이 만들어진다면, 또는 반려식물 치료를 잘못해 죽게 만들 경우 식물 자체의 가치를 훨씬 뛰어넘는 손해배상을 인정한다면, 과연 사람들이 받아들일 수 있을까?

하지만 원래 당연한 것은 없다. 돌이켜보면 동물에 대한 우리의 생각과 태도는 오랜 시간에 걸쳐 변해 왔다. 과거의 동물은 사냥의 객체이자 식량이고 삶의 도구에 불과했다. 인간은 생태계의 맨 꼭대기에 있는 존재여서 동물을 잔인하게 죽이더라도 그것을 죄라고 생각하지 않았다. 이러한 생각들이 아무 문제 없고 당연한 것이었다. 동물도 고통을 느낀다는 제러미 벤담의 공리주의는 1780년에야 나온 개념이며, 종차별주의를 비판한 피터 싱어의 『동물 해방』은 고작 50년 전인 1975년에 나온 책이다. 수천 년이넘게 이어져 온 인류의 역사에서 동물에 대한 인식이 지금과 같이 변화한 지는 얼마 되지 않았다.

식물도 그와 다르지 않을 수 있다. 농촌진흥청이 조사한 '반려식물 관련 소비자 인식 조사 주요 결과[197]'를 보면, 응답자의 68.7퍼센트가 '식물 존중이 필요하다'고 답변했다. 주된 이유는 "식물은 생명체이며 생명체는 존중하는 것이 마땅하다(87.6퍼센트)"였다. 식물이 아무리 움직이지 못하고 즉각 반응하지 못하더라도 생명체로서 존중받아야 한다는 점에 대해 다수가 동의하고 있는 것이다. 식물의 권리나 지위에 대해 가볍게 던지는 이런 고민이 비록 지금은 너무 앞서가는 것이 아니냐며 가볍게 웃어넘길 수준일 수 있지만 나중에는 얼마든지 진지한 고민으로 바뀔 수 있다.

이 책에서 마지막으로 하고 싶은 이야기가 식물 혹은 반려식물에게도 빨리 특별한 지위가 인정되어야 한다는 것은 아니다. 그보다는 식물의 권리나 지위에 대한 고민도 할 수 있을 만큼 보다 폭넓은 생명 존중과 이해의 자세를 갖자고 말하고 싶다. 앞에서도 수 없이 강조했지만 법은 반려동물과 함께 살아가면서 발생하는 문제에 대한 완벽한 해결 수단이 될 수 없다. 법은 분쟁을 해결하거나 예방하는 최소한의 도구로 역할을 할 뿐이다.

반려동물과 더불어 잘 살아가기 위해서는 선진화된 법과 제도보다는 그들과 함께 살아가는 우리의 태도와 자세에 근본적인 변화가 필요하다. 인간과 반려동물의 관계에서는 반려동물에 대한 존중과 이해의 자세가, 동물을 매개로 한 인간과 인간의 관계에서는 타인에 대한 존중과 이해의 자세가 갖춰져야 한다. 이러한 존중과 이해를 바탕으로 인간과 반려동물이 갈등 없이 공존할 날을 그려 본다.

001 저작권법 제2조 제1호.

002 People for the Ethical Treatment of Amimals.

003 Nicholas O'Donnell, 「Is the 'monkey selfie' case making a monkey out of the law?」, *Apollo Magazine*, 2017.

004 헌법 제10조. 모든 국민은 인간으로서의 존엄과 가치를 가지며, 행복을 추구할 권리를 가진다. 국가는 개인이 가지는 불가침의 기본적 인권을 확인하고 이를 보장할 의무를 진다.

005 대법원 2006. 10. 13. 선고 2004다16280 판결.

006 민법 제750조, 제751조.

007 CBC News, 「Judge rules dogs should not be treated like kids」, 2016. 12. 18.

008 마드리드 법원 판결, 2021. 10. 7.

009 The Washington Post, 「Couple in Spain granted joint custody of their pet dog, Panda, in rare ruling」, 2021. 10. 27.

010 European Convention for the Protection of Pet Animals.

011 Family Code 2605.(a), (b).

012 Pet Custody Lawyer.

013 민법 제837조 제5항.

014 의정부지방법원 2021. 8. 13. 선고 2021가단102034 판결, 의정부지방법원 2022. 6. 14. 선고 2021나217272 판결, 항소 기각 확정.

015 대법원 1993. 5. 11. 자 93스6 결정.

016 민법 제830조 제1항.

017 가사소송법 제50조 조정전치주의.

018 2007년 원/달러 환율은 평균 약 930원이었지만 환율 변동과 물가 상승을 감안한 체감 금액을 알려주기 위해 2023년 평균 환율 1,300원을 기준으로 환산했다. 이하 동일.

019 *The New York Times*, 「Leona Helmsley's Unusual Last Will」, 2007. 8. 29.

020 서울가정법원 2017. 4. 17. 2017느단50834 심판.

021 *New York Post*, 「Screw the pooch」, 2008. 6. 16.

022 대법원 2013. 4. 25. 선고 2012다118594 판결.

023 대법원 1998. 5. 29. 선고 98다7735 판결.

024 대전지방법원 2018. 8. 10. 선고 2016가단226445, 2017가단2066 판결, 양측 모두 항소하지 않아 확정.

025 민법 제98조.

026 민법 개정안 제98조의2 제1항.

027 동물장묘업 시행규칙 제36조 제1호.

028 대법원 2007. 7. 12. 선고 2006도2339 판결 등.

029 전주지방법원 2021. 5. 13. 선고 2021노11 판결, 대법원에서 상고 기각으로 확정.

030 폐기물관리법 제2조 제4호, 동법 시행령 제3조, 별표 1 제10호, 동법 제2조 제5호, 동법 시행령 제4조, 별표 2 제2호 가목, 동법 제18조 제1항.

031 폐기물관리법 시행령 제7조 제2항, 동법 시행규칙 제14조 및 별표 5 제5호 가목.

032 폐기물관리법 제2조 제1호, 제2호, 제14조 제1, 2, 5항, 동법 시행령 제7조 제2항, 동법 시행규칙 제14조 및 별표 5 제1호.

033 폐기물관리법 제8조 제2항, 제68조 제3항 제1호.

034 서울중앙지방법원 2022. 2. 10. 선고 2020가단5281353 판결.

035 서울동부지방법원 2011. 9. 21. 선고 2009나558 판결.

036 대법원 2003. 1. 24. 선고 2002다3822 판결.

037 대법원 1997. 10. 10. 선고 97도1678 판결.

038 의료법 제21조 제1항.

039 형법 제266조 내지 제268조.

040 민법 제582조, 제580조 제1항, 제575조 제1항.

041 대전지방법원 2016. 4. 29. 선고 2015나106880 판결.

042 공정거래위원회 고시 '소비자분쟁해결기준' 별표Ⅱ 제29호.

043 서울중앙지방법원 2010. 7. 22. 선고 2010나10251 판결.

044 서울서부지방법원 2017. 7. 5. 선고 2017가합32930 판결.

045 광주지방법원 2021. 12. 7. 선고 2020가소615990 판결.

046 인천지방법원 2013. 11. 22. 선고 2013나7141 판결.

047 환경부 예규 "동물 찻길 사고(로드킬)조사 및 관리 지침".

048 형법 제35조.

049 구 신용정보법 제40조.

050 대법원 2006. 10. 12. 선고 2004다48515 판결.

051 서울중앙지방법원 2018. 5. 30. 선고 2017나63995 판결.

052 서울중앙지방법원 2007.5.31. 선고 2005가합100279, 2006가합62053 판결.

053 창원지방법원 2019. 5. 16. 선고 2018가단106923 판결.

054 춘천지방법원 강릉지원 2020. 2. 19. 선고 2019가단3208 판결.

055 서울중앙지방법원 2011. 8. 2. 자 2011카합1379 결정.

056 DogsBite.org의 'Breeds of Dogs involved in Fatal Attacks on Humans (2005~2017)' 자료 참조. 조사 기간에 리트리버에 의한 개물림 사고는 9건으로, 믹스견을 제외한 전체 견종 중 8위에 해당한다.

057 연합뉴스, 「목줄 놓친 대형견 2마리가 산책 나온 개 습격… 경찰 조사」, 2022. 3. 15.

058 공동주택관리법 시행령 제19조 제2항 제4호.

059 서울중앙지방법원 2013. 12. 3. 선고 2013나11354 판결, 대법원에서 심리불속행 기각으로 확정.

060 공동주택 층간 소음의 범위와 기준에 관한 규칙 제3조 및 별표.

061 공동주택 층간 소음의 범위와 기준에 관한 규칙 제2조.

062 소음·진동관리법 제2조 제1호.

063 일본 헌법 제13조.

064 MBC 뉴스, 「이기우 가축 사육 금지 공고문에 일침 "개가 가축? 성대 수술은 학

대 종용"」, 2023. 3. 12.

065 最高裁判所 平成 10年 3月 26日 判決.

066 東京地判 平成 23年 12月 16日 判決.

067 東京地裁 平成 10年 1月 29日 判決.

068 塩原真理子, 'マンション·ペット事件', 日本不動産学会誌 第13巻 第1号, 1998. 9.

069 서울중앙지방법원 2011카합1379 결정.

070 서울중앙지방법원 2007. 12. 20. 선고 2007나1332 판결, 대법원에서 심리불속행 기각으로 확정.

071 서울고등법원 2013. 6. 13. 선고 2013노1275 판결.

072 여객자동차운수사업법 시행규칙 제44조 제3항 및 별표 4.

073 서울특별시 시내버스 운송사업약관 제10조.

074 서울특별시 시내버스 운송사업약관 제10조 제3호.

075 서울특별시 시내버스 운송사업약관 제12조.

076 서울특별시 택시 운송사업 운송약관 제11조.

077 서울특별시 시내버스 재정 지원 및 안전 운행 기준에 관한 조례 제11조 제7항.

078 서울교통공사 여객운송약관 제34조.

079 여객자동차운수사업법 시행규칙 제40조의3 제1항.

080 서울교통공사 여객운송약관 제35조.

081 최주영, '독일의 선진 반려견 문화, 세금에 버스요금도 부과', 오마이뉴스, 2020. 1. 29.

082 경향신문,「펫존 카페 사장이 OK해도 반려동물 동반은 단속 대상」, 2022. 1. 24.

083 식품위생법 제36조 및 동법 시행규칙 제36조, 별표 14.

084 식품위생법 시행규칙 별표 14 제8호 가목 1)의 가)의 (5) 참조.

085 동물보호법 시행규칙 제36조.

086 동물보호법 시행규칙 제43조.

087 위키리크스 한국, '같은 실수 반복 안 해… 롯데마트 점포 내 반려견 동반 허용', 2021. 4. 9.

088 BBC News,「Wolverhampton taxi driver loses licence for refusing guide dog」, 2021. 4. 26.

089 장애인복지법 제40조 제3항.

090 장애인복지법 제90조 제3항 제3호.

091 헌법 제15조.

092 헌법 제37조 제2항.

093 Americans with Disabilities Act: ADA.

094 장애인복지법 일부개정법률안에 대한 국회 보건복지위원회 검토 보고서. 2020. 7.

095 국가인권위원회 19진정0243100 결정.

096 장애인차별금지법(장애인차별금지 및 권리구제 등에 관한 법률) 제4조 및 제15조.

097 東京地方裁判所立川支部 平成22年5月13日判決 平成20年(ワ)第2785号.

098 형법 제319조.

099 형법 제366조.

100 SBS 뉴스, 「인천지법 '캣맘폭행사건' 가해男에 집행유예 선고」, 2012. 9. 5.

101 대법원 2003. 1. 10. 선고 2000도5716 판결.

102 대법원 2000. 3. 28. 선고 2000도228 판결.

103 荒川区良好な生活環境の確保に関する条例. https://www.city.arakawa.tokyo. jp/reiki_int/reiki_honbun/p800RG00000417.html#shoshi-inf-span.

104 도쿄도 보건복지국 홈페이지 https://www.fukushihoken.metro.tokyo.lg.jp/ kankyo/aigo/cat/kyousei.html, 오사카시 홈페이지 https://www.city.osaka. lg.jp/kenko/page/0000020313.html 등 참조.

105 창원지방법원 2018. 12. 12. 선고 2018고정590 판결.

106 파이낸셜뉴스, 「서울 도심에 라쿤 출현, 생태계 교란 적색경보」, 2018. 10. 26.

107 황주선, '야생동물 카페의 교육적, 윤리적 및 역학적 위험성에 대한 의견', 야생동물 카페 실태조사 보고서, 사단법인 동물복지문제연구소 어웨어, 2017.

108 형법 제360조.

109 동물보호법 제10조.

110 동물보호법 제8조 제1항 제1호.

111 농림축산식품부 실태 조사, 2022년.

112 한국갤럽, 데일리 오피니언 제506호 2022년 8월 1주.

113 축산법 제2조 제1호, 축산법 시행령 제2조, 농림축산식품부고시 '가축으로 정하
   는 기타 동물'.

114 축산법 제2조 제3호.

115 축산물위생관리법 제2조 제1호.

116 축산물위생관리법 제2조 제2호.

117 식품위생법 제14조.

118 식품 공전 별표1.

119 식품위생법 제7조 제1, 2항.

120 식품위생법 제2조 제1호.

121 식품의약품안전처 보도자료, 2016. 5.

122 동물보호법 제8조 제2항 제1호.

123 형법 제16조.

124 대전지방법원 천안지원 2017. 4. 13. 선고 2016고정763 판결.

125 동물보호법 제2조 제9호.

126 동물보호법 제10조.

127 범죄와 형벌은 미리 법률에 규정되어야 한다는 형법상의 원칙. 어떠한 행위가
   범죄에 해당하고 그에 대해 어떠한 형벌을 과해야 하는지를 사전에 성문화된 법
   률, 즉 제정법(Gesetz)에 규정해야 한다는 사상.

128 동물보호법 제14조.

129 독일 동물보호법 제6조 제1항. https://www.animallaw.info/statute/germany-
   cruelty-german-animal-welfare-act.

130 대법원 2019. 8. 13. 선고 2017도16732 판결.

131 Amy L. Broughton, 'Cropping and Docking: A Discussion of the Controversy
   and the Role of Law in Preventing Unnecessary Cosmetic Surgery on Dogs',
   Michigan State University, 2003.

132 European Convention for the Protection of Pet Animals.

133 Council of Europe, https://www.coe.int/en/web/conventions/full-list?
   module=treaty-detail&treatynum=125.

134 서울북부지방검찰청 2020형제8573호.

135 구 동물보호법 제8조 제1항 제3호.

136 구 동물보호법 제8조 제2항 제3호의2.

137 구 동물보호법 시행규칙 제4조 제5항 및 별표 1의2.

138 형사소송법 제307조 제2항.

139 동물자유연대, 카라 홈페이지의 고어전문방 채팅 캡처 자료 참조.

140 동물보호법 제8조 제5항, 제46조 제4항.

141 울산지방법원 2020. 5. 8. 선고 2019고단3906 판결.

142 SBS 뉴스, 「텔레그램으로 옮긴 동물 학대방 적발… 더 잔혹하고 악랄해졌다」, 2022. 4. 13.

143 *The Washington Post*, 「Fla. shooting suspect had a history of explosive anger, depression, killing animals」, Kevin Sullivan. 2018. 2. 15.

144 *Newsweek*, 「Texas Church Shooter Devin Kelley Was Charged With Animal Cruelty After Beating a Dog With His Fists」, Kristin Hugo. 2017 7. 11.

145 Cruelty to Animals and Other Crimes, 1997.

146 박기범, 2010.

147 https://www.fbi.gov/news/stories/-tracking-animal-cruelty.

148 구 동물보호법 제46조 제2항 제1호, 제8조 제1항 제1호, 제2호.

149 형법 제366조.

150 대전지방법원 홍성지원 2017. 5. 2. 선고 2017고단127 판결.

151 서울서부지방법원 2020. 2. 13. 선고 2019노1696 판결.

152 독일 동물보호법 제17조.

153 수원지방법원 성남지원 2021. 7. 2. 선고 2021고단616 판결.

154 형법 제266조, 제268조.

155 동물보호법 제16조 제2항, 제21조 제1항, 제97조 제1항 제3, 4호, 동조 제2항 제1의 4, 5호.

156 경범죄 처벌법 제3조 제25호, 제26호.

157 의정부지방법원 2018. 7. 26. 선고 2018고정686 판결.

158 민법 제759조, 제750조.

159 형법 제14조.

160 형사소송법 제216조 제3항.

161 형사소송법 제219조, 제130조 제2항.

162 헌법재판소 2012. 12. 27. 선고 2011헌마351 결정, 참고로 해당 사건에서 임의로 폐기한 압수물은 과도, 라이터 등이었다.

163 형법 제48조 제1항 제1호.

164 검찰압수물사무규칙 제29조 제1항.

165 개정 동물보호법 제18조 제4항.

166 형법 제21조.

167 형법 제22조.

168 대법원 2006. 4. 13. 선고 2005도9396 판결 등 참조.

169 수원지방법원 2014. 1. 22. 선고 2013노5055 판결.

170 대법원 2016. 1. 28. 선고 2014도2477 판결.

171 People v. Wicker (NY Town Ct. 1974).

172 Ohio Basic Code Ann. §90.21(C), 90.22(C), 2022.

173 전주지방법원 2017. 9. 1. 선고 2017노357 판결.

174 민법 제252조.

175 대전지방법원 2021. 6. 17. 선고 2020가단130022 판결.

176 사건 당시의 법 기준이며, 개정 동물보호법 기준으로는 제10조 제3항이다.

177 개정 동물보호법 제97조 제2항.

178 권유림 변호사, 「동물구조자가 입양 책임비를 받는 것은 과연 불법일까」, 데일리 벳, 2021. 6. 14.

179 형법 제289조.

180 아동복지법 제17조.

181 대법원 2014. 11. 27 선고 2014도7998 판결.

182 이데일리, 「100만원에 강아지 장사를? 유기견 보호소 둔갑한 '변종 펫숍'」, 2021. 11. 13., 국민일보, 「"번식장서 온 유기견이라구요?"… 황당한 변종 펫숍들」, 2022. 1. 30. 참고.

183 동물보호법 제34조 제1항 단서, 동법 시행규칙 제14조 제1항.

184 동물보호법 제15조 제1항, 동물보호법 시행령 제4조, 동물보호법 제101조.

185 (사)동물복지문제연구소 어웨어, '2022 동물복지에 대한 국민인식조사'.

186 JTBC 뉴스, 「택배 트럭 짐칸 강아지? 학대 논란 속 드러난 반전 감동」, 2021. 1.
　　5., 서울동부지방법원 2023. 1. 27. 선고 2022고단2677 판결문 참조하여 재구성.

187 서울동부지방법원 2023. 1. 27. 선고 2022고단2677 판결.

188 문화일보, 「케어·가온 사태로 후원금, 봉사 급감… 중소 동물 단체 타격」, 2019.
　　2. 18.

189 기부금품법 제2조 제1호.

190 기부금품법 제2조 제2호.

191 기부금품법 제4조 제1항.

192 기부금품법 제4조 제2항.

193 기부금품법 제2조 제1호.

194 대법원 1982. 6. 22. 선고 81도3372 판결.

195 대법원 1990. 8. 14. 선고 90도870 판결.

196 이연수, '생명존중 윤리에 근거한 식물의 권리 고찰', 2021.

197 농촌진흥청 보도자료, 2023. 1. 9.

우리 영혼의 일부는

동물을 사랑해야

비로소 깨어난다.

아나톨 프랑스(프랑스 소설가)